憲法で読む
アメリカ現代史

阿川尚之

NTT出版

憲法で読むアメリカ現代史──目次

第II部　戦争と司法——ブッシュ（父）時代

第Ⅲ部　民主党政権下の司法——クリントン時代

アメリカ合衆国最高裁判所（ワシントンD.C.）

最高裁判所判事（2017年4月撮影）：前列左からルース・ベイダー・ギンズバーグ、アンソニー・ケネディー、ジョン・ロバーツ（首席判事）、クラレンス・トマス、スティーブン・ブライヤー。後列左からエレナ・ケイガン、サミュエル・アリート、ソニア・ソトマヨール、ニール・ゴーサッチ

憲法で読むアメリカ現代史

まえがき

ワシントンの三つの建物

アメリカ合衆国の首都コロンビア特別区には、連邦政府の建物が数多く存在する。そのなかでひときわ目立つのが、丘の上に立つ合衆国議会議事堂である。一八〇〇年に完成し、同年、それまでフィラデルフィアで開かれていた合衆国議会がこの建物に移った。米英戦争のさなかの一八一四年には英軍に火をつけられて一部を焼失したが、その後、国土の拡大とともに議員数が増え、増築を繰り返して現在の姿になった。親しみをこめて「キャピトル」と呼ばれる。

一方、キャピトルからまっすぐ西北西の方角へ伸びるペンシルヴェニア大通りを二キロ半ほど行った地点に立つのが、アメリカを代表するもう一つの建物、ホワイトハウスである。やはり一八〇〇年に完成し、第二代のジョン・アダムズ大統領が居を構えて以来、大統領の官邸として用いられてきた。ホワイトハウスも一八一四年、英軍に焼き払われたあとに再建され、改築を繰り返して現在のかたちになったのは一九五二年である。ちなみに一八〇五年以来、合衆国議事堂で就任式を終えた新大統領は、ペンシルヴェニア大通りをホワイトハウスまでパレードするのが慣例である。

さらにキャピトルヒルの一角、合衆国議事堂から道をはさんだ東側に、合衆国最高裁判所がある。この建物もローマの神殿風の堂々としたものだが、完成したのは一九三五年と、議事堂やホワイトハウスに比べて新しい。連邦最高裁は一八一〇年から同年まで、この議事堂内部に間借りしていた。

三つの建物は、アメリカ合衆国憲法が規定する三権の所在地であり、象徴でもある。第一条が定める連邦立法府が合衆国議事堂、第二条が定める連邦執行府がホワイトハウス、そして第三条が定める連邦司法府の頂点に立つ最高裁判所がその建物に所在する。

ちなみにコロンビア特別区自体が、憲法第一条八節一七項の規定にもとづいて建設された、憲法の定める三権を行使する部門を置くための都市である。もともとポトマック川の両岸にまたがっていたが、右岸（西）側の土地がのちにヴァージニア州へ返還されメリーランド州が提供した左岸（東）側のワシントン郡だけが残ったので、この首都を略してワシントンDC、またはワシントンと呼ぶ。

三権の分立、抑制と均衡の原理

合衆国創設当初の約一〇年を除き、こうしてワシントンに置かれた合衆国政府の三権は、時に対立し、時に協調し助けあいながら、アメリカの歴史を刻んできた。合衆国議事堂、ホワイトハウス、最高裁判所は、新しい首都が生まれてから今日まで約二二〇年のあいだ、その主たる舞台であり続けた。

そもそも立法府、執行府、司法府の対立と協調は、憲法制定者の意図したものであった。ジェームズ・マディソンがアメリカ合衆国憲法に関する古典『ザ・フェデラリスト』（註1）の第四七篇で述べたとおり、独立を果たしたアメリカ人は、「立法・行政・司法の権限がすべて一つの掌中に帰することは、それが単独であれ、少数であれ、多数であれ、あるいは世襲であれ、僭主《せんしゅ》であれ、選挙によるものであれ、まさしく専制政治そのものである」と認識していた。それを防ぐために、モンテスキューの『法の精神』を参考にしながら、憲法に三権分立の仕組みを盛りこむ。三権分立によって連邦政府が強くなりすぎるのを防ぐのは、自らの力が合衆国誕生によって弱まるのを恐れた各州の利益にもかなっていた。マディソンは同じく『ザ・フェデラリスト』の第五一篇で、この仕組みを「抑制均衡の理論」にもとづき詳しく説明している。

ただし三権への権限配分をどのように行うかは、憲法制定会議で大いに議論された。三権分立をどこまで厳密に行うか。合衆国政府が十分機能するためには各部門にどんな権限をどれだけ与えればよいか。各部門が他部門による権限濫用を防止するためには、どのような権限が必要か。三権のあいだ、および連邦と州のあいだの望ましい力のバランスを憲法に書きこむのは、難しい仕事であった。

しかも時代によって力のバランスは変化する。建国から南北戦争の前後までは、州の力が圧倒的に強く、連邦政府の権威と権限の確立が憲法上の大きな課題であった。一九世紀後半から二〇世紀前半までは、ようやく地歩を固めた連邦議会と大統領が、アメリカの社会や経済に関する具体的問題にどこまで関与すべきかが、主たる問題になる。そして二〇世紀の半ば以降は、大きな戦争や危機を乗り越えて強大化した連邦政府、特に大統領の広範な権限行使をどこまで許容し、いかに抑制するかが、何度も問われるようになる。

もっとも危険の少ない部門

ところで憲法が定める三権のうちで、司法府は建国当初、その存在意義さえ疑われる存在であった。アレクサンダー・ハミルトンは『ザ・フェデラリスト』の第七八篇で「司法部は、その職能の性格上、憲法の認める政治的権利にとって最も危険の少ないもの」だと述べている。なぜなら、「そうした権利を妨害したり侵害したりする力」をほとんど有しておらず、「他の部門のいずれかを攻撃しようとしても、勝てる見込みはありえ」ないからである。ところがこの弱体な連邦司法府、とりわけ最高裁が、二〇世紀後半にはアメリカの政治や社会に対し、きわめて大きな影響力を行使するようになる。

なぜそうなったかについては、多くの研究があり、いろいろな見方がある。しかしその最大の理由は、最高裁が建国初期に判例を通じて司法審査の権限を確立したことにある。この権限を用いて、最高裁は連邦議会が制定した法律や大統領の行政行為を、あるいは州の法律や行政行為、裁判所判決の合憲性を審査し、違憲であれば無効と宣言する。この権限の行使によって自らの影響力と権威を確立し、また政府部門間の抑制と均衡のプロセスに自ら参加している。これこそが他に類を見ない、強力なアメリカ連邦司法の姿である。

アメリカ合衆国の歴史は、連邦政府の三権相互間で、また連邦政府と州のあいだで生起する数々の具体的な事件や問題を解決してきた、対立と協調の物語と言ってよいだろう。複雑な憲法構造のなかで、異なった政府部門は合衆国憲法を遵守しつつ、その仕組みを用いてなんとか対立を乗り越え、アメリカの進む方向を定めてきた。もちろんそれは政治、経済、社会の変化を反映し、予期せぬ危機や戦争に影響され、それぞれの政府部門を構成する人々の個性や信念が強く出る、きわめて人間的な物語である。

本書の位置づけと視点

著者は前作『憲法で読むアメリカ史』で、アメリカ合衆国の誕生からレーガン政権発足までの二〇〇年近い歴史を、憲法の視点から綴った。特に各時代のさまざまな問題解決にあたって憲法の解釈を行う最高裁の役割に焦点を当て、アメリカ史を一つの物語として描いた。本書はレーガン政権発足以降のアメリカの歴史を、同様の手法で綴ったものである。したがって本書は『憲法で読むアメリカ史』の続編、その現代史版と考えてよい。

本書では特に、一九八〇年代以降の大統領と最高裁の関係に、焦点を当てる。一九二九年に始まった大恐慌という未曾有の国難をきっかけに、連邦政府は強大な権限を有するようになった。さらに世界大戦や冷戦の時代を経て、とりわけ大統領の権限が拡大した。もちろん、原則として大統領は議会の制定した法律にもとづいて政策を実現するのだが、外交や戦争、テロといった問題に関しては大統領の裁量権が非常に大きい。内政、経済、社会、宗教、言論などの問題に関しても、国民多数の主張をしばしば大統領が代弁し、自らの信条に合致する政策を実行するために連邦議会を説得し、その支持を得て、あるいは対立しながら実行する。

こうした大統領の行為とその法的根拠をめぐっては、多くの憲法訴訟が起こされ、最高裁がその合憲性について判断を示す。最高裁判事には定年がない。そのため任期が限られている大統領は、自分の信条に近い最高裁判事を任命して、自分の退任後も影響力を残そうとつとめるが、保守派と進歩派の政治的対立がますます深まる現代のアメリカでは、判事任命の過程もまた大きな政治的意味をもつ。

歴史は一つではない。それを語る人の数だけ、異なった歴史がある。英語の story（物語）と history（歴史）が、同じ語源をもっている事実からしても、それがわかる。ただし現代史を描くのは、古い歴史を描くのとはまた別の難しさがある。感覚的にはつい最近のできごとであり、情報は豊富にあるけれど、事実は十分整理・検証されていないし、評価はばらばらである。本書はそうした難しさを意識しつつ、アメリカの現代史を具体的な憲法問題をめぐる大統領と最高裁の関係にできるだけ絞って描こうとする一つの試みである。

物語のはじめに

物語を開始するにあたって、予め述べておきたいことがいくつかある。

本書の主題

第一に、本書は憲法を通して見るアメリカの現代史を主題とするものであり、現代のアメリカ憲法解釈の詳細な分析を目的としていない。この国では、最高裁が重要な憲法判決を下すたびにロースクールの憲法学者が論争を行い、論文を書き、本を著す。一九八〇年代以降に下された憲法判例だけとっても、研究成果が無数にある。

本書ではそうした専門的な議論は最小限に留める。憲法はあくまでアメリカ現代史を語る視点として、そのための手段として用いる。ただし、アメリカでは重要な憲法判決をめぐる論争はマスコミが取り上げ、一般人も加わる。学者は一般人向けの本も書く。アメリカという国で憲法がなぜこれほど重視されるのかを探るのも、アメリカ現代史を考えるうえでの一つの視点だろう。

判例の詳細

第二に、憲法を通してアメリカの現代史を描く以上、技術的かつ専門的な憲法問題にある程度触れざるをえない。なるべくわかりやすく説明するようにつとめるが、その結果、やや単純化しすぎた部分的な説明に終わってしまうかもしれない。より深く知りたい読者は、何より最高裁の判決文を原文で読み、論文や学術書にもあたってほしい。巻末にいくつか入手しやすい文献を挙げた。

代わる大統領、変わる最高裁

第三に、本書をよりわかりやすくするために、一九八一年から現在までの期間を、大統領の任期ごとにわけて取り扱うことにする。この時期、アメリカでは六人の大統領が就任し、国政を担当した。レーガン（二期八年）、ブッシュ（父）（一期四年）、クリントン（二期八年）、ブッシュ（息子）（二期八年）、オバマ（二期八年）、そして二〇一七年一月に就任したトランプである。本書では各大統領の四年の任期ごとに、大統領、そして場合によっては議会がどのような憲法問題に直面し、当時の最高裁がどう対応したかを述べる。

ちなみにアメリカ憲法の規定により、大統領の任期は四年、再選されても八年までと制限されているのに対し、最高裁判事（実際は連邦裁判所判事すべて）には任期の制限がない。したがって、任命されてから三〇年経っても現役で活躍する例が珍しくない。判事の任期は平均的に大統領の任期よりはるかに長く、一九八一年から今日まで、最高裁の首席判事は二回しか交代していない。また九人の現役最高裁判事のうち、一九八〇年代に任命された判事が一人、九〇年代に任命された判事が三人いる。二〇一六年に現役のまま死去したスカリア判事は、ほぼ三〇年間その地位にあった。

このように、大統領の任期と最高裁判事の任期が一致せず、大統領が代わったからといって最高裁の方向性がにわかに変化するわけではない。ただし年月が流れ、歳をとると判事も一人ずつ交代するので、最高裁もゆっくりと変わっていく。両者の関係がわかりにくいので、巻末に大統領と議会上下院の多数党、そして最高裁判事を年代順に並べて表にまとめた。また主要判例を同じく年代別に列挙したので、参考にしてほしい。

保守と進歩、政治と司法のあいだで

最後に、この本ではしばしば保守と進歩ということばを使うが、政治運動としての保守主義、進歩主義は、司法の世界でいう保守主義、進歩主義と本来いささか異なるものであることを指摘しておきたい。前者が社会で実現すべき価値観をめぐる対立を示すのに対して、後者は裁判官が憲法を解釈する方法論をめぐる相違である。

「保守」とはその字義からして、保ち守ることであろう。英語のconservativeにも同じような意味がある。これに対し「進歩」は、前へ進むこと、変えること、さらにはよりよい方向へ進むことを指すようだ。「前進」「革新」とも言う。英語のprogressiveも同様の意味だと思われる。

問題は、「保守」といっても何を保ち、何を守るのか。「進歩」「革新」といっても何に向かって進むのか、何を変えるかである。守るべきもの、変えるべき対象はさまざまであり、一概に言えない。ただし政治思想、政治運動としての保守主義と進歩主義は、どちらもそれぞれ実現すべき価値を掲げ、運動を展開する。民主主義国家の場合には選挙で多数の支持を得て政権を担当し、政策を実行する。

これに対し、司法、特に憲法の分野の保守主義と進歩主義は、なによりも裁判官が憲法を解釈し事案にあてはめる、その方法についての立場を意味する。前者は「条文主義（textualism）」、あるいは「原意主義（originalism）」と呼ばれる考え方に代表され、後者は「生きた憲法（living constitution）」「進化する憲法（evolving constitution）」という考え方に代表される。

条文主義は、判事が憲法を含む法律の解釈を行うとき、まず見るべきは条文（text）そのものであるという考え方である。条文の意味するところが明白であれば、それを事案に適用して判断を下す。条文の意味が必ずしも明確ではない場合には、制定者が条文の意味をどう理解していたのか、つまり条文にこめられた「原意」を探る。条文主義は、条文の原意に戻るという意味で保守的な考え方である。

これに対し、憲法は変化する、憲法は生きていると考える司法進歩派も、憲法を解釈するにあたっては、その条文や制定者が条文にこめた意味をもちろん大事にする。しかし憲法の意味は時代によって変化するのだから、十分な理由があれば、判事は条文の文字通りの意味に必ずしも制約されず、合理的な範囲で拡大解釈を行うことを許されると考える。憲法の意味を現代あるいは未来に求めるという意味で、進歩的かつ革新的な考え方である。

保守的な憲法解釈と進歩的な憲法解釈では、司法の役割と憲法判断の正統性についての考え方にかなり根本的な違いがある。前者は議員や大統領と違って、判事が選挙によって選ばれないことを強調する。したがって、国民の信託を受けた議員多数の賛成を得て議会が制定した法律を、判事が違憲かつ無効とする司法審査は、本来反多数的、反民主主義的である。そうだとすれば、判事が許されるのは憲法の条文を見て、制定時にそれが意味したものを法律の専門家として確定することしかない。それしか裁判所の憲法解釈に正統性はない。司法の役割をあくまでも限定的にとらえ、それを超えることを嫌う意味で、条文主義や原意主義は司法消極主義と呼ばれることがある。

これに対して、後者の進歩的な憲法解釈においては、なぜ二〇〇年以上前に制定者が憲法の条文にこめた意味に、現在の国民が縛られねばならないのかと問う。そもそも憲法条文の原意が何であったのか、現代の判事にわかるのか。たしかに判事は選挙によって任命されたわけではないので、憲法解釈にあたってはあくまで慎重であるべきである。しかし憲法の条文がどのように変化してきたかをたどり、それがさらにどのような方向に向かっているのかを、十分な根拠にもとづく条文の拡大解釈によって指し示すのは、判事の重要な役割である。時に条文の文字通りの意味を超えて憲法の解釈を積極的に行うので、司法積極主義とも呼ばれる。

もちろん政治的な保守主義、進歩主義と、司法の保守主義（司法消極主義）、進歩主義（司法積極主義）は、しばしば重なる。司法積極主義の判事が下す判決は、進歩的な政治勢力の主張を支持することが多いし、司法消極主義を標榜し政治に左右されない判決を心がける判事の判決が、保守的な政治勢力を利することも珍しくない。しかし政治的に保守的な判事が司法積極主義の立場で憲法を解釈する例もある。単純な分類はできない。重要なのは、司法保守主義と司法進歩主義の対立は必ずしも主義主張むきだしの政治的な争いではなく、あくまでも憲法の解釈にもとづいていることである。そうでなければ、立憲主義というアメリカ国家の基本原則が崩れてしまう。司法は政治と無関係ではいられないが、政治から独立していることにその影響力の根源がある。

第Ⅰ部　司法保守化のはじまり――レーガン時代

第1章　レーガン大統領の就任

映画俳優、大統領になる

一九八一年一月二〇日、ロナルド・レーガンが第四〇代アメリカ合衆国大統領に就任した。一九一一年二月生まれ、七〇歳になる直前の就任は、ドナルド・トランプ現大統領の登場まで史上最年長であった。

レーガンの大統領就任は、いろいろな意味で画期的であった。年齢もさることながら、アメリカ史上初めての映画俳優出身である。イリノイ州に生まれ育ち、イリノイの大学を出たあとカリフォルニアへ移って、ハリウッドで俳優になる。俳優労働組合の委員長をつとめた経験もあるが、一貫して保守的な思想の持ち主であった。

レーガンには、離婚の経験があった。トランプ大統領就任まで、レーガンは就任前に離婚して再婚した唯一の大統領であった。ちなみに在任中離婚した者は一人もいない。最初の妻は女優のジェーン・ワイマンで一九四〇年に結婚、一九四八年に別れた。彼女は夫の政治家志望を嫌ったのだという。二度目の妻、旧姓ナンシー・デービスも元女優である。一九五二年に結婚、五二年間一緒に暮らし、二〇〇四年に夫の死を看取った。

保守主義者ではあるものの、レーガンは離婚が神の法に反するとして許さない教条的なキリスト教右派ではなかった。むしろ小さな政府を信じ過大な支出をいましめる財政保守主義者であり、連邦政府の権限拡大を嫌い州の権限を守る州権論者であり、共産主義を否定する根っからの自由主義者であった。

長く民主党員であったが、一九六二年に共和党へ鞍替えする。左傾化する民主党に愛想をつかした末の選択であった。「私が民主党を離れたのではない、民主党が私を去ったのだ」と、当時語っている。一九六四年秋に共和党の大統領候補に選ばれたアリゾナ州選出のバリー・ゴールドウォーター上院議員への支持演説がテレビ放映され、全国的に注目される。「選択のときが来た」と訴えるその明快な主張は、ゴールドウォーター候補への支持とともにレーガンの知名度を高め、選挙へ打って出るきっかけとなった。

この年、現職大統領のリンドン・B・ジョンソンと大統領選挙を戦ったゴールドウォーター上院議員は、保守的政治家としてレーガン大統領の原型と言ってよい。ケネディー大統領暗殺後、憲法の規定により副大統領から昇格したジョンソン大統領は、ベトナム戦争中にもかかわらず「大砲もバターも」という大きな政府、福祉国家を志向した。これに対し、ゴールドウォーター候補は個人の自由を重視し、共産主義の脅威を警告し、民主党の過大な福祉政策を批判する。結局一一月の本選挙では大差で敗北し、議会でも共和党が議席を減らしたものの、小さな政府をめざすゴールドウォーターの思想は以後の保守主義運動に大きな影響を与え、共和党再興のきっかけを作った。

ゴールドウォーター支持演説で知名度を上げたレーガンは、二年後、周囲の共和党有力者に勧められてカリフォルニア州知事選挙に出馬し、当選。一九六七年から一九七五年まで二期八年間つとめた。ベトナム戦争後半にあたるこの時期、カリフォルニア大学バークレー校を中心に多くの大学で反戦運動の嵐が吹き荒れ、ヒッピーに代表される反体制派が跋扈していた。レーガン知事はこうした急進的・暴力的な動きを否定し、秩序回復のためには警官隊や州兵の導入を辞さなかった。

レーガンはこの地位にあって、一九六八年、共和党の大統領候補を選ぶ予備選挙に初めて出馬した。このときはアイゼンハワー政権で副大統領をつとめたリチャード・ニクソンが圧倒的な支持を得て同党候補に指名され、民主党のヒューバート・ハンフリー候補、南部独立党のジョージ・ウォーラス候補を押さえて大統領選に勝利する。レーガンは一九七六年にも名乗りを上げ、ニクソン失脚のあと副大統領から昇格したジェラルド・フォード大統領と互角に戦い、共和党全国大会での投票にもちこんだものの、僅差で敗れて指名を逃す。同年大統領選を制したのは、民主党のジミー・カーター候補である。

一九八〇年、三度目の挑戦でようやく党の指名を獲得したレーガンは、同年一一月、前回の選挙でフォードを破り当選した現職のカーター大統領と争って勝利を収めた。選挙人の数ではレーガンが四八九人、カーターが四九人と、大きな差がついた。得票総数の比率でも、レーガンが五〇・七パーセント、カーターは四一パーセントに留まり、約一〇ポイントの開きがあった。カーター大統領の完敗である（註1）。

勝因についてはさまざまな分析がなされたが、レーガンが共和党保守派の支持とともに、民主党の伝統的かつ保守的な白人労働者層の支持を受けたのが、勝利につながったとされている。人権を重視し、戦うより交渉による国際紛争の解決を望み、積極的な福祉政策推進、黒人の公民権拡大に熱心なカーター大統領に、彼らは大方の予想に反して票を投じなかった。

選挙後、アメリカの雑誌「コメンタリー」一九八一年一月号に、「新しいアメリカの多数派」という記事が掲載された。執筆者は同誌編集長、ノーマン・ポドレッツである。投票日に行われた出口調査によれば、実際にカーター候補へ投票した人の数がカーターに投票したと答えた人の数より少ない。これは、自分は民主党支持だと言いながら密かにレーガンに投票する、いわば隠れレーガン派（レーガン・デモクラット）が多かったことを示している。民主党の穏健な支持者は、一九六〇年代から七〇年代にかけての急進的な反体制・反戦の運動、アメリカを否定する思想、麻薬・暴力・フリーセックス・ヒッピーに代表されるラディカルなライフスタイルに倦《う》み、密かにレーガン候補に投票した。この記事はそう分析していた。ポドレッツ自身、進歩派から保守派に転じたニューヨークのユダヤ系知識人であり、いわゆるネオコンの元祖の一人と言われる。レーガン勝利の背景には、こうした保守主義の新たな広がりがあった。

政治思想の違いは別にしても、当時の状況はレーガンに有利であった。四年間続いたカーター政権のもと、アメリカ経済は深刻な不況と物価上昇、そして金利の高騰が続き、なかなか立ち直れない。いわゆるスタグフレーションである。加えて国内では第二の石油危機とスリーマイル島の原発事故が起こり、国外ではソ連がアフガニスタンに侵攻する。イランではシャー（王）が倒れイスラム教聖職者による神政体制が確立、急進派の学生がテヘランのアメリカ大使館を占拠し、アメリカ市民五二人を四四四日にわたり拘束し続ける。国際社会におけるアメリカの威信は著しく低下した。エジプトとイスラエルの歴史的和解など外交上大きな成果を挙げたにもかかわらず、カーターはあまり人気のある大統領ではなかったし、運も悪かった。

そのカーターと比較して、俳優出身で演説のうまいレーガン大統領は、高齢でありながらいかにも颯爽としていた。一部からは頑迷な保守派として恐れられたが、親しみやすくユーモアのセンスにあふれ、常に楽観的でエリート臭さのないレーガンは、まじめ一方で、やや暗く、とっつきにくいカーターとは異なる新鮮な印象を人々に与え、大統領選挙に勝ったのである（註2）。

レーガン大統領の司法観

こうして登場した新しい大統領の就任を、国民は興奮と期待、さらにはいくばくかの不安とともに迎える。合衆国憲法第二条一節八項の規定に従い、ウォレン・バーガー最高裁首席判事の司式のもとで「大統領の職務を忠実に執行し、全力をつくして憲法を維持し、保護し、擁護する」と宣誓したあと、レーガン大統領は就任演説を行った。そして明快な言葉で、強いアメリカ、建国の父が志向した本来のアメリカ、自由を基調とするアメリカ、小さな政府のアメリカ、政府ではなく国民の自治にもとづくアメリカの再興を国民に訴える。そして当時の深刻な不況に触れ、政府支出の削減による財政赤字の解消を説く。現下の危機において、「政府がわれわれの問題を解決するのではなく、政府そのものが問題なのだ」と、大きな政府を否定する有名な言葉を発した。

同時に「自由の敵、将来戦うかもしれない相手」に言及し、「アメリカは平和を強く望み交渉をする用意があるが、決して屈服しない。対決へのためらいを、意志の欠如と受け取ってはならない。国家の安全を守るために、必要なら行動も辞さない。われわれはいざというとき勝利するに十分な力を維持する」と述べた。ソ連との軍拡競争を意識し、冷戦を戦いぬく強い決意を示す発言である。

レーガン大統領は、就任後矢継ぎ早に新しい政策を打ち出す。経済政策の概略は就任一ヵ月後の一九八一年二月一八日、連邦議会上下両院合同会議で行った経済政策に関する演説にまとめられている。連邦政府支出の大幅な削減、減税の推進、規制緩和など、サプライ・サイド（供給側）を重視する経済政策、いわゆるレーガノミクスの概要が示された。一方、ソ連の急速な軍備拡大に対応して冷戦を互角に戦うため、軍備増強には支出を惜しまない旨も表明された。

経済や国防に関する政策ほど目立たないものの、レーガン大統領は任期を通じて「司法の保守化」を重要な政策の柱とした。そして選挙戦の最中から、大統領になったらどのような人物を判事に選ぶかを公約の一つとして明らかにする。具体的には、「妊娠中絶と司法積極主義に反対する人」を、最高裁その他の連邦裁判所の判事に任命すると約束した。司法の保守化とは何か。一体なぜ、大統領候補が裁判所の人事のあり方を選挙公約に含めるのか。妊娠中絶と判事の人事がどう関係するのか。それを理解するためには、レーガン大統領が就任した時点で合衆国最高裁判所がどのような判事で構成されていたのか、彼らがそれまでどんな判決を下してきたのか。それらの判決にどのような政治的意味があったのかを、説明せねばならない。

第2章　レーガン政権と最高裁

激動の第一期

レーガン政権第一期は波乱に満ちた四年間であった（註3）。

そもそも政権発足直後の一九八一年三月、大統領はワシントン市内のヒルトン・ホテルを出たところで、ジョン・ヒンクリーという男に狙撃される。リムジンにあたって跳ね返った銃弾が大統領の左脇の下から体内に入って心臓近くに達し、一時は生命が危ぶまれた。しかし急きょ運びこまれたジョージ・ワシントン大学病院での四時間に及ぶ手術が成功し、奇跡的な回復を果たす。手術直前、医師団に向かって「君たちがみんな共和党員だといいんだがね」とジョークを飛ばし、民主党員だった医師の一人が「大統領、今日は全員共和党員です」と答えたという。もしレーガン大統領が亡くなっていたら、ケネディー大統領暗殺から約一七年、アメリカは再び暗く重いムードで覆われただろう。その後の内政や外交の方向も変わっていたかもしれない。しかしレーガンはユーモアを失うことなくこの危機を切り抜け、人気が急上昇した。

元気をとり戻した大統領は、精力的に内外の課題に取り組む。まず内政面では大幅な支出削減と減税を行った。しかし景気の後退、金利の上昇、失業率の悪化、倒産の増加、インフレの亢進、財政赤字と貿易赤字の増大など経済情勢は引き続き悪かった。日米間には深刻な貿易摩擦が存在した。一九八二年の中間選挙で共和党は連邦議会上院で多数を維持したものの、下院で多くの議席を失う。

一方、外交面に目をやると、政権第一期は東西対立を背景にした危機的な事件が次々と起こり、そのたびに国際社会の緊張が高まるという難しい時期であった。レーガン政権は、ローマ法王暗殺未遂、サダト・エジプト大統領暗殺、フォークランド戦争、ソ連空軍戦闘機による大韓航空機撃墜、レバノンに派遣された米海兵隊に対するテロ攻撃といった事件への対応に追われる。ソ連による中距離核ミサイルの東欧配備に対抗して、アメリカは同様のミサイルを西ヨーロッパに配備しはじめた。

この頃が冷戦末期、米ソ対立の最後のクライマックスだったかもしれない。一九八一年一一月に、ソ連のブレジネフ共産党書記長が死去。あとを継いだアンドロポフソ連書記長も八四年二月に死去。次のチェルネンコ書記長もレーガン再選後の八五年三月に死去する。そのあとにゴルバチョフが登場して、変化の兆しがようやく顕れる。

司法の保守化をめざして

因難な内外の情勢に対処したレーガン大統領が、その任期を通じて司法の保守化、特に最高裁に保守的な判事を任命することを政策の重要な柱にしつづけたのには、いくつかの背景がある。一つは、当時の最高裁がしばしば進歩的な価値感にもとづく判決を下し、政治的保守派の反発をかっていたこと。もう一つは、司法の保守化という公約が保守層の支持をとりつけ、それを維持するのに好都合であったこと。最後に、最高裁判事の多くがそろそろ交代すべき年齢に達しつつあったことである。そもそも合衆国憲法第二条二節二項は「連邦議会上院の助言と同意」を条件として、最高裁を含む連邦裁判所判事の任命権を大統領に与えている。レーガン大統領はこの権限を行使して、最高裁に保守派の判事を任命しようとした。

合衆国最高裁判所は、文字通りアメリカで最高位にある裁判所である。憲法第三条一節は、合衆国の司法権は、「一つの最高裁判所、および連邦議会が随時制定し設立する下級裁判所に属する」と規定しており、連邦議会、大統領とならんで、連邦政府の三権の一つを担っている。そのうえ、一九世紀初頭、マーベリー対マディソン事件判決によって違憲審査を行う権限を確立して以来、連邦司法、特に最高裁判所は、憲法に反する制定法や行政行為を「違憲無効」にする大きな権限を獲得し、アメリカの政治や社会に大きな影響を及ぼすようになった。最高裁の違憲（司法）審査権は、州の裁判所判決や行政行為にも及ぶ。九人の最高裁判事は、連邦法の解釈などを行いつつ、法律や行政行為の合憲性について最終的な判断を下す立場にある。だからこそ、そうした権限を有する最高裁判事に誰が任命されるかは、政治的にもきわめて重要なのである。

ところで、合衆国最高裁は歴史的に、先例に従って保守的な憲法解釈を行う時期と、新しい解釈によって進歩的な憲法解釈を行う時期がある。二〇世紀、特に大恐慌とニューディールの時期以降、フランクリン・ローズヴェルト大統領が率いる民主党政権による進歩的な社会政策の実行と並行して、最高裁も徐々に進歩的な判決を下すようになった。それを可能にしたのは、ローズヴェルト大統領が一九三三年から四五年までの一二年間、四年ごとの選挙に四回勝利して第四期のはじめに急逝するまで、保守派の判事が引退するたびに、自分と政治信条や司法観の近い進歩的な法律家を九人も最高裁判事に任命したからである。

この傾向は戦後も続き、特に共和党のアイゼンハワー大統領に任命され一九五三年から六九年にかけて在任したアール・ウォレン首席判事のもとで、最高裁は画期的な進歩的判決を出しつづける。公立学校での人種別学（白人と黒人の生徒を分離し、それぞれ別の学校で教える制度）を違憲とした一九五四年のブラウン対トピカ教育委員会事件判決は、その代表的なものである。ただし「ウォレン・コート」と呼ばれたこの時代の最高裁が下す判決の多くは、当時の標準的世論からすると急進的であり、政治的であった。論理構成にも無理があり、憲法を拡大解釈しすぎているという保守派からの批判が絶えなかった。

こうした保守派の声をバックに、「法と秩序の回復」を訴えて当選したニクソン大統領は一九六九年に辞任したウォレン首席判事の後任に、犯罪に厳しいという評判のある（したがって被疑者の権利を重視するウォレン・コートに批判的な）ウォレン・バーガー連邦控訴裁判所判事を選ぶ。しかし、首席判事が代わっただけでは、最高裁全体の方向性は変わらなかった。またバーガー首席判事は、ウォレン首席判事のように他の判事をまとめる指導力を持ち合わせていなかったため、時としてむしろ進歩派長老判事の考え方に引っぱられるきらいさえあった。

保守派の政治家や運動家は、バーガー首席判事のもとでも最高裁が進歩的判決を下しつづけ、憲法のさらなる拡大解釈をいとわなかったのを問題視した。そのもっとも代表的な例が、一九七三年に下された、女性には妊娠中絶を行う憲法上の権利があると判示するロー対ウェード事件判決である。

共和党保守派にもさまざまな考えがあり、一枚岩ではない。伝統的なキリスト教的価値観や道徳観を重んじる立場。社会秩序や国家安全保障を重視し、法の厳正な執行を求める立場。資本主義市場経済を信奉し社会主義的傾向の強い大きな政府を嫌って、財政の均衡と税金の低減を唱える立場。州の復権を唱える立場。さらに過度な平等主義を排し、むしろ自由を重じる立場などがある。

しかしこうした保守思想の中身の差異にもかかわらず、一九八一年春のレーガン政権発足を機に、彼らはそれぞれが望む保守的な政策を、行政や立法だけでなく、司法を通じても実現したいと考えた。そして異なる立場を乗り越え、レーガン大統領のもとで保守派がほぼ一致して目標にしたのが、進歩的判事による主観的な憲法拡大解釈の象徴となったロー対ウェード事件判決をくつがえすことであった。そのためには、現職の進歩的判事を保守的判事に交代させる必要がある。「妊娠中絶と司法積極主義に反対する」判事を任命して、司法の保守化をめざすというレーガン大統領の公約は、簡単に言えばこのことである。

言うまでもないことだが、レーガン大統領就任時の最高裁判事全員が進歩的な判事であったわけではない。まえがきで記したとおり、そもそも何をもって最高裁判事が保守的である、あるいは進歩的であると判断するかは、難しい問題である。保守的な政治と憲法解釈において保守的な司法はしばしば重なるが、必ずしも一致しない。とはいえ、レーガン大統領就任時の判事のうち六人がロー対ウェード事件で、女性には妊娠中絶を行う権利があるとの判決に賛成票を投じていたし、さらに判決後就任した一人がそれに同調したのも事実である。ロー事件判決に反対票を投じたのは、九人のうちわずか二人であった。

一九八一年の合衆国最高裁

一九八一年一月、ロナルド・レーガンが第四〇代アメリカ合衆国大統領に就任したとき、合衆国最高裁判所は九人の男性判事から構成されていた。就任順に並べれば、ウィリアム・ブレナン、ポッター・スチュワート、サーグッド・マーシャル、バイロン・ホワイト、ウォレン・バーガー（首席判事）、ハリー・ブラックマン、ルイス・パウエル、ウィリアム・レンクイスト、そしてジョン・ポール・スティーブンズである。

この九人は、いずれもそれ以前の大統領が議会の承認を得て任命した人たちである。アイゼンハワー大統領が任命したのが、進歩派判事の代表格となるブレナン判事（註4）と、穏健な保守派のスチュワート判事（註5）である。アイゼンハワーは軍人出身の共和党の大統領であったが、自分が任命した最高裁判事五人のうちウォレン前首席判事とブレナン判事の二人が進歩的な判決を出すことを予期せず、大いに後悔したという（註6）。次のケネディー大統領は、のちにロー事件判決で反対意見を表明した二人の判事の一人であるホワイト判事（註7）を任命した。暗殺されたケネディー大統領のあとを継いだジョンソン大統領は、黒人のマーシャル判事（註8）を任命。そしてニクソン大統領が任命したのが、ウォレン首席判事の後任であるバーガー首席判事（註9）、ならびにブラックマン判事（註10）、パウエル判事（註11）、レンクイスト判事（註12）の四人である。そして最後に、フォード大統領がスティーブンズ判事を任命した（註13）。

こうしてレーガン政権発足時の最高裁判事九人が出そろう。スティーブンズ判事の就任からレーガン政権発足までは約五年のあいだ、最高裁に一人も欠員が出なかったので、この九人がそのまま残った。レーガン政権発足時に席次が最も低かったスティーブンズ判事は、二〇〇五年にレンクイスト首席判事が死去したときから二〇一〇年に自らが引退するまで、最長老判事でありつづけた。

これらレーガン大統領就任時の最高裁判事九人を見ると、いくつか気づくことがある。第一は、全員が男性であることだ。一七九〇年に合衆国最高裁が初めて開廷してから一九〇〇年のあいだ、女性判事は一人もいなかった（註14）。その理由は、それが当たり前と長く考えられていたからだろう。しかし一九七〇年代に、女性の権利が著しく拡大されはじめるなかで、最高裁に一人も女性判事がいないのは次第に不自然なこととなりつつあった。レーガン政権は、就任早々この問題に取り組む。

第二に、レーガン大統領就任時の最高裁判事九人のうち、実に七人が、共和党大統領によって任命されていた。それにもかかわらず、バーガー首席判事のもとで最高裁が進歩的な判決を出しつづけたのは、皮肉である。一つには、レーガン時代以前の共和党が現在の共和党に比べてはるかに穏健な思想傾向をもっており、レンクイスト判事を除く六人もそれほど保守的な思想の持ち主ではなかったからだろう。ニクソン大統領でさえ、社会政策に関してはかなり進歩的な立場を示していた。また、いったん任命された最高裁判事がその憲法思想を変化させることは、必ずしも珍しくない。しかも憲法第三条の規定により最高裁判事の任期は終身である。突然の死去、病気やけがなどによる執務不能、自発的な引退がないかぎり、判事は原則として何歳になっても仕事を続けられる。

第三に、これら九人の多くが、比較的高齢であった。レーガン大統領就任時すでに七五歳であった最高齢のブレナン判事を筆頭に、七〇代が五人、六〇代が三人いて、もっとも若いのが当時五七歳のレンクイスト判事である。九人ともすこぶる元気であったが、七〇代も半ばになれば、そろそろ引退を考えはじめなければならない。最高裁はたしかに世代交代の時期にさしかかっていた。

ただし最高裁判事の独立と終身任期は、政権交代に影響されない。大統領選挙中、レーガンは司法積極主義をとらない人を最高裁判事に任命すると約束したが、現職の判事を罷免するわけにはいかない。欠員が出るまでは、これら九人の現職判事に司法府を任せるしかなかった。

それでも欠員が出れば、ロー事件判決に反対する判事を任命できる。その数が増えれば、やがてロー事件判決をくつがえせる。いつそのときが来るかは誰にもわからなかったが、保守的な支持者に夢を与えつづけるという意味で新しい最高裁判事の任命による司法の保守化は、レーガン大統領にとって悪くない公約であった。

第3章　ロー対ウェード事件

事件の発端と審理

ところで、レーガン大統領がくつがえすことを選挙公約に掲げ、多くの国民が強く反発したロー対ウェード事件判決とは、どんな内容だったのか。ここでレーガン大統領の就任から八年近く時間を戻して、この事件の背景と審理経過を探ろう。

ロー事件の判決は、二二〇年にわたる合衆国最高裁の歴史上、政治的社会的な影響がきわめて大きく、しかも長く続いた例の一つである。判決が下されるや否や国論が二分され、激しい憲法学上の論争が発生し、その後の政治の方向性や司法のあり方まで左右した。

この訴訟は、テキサス州に住むジェーン・ローという妊娠した未婚女性らによって、一九七〇年にテキサス州所在の連邦地区裁判所へ提起された。ローというのは、訴訟当事者の実名を隠すために用いられた仮名である。ローは、当時テキサス州ダラス郡の検察官であったウェードを相手取り、妊婦の生命を救うために必要な場合を除き、すべての妊娠中絶を禁止するテキサス州法の規定が合衆国憲法に違反すると主張、同法適用の差止めを求めた。

連邦地区裁は一九七〇年、憲法が守る基本的人権は権利章典（註15）に記載されたものに限定されないと規定する合衆国憲法修正第九条に同法が違反すると判示したが、差止命令は発出しない。ローは本判決を不服として合衆国最高裁へ跳躍上告（一定の条件を満たす場合、控訴裁判所を飛びこして最高裁へ直接上告できる）を行い、同時にテキサス州も上告する。最高裁は一九七三年一月二二日、ローの主張を全面的に認め、女性には妊娠中絶を行う憲法上の権利があり、中絶を禁止するテキサス州法は違憲であるという内容の判決を下した。ちなみに最高裁は、同じく妊娠した未婚の女性によって提起されたドー対ボルトン事件と本事件を同時に審理し、ジョージア州の中絶規制法も違憲と判断している。

最高裁がこの事件の上告を受理したのは、一九七一年である。訴訟当事者それぞれの代理人から予め詳細な陳述書が提出されたうえで、同年一二月一三日に口頭弁論が行われた。その日のうちに判決の方向性を議論し、法廷意見を執筆する判事を指名する判事会議が開かれる。ローの主張を認める立場がやや優勢であったが、各判事の意見はまだあいまいであり、判決の行方ははっきりしなかった。ローの主張に否定的であったバーガー首席判事は、ブラックマン判事に法廷意見の起草を委ねる。最高裁でもっとも新参の彼なら、あまり極端な内容の判決を書かないだろうし、友人であるからその内容に首席判事自身の意見を反映しやすい。そう考えたようだ。首席判事が判事会議で自分の意見に対し他の判事半数以上の賛同を得られないときには、法廷意見執筆者を指名する権利を、通常、多数意見を示した判事のなかで最古参の判事に譲る。しかしバーガー首席判事は自ら強引に執筆者を指名する傾向があり、このときもそうであった。

ブラックマン判事は早速法廷意見の執筆にとりかかる。起草を任された判事は、完成した第一稿をすぐに他の判事に回覧して意見を求め、必要な修正を施すことになっている。また反対意見があれば、その草案も回覧される。法廷意見の内容を固める重要な過程である。ところがブラックマン判事は法廷意見草案の作成にかなり手間取り、ようやく回覧された草案は満足な内容と言えず、他判事の同意を得られなかった。ブラックマン判事はテキサス州中絶禁止法の規定のあいまいさを理由にローの主張を認めようとしていたが、妊娠中絶を行う憲法上の権利を確立しようと考えるブレナン判事、ダグラス判事、マーシャル判事が納得しなかった。

この事態を受けて、バーガー首席判事は本事件の再審理を提案した。一九七二年六月末に終了する同年度の開廷期内に判決を下さず、次の開廷期に再度口頭弁論を行い、それを受けて判決を下そうというプランである（註16）。法廷意見を書くには時間が足りないと感じていたブラックマン判事も、再審理を求める。ところがこれにダグラス判事が強く抵抗した。一九七二年一月に就任したばかりで、前年一二月の口頭弁論とその後の判事会議に参加しなかったパウエル判事とレンクイスト判事を新たに審理に加え、反対派の判事数を増やして判決の方向を逆転させよう。バーガー首席判事とブラックマン判事はそう考えたに違いないと、ダグラス判事は確信した。再審決定への反対意見を書き、これまでの事情をすべて明らかにすると脅すダグラス判事をブレナン判事がなだめ、一九七二年六月末の閉廷直前、ようやく再審理が決まる。この結果、新しい開廷期の冒頭、一九七二年一〇月一一日に再度口頭弁論が行われた。

ロー対ウェード事件最高裁判決

皮肉なことに、バーガー首席判事がロー事件法廷意見の執筆者にブラックマン判事を指名し、さらにその口頭弁論と最終決定を次の開廷期まで延ばしたことが、この判決の内容を大きく変え、その後の大論争が生じるきっかけとなった。ブラックマン判事は夏休みのあいだ中絶の歴史や医学について勉強を重ね、自分の考えを固めたらしい。二度目の口頭弁論から間もなくブラックマン判事が同僚判事に回覧した新しい法廷意見の草案は、第一稿と比べ、妊娠中絶を行う女性の憲法上の権利を積極的に認める内容であった。

この草案をもとに、改めて各判事間の意見調整が行われる。今回はパウエル判事とレンクイスト判事がこの過程に加わった。そして結局パウエル判事を含む七名の判事が、修正された新しい法廷意見草案に賛成票を投じる。七人のうちバーガー、ブラックマン、パウエルの三人は、司法の保守化を唱えるニクソン大統領が任命した判事である。残りの二名、すなわちホワイト判事とレンクイスト判事が反対票を投じ、反対意見を書いた。当初、妊娠中絶を憲法上の権利として認めることに反対していたバーガー首席判事も、結局賛成派に回り同意意見を著す。この首席判事は、判決内容よりも自分が多数の側に属するのにこだわる傾向があった。ダグラス判事とスチュワート判事もそれぞれ同意意見を書いた。

ブラックマン判事の法廷意見は、まず、妊娠中絶の歴史をたどる。西欧ではギリシャ・ローマの時代から近世まで妊娠中絶が必ずしも絶対悪と考えられていなかった。アメリカ各州が中絶を犯罪として禁止するようになったのは南北戦争後であり、近年は一定の条件のもとで多くの州が中絶を容認する傾向にある。そう述べる。

判事は次に、憲法の条文で明確に規定されていなくても認められる基本的人権が存在すると指摘する。夫婦が避妊具を使うことを禁じるコネティカット州法をプライバシー権の侵害を理由に違憲とした一九六五年のグリズウォルド対コネティカット事件判決を引き、女性が妊娠中絶を選択するのもプライバシー権行使の一形態であり、修正第一四条のもとで保護されるべき基本的権利の一つだとした。

ただしこの権利は絶対のものではないと、ブラックマン判事は続ける。なぜなら、州には生まれてくる胎児の命を守る義務があるからだ。このため、当法廷は妊娠した女性の権利と生まれくる胎児を守る義務とのあいだで、バランスを取らねばならない。

ところで胎児がいつ人間となり、人間としての権利を有するかについては、宗教上、哲学上、医学上さまざまな考えがある。受精したその瞬間から人間として存在すると考える人がいる一方で、出産までは人間として扱うべきでないと考える人もおり、当法廷が判断すべきことではない。

ただし近年の医学上の研究成果によれば、胎児の発育に応じて妊娠を三期に分けたうえで、第一期には妊娠中絶が母体の健康にほとんど悪影響を与えず、出産より危険が少ないことが明らかになっている。一方、第三期に入るころになると、胎児が母体の外に出ても多くの場合生きていける（体外生存能力がある）ことが判明している。したがって妊娠第一期には、州は妊娠中絶を禁止しても規制してもならず、中絶の可否は医師の判断に任せるべきである。中絶の危険性が増える妊娠第二期には、州は母体の健康を維持するかぎりにおいて、妊娠中絶の方法や場所などについて規制することが許される。しかし妊娠第三期には、母体の外に出て生きていける胎児の生命の可能性を尊重せねばならず、母体の生命を救うのに必要である場合を除き、州は妊娠中絶を禁止してかまわない。ところで、テキサス州の妊娠中絶禁止法は、母親の生命を救う必要がある場合を除き、妊娠全期間を通じてすべての妊娠中絶を禁じているので、以上の枠組みに照らして違憲である。ブラックマン判事は、こう結論づけた。

ロー事件判決への反応

ロー対ウェード事件の判決は、ただちに大きな反響を巻きおこした。賛成する人々と反対する人々の数が拮抗し、アメリカ国内の世論はこの判決をめぐって二分した感があった。妊娠中絶をめぐる国内の論争は本判決が下されてからかえって盛んになり、一挙に熱を帯びる。

もちろん妊娠中絶を女性の権利と考える人々、特にウーマンリブの運動家は、ロー事件判決を大歓迎した。彼女たちは妊娠を、女性が社会で活躍するうえでの最大の障壁ととらえ男女間の不平等の元凶と考えていたから、妊娠中絶選択の権利誕生を手放しで喜んだ。一方、人の生命は受精から始まるものであり、妊娠中絶は人殺しに他ならないとの教会の教えを信じるカトリック教徒の多くは、ロー事件判決に猛反発した。またプロテスタント系でも、聖書のことばの無謬性を信じ、その教えを忠実に守る福音派の教会信徒の多くが、強く反発した。妊娠中絶の権利が若者の安易な性行為や既婚者の不倫につながるであろうことも、信仰上夫婦間以外の性行為を認めない彼らが反発した大きな理由である。さらにそれほど強い宗教的イデオロギー的信念をもたない者でも、たとえば子供を産んで育ててきたことを誇りに思い、大きな意義を見出してきたごく普通の母親たちは、妊娠中絶を憲法上の権利にまで高めるこの判決を、強い違和感をもって受け止めた。

賛成派も反対派もそれぞれ新たに組織を結成し、ロー事件判決の死守、ロー事件判決の破棄を叫びながら全国的運動を展開する。賛成派は妊娠中絶選択の自由を掲げたので「プロチョイス」、反対派は胎児の生命を守ろうと主張したので「プロライフ」と呼ばれる。プロチョイス派もプロライフ派も、大統領選挙、連邦議会議員選挙において、候補者がどちらの立場をとるかを支持決定の基準とした。プロライフ派は、妊娠中絶に反対する大統領や上院議員が、ロー事件判決をくつがえす判事を連邦裁判所、特に最高裁に送りこむことを期待した。プロチョイス派はその逆を狙う。各地で集会が開かれ、政治家や判事に手紙が送られ、最高裁判所に両派のデモ隊が押し寄せた。妊娠中絶を行う医院の前で両派がもみあい、対立する運動家や医師をねらった暴行や殺人事件まで起こる。ロー事件判決は完全に政治化した。

ロー対ウェード事件判決は、他の判事や憲法学者からも批判を受けた。まず同判決で反対票を投じたホワイト判事とレンクイスト判事は、それぞれ反対意見を著し、強い口調で法廷意見を非難する。

レンクイスト判事は、妊娠中絶を行う憲法上の権利をプライバシー権の一部として正当化するのは不可能であると主張した。条文上テキサス州法が禁じているのは医師による中絶の実施であって、それは妊娠した女性の行為ではない。中絶にプライバシーは存在しない。もしプライバシー権なるものが憲法修正第一四条のデュープロセス条項（何人も法の定める適正な手続きによらなければ、生命、自由、または財産を奪われないと定める）が保障する自由権を意味するのなら、それは主として手続き上の権利であり、無条件に守られるべき実体的権利ではない。そもそも一〇〇年前に制定された妊娠中絶禁止法が二一州でまだそのまま残っているという事実は、妊娠中絶の権利が憲法で保護されるべき、伝統と人々の良心に深く根づいたものでないことを示している。そう論じた。

同様にホワイト判事は、法廷意見は憲法の条文にも歴史にも、なんら根拠を見出せない。まったく恣意的に中絶規制に関する新しいルールを作り、それを憲法上の権利と呼んだに過ぎないと指摘した。この判決によって五〇州の州民は、妊娠中絶の規制のあり方を自らの代表を通じて決定する憲法上の権利を失った。法廷意見は最高裁に与えられた司法審査の権限を、きわめて不適切かつ限度を越えて行使した結果であると言わねばならない。そう非難した。

法廷の外でも、進歩派の一部を含む多くの憲法学者が、法廷意見は憲法上の明確な根拠を示していないと批判した。ブラックマン判事は、こうした批判に深く傷ついたという。しかし七対二の判決は揺るがない。七人の判事はそうした批判を受けても考えを変えなかった。七人のうちの一人、ダグラス判事は一九七五年に引退したが、後任のスティーブンズ判事がロー事件判決を支持し、判事の交代が他になかったために、レーガン大統領就任時の最高裁では依然として七対二でプロチョイス派が最高裁の多数を占めていた。ロー事件判決以外にも保守派が強く反発した最高裁判決はあったけれども、レーガン政権が保守派の新判事任命によってロー事件判決の破棄あるいは修正を特に強く望んだのは、この判決の内容と政治的影響の強さからして自然なことであった。

第4章　史上初の女性最高裁判事

スチュワート判事の引退

ロー対ウェード事件判決を背景として司法の保守化をめぐる議論が活発化するなか、レーガン政権が新しい最高裁判事を任命する機会は、存外早く訪れた。大統領就任からわずか五カ月後の一九八一年六月一八日、ポッター・スチュワート判事が引退を表明する。政権内外の多くの人が、ロー事件判決に否定的な判事を新たに任命する絶好の機会が訪れたと考えた。ところが新しい判事の任命は、必ずしもその道をたどらなかった。

穏健な保守派として知られるスチュワート判事の引退表明は、周囲を驚かせた。一九一五年生まれで、このとき六六歳。アイゼンハワー大統領に指名され最高裁判事に就任してから二三年。まだ十分活躍できる年齢である。七五歳のブレナン判事が一九八一年からさらに九年間最高裁に留まったことを思えば、スチュワート判事の突然の辞任は、やや唐突に感じられた。

特に九年前、六四歳で就任したパウエル判事は、自分より八歳若いスチュワート判事が引退を表明したのに驚き、留まってほしいと個人的に説得を試みたらしい。しかしスチュワート判事は、「もう十分最高裁判事をやった」と言って、淡々と去った。四年後の一九八五年、七〇歳で逝去する。早めに辞めたのは、もしかすると自分の体力気力に自信がもてなかったのかもしれない。有名ロースクールを優秀な成績で卒業した助手を毎年数人採用するものの、複雑で難しい事件をいくつも分析し、長文の法廷意見や反対意見を著さねばならない最高裁判事の仕事は、肉体的にも精神的にも、かなりきつい仕事である。

実はすでに同年の三月中旬、スチュワート判事は親しい友人のジョージ・ブッシュ副大統領を通じて、引退の意思を非公式に政権へ伝えていた。この報に接してレーガン政権の保守的なロイヤーたちは、ロー対ウェード事件判決をくつがえす可能性が高い判事を指名する絶好のチャンスが到来したと喜ぶ。スチュワート判事は、同判決で法廷意見に賛成した一人であった。プロライフの判事を任命すれば、ロー事件判決の多数意見対少数意見のバランスが七対二から六対三になる。それだけでは不十分だが、重要な前進である。

しかし大統領の反応は少し違った。大統領選挙期間中、妊娠中絶に反対の立場をとったものの、レーガン大統領の保守主義は宗教色の強いものではなく、ロー事件判決をくつがえすことに彼自身それほど強い情熱を抱いていたわけではなかったらしい。それに選挙中、当選したら史上初の女性最高裁判事を任命するとも公約していた。大統領はむしろ後者の実現を優先する。民主党と比べ、女性支持層の基盤が弱い共和党の大統領である。女性最高裁判事任命により女性からの支持率を上げて次の選挙に備えるのは、政治的に十分大きな意味があった。

そもそも一般的に言って、各政権は最高裁判事候補選定にあたって何を考慮するのか。第一は言うまでもなく、すぐれたロイヤーであること。連邦最高裁はアメリカで司法の頂点にあり、その判決はすべての下級審を拘束する。判事の責任は重い。また複雑な憲法や法律の解釈は、法律の専門家といえども誰もができるわけではない。毎年提起される数多くの事件を取り扱い、質の高い判決文を書かねばならない。政治的に保守的な思想（民主党政権の場合には進歩的な思想）を持っていても、ロイヤーとしての能力が高くなければつとまらない。実際、過去には最高裁判事になったものの、職務を遂行するのが難しくて辞任した判事がいた。

第二に、政権の政策に合致した司法思想の持ち主であること。たとえば共和党政権の候補はいかに能力が高くても、この条件を満たしていないと福音派のキリスト教団体など政権を支える保守層の支持が得られず、指名されにくい。就任したとたんに進歩的な判決を下すような判事はなんとしてでも避けたい。そのためには指名前に、司法思想を確かめておく必要がある。憲法問題について過去に発言や論文がない人物はその点を確かめようがなく、リスクがある。

第三に、議会上院で就任に同意を得られる人物であること。これはもちろん、議会上院の多数を占める政党が大統領の支持政党かどうかに大きく左右される。同じなら同意は得やすいし、異なる場合には同意は簡単に得られない。後者の場合、極端に保守的（あるいは進歩的）で過去の発言や論文が多い人物は、同意を得るのがかえって難しい。もちろんプライベートなスキャンダルを抱えているような人も承認されないので、候補者はあらかじめ徹底的に調査される。

以上に加えて重視されるのが、最高裁判事候補の選出そのものの政治的効果である。特定の人種や宗教グループに属する候補を選べば、そのグループからの政権への支持が増えるだろう。アイゼンハワー大統領がアイルランド系カトリック教徒のブレナン判事を最高裁判事に指名したのは、まさにこの理由によるものだった。ただしこの点を重視しすぎると失敗するリスクもある。ブレナン判事が就任後に最高裁を進歩的な方向に導いたのは、その好例である。それでもなおレーガン大統領は、この最後の点を候補選考にあたって重視し、あわせて他の条件をすべて満たす女性を選ぶように、部下に求めた。

問題は誰を指名するかである。最高裁の女性判事が三人を数え、女性ロイヤーの活躍が当たり前になり、ロースクール学生の約半数を女性が占める現在と比べれば、一九八一年当時、全国的に活躍する女性法律家の数はまだ限られていた。最高裁判事に就任する年齢が仮に五〇代前半だとすると、ロースクールを卒業してから約二五年間、法曹での経験を積んでいるはずだ。一九八一年から四半世紀前の一九五〇年代半ば、ロースクールで学ぶ女性の数は一クラス数人に過ぎず、卒業してもよい仕事になかなかつけない。当時のアメリカは、驚くほど男性優位の社会であった。したがって一九八〇年代初頭、一流法律事務所や司法・行政の要職でロイヤーとして活躍し、人格・見識ともに高く、さらに連邦最高裁判事としての職責を果たせるだけの能力を有する女性は、きわめて少なかった。

しかも当時の共和党保守派の多くは、女性は妻として家庭を守り、夫を支え、子供を育てるのが本務だという、いわば良妻賢母の思想を長く抱いてきた人たちである。したがって先駆的な職業人女性には、圧倒的に民主党支持者が多かった。レーガン政権がロイヤーとしての資質に疑問の余地がなく、同時に家庭を大事にする共和党支持者の女性法律家を探そうとすれば、選択の幅はさらに狭まった。

オコナー判事の登場

こうした情勢のもと、司法省の役人たちが苦労して探し出した数人の女性候補の一人が、アリゾナ州控訴裁判所のサンドラ・デイ・オコナー判事である。彼女は連邦政府で働いた経験も学者としての実績もなく、全国的にはまったく無名の存在であった。ロースクールのクラスメートであったレンクイスト最高裁判事を除けば、当時ワシントンでこの女性をよく知る人は、ほとんどいなかっただろう。

ちなみにレンクイスト判事は彼女が候補に挙げられていることを知ると、自らホワイトハウスに電話をかけて強く推したという。無名ではあるものの、その経歴や人柄は共和党大統領が指名する初の女性最高裁判事候補として申し分なかった。オコナー判事自身の著書によれば、レーガン大統領がオコナー女史指名を決意し、政権第一期目の司法長官であったウィリアム・フレンチ・スミスが受諾の意思を確かめるためにオコナー家に電話をかけたのは、一九八一年六月二五日のことである。

オコナー判事は一九三〇年、テキサス州エルパソで生まれる。父親が経営するアリゾナ州東南部、ニューメキシコ州との境に近い乾燥地帯の真ん中の広大な牧場で、幼少期を過ごした。この牧場の名前をレイジー・ビーという。アルファベットのBが横に寝ている図柄の烙印を、牛に押すのがならわしであった。周囲に学校がないので、エルパソに住む母方の祖母の家から中学・高校へ通い、飛び級をして一六歳でスタンフォード大学へ進む。そのまま同大学ロースクールへ進学し、学年で三番目の成績で卒業した。同級生にはビル・レンクイスト、一年後輩に将来の夫となるジョン・ジェイ・オコナーがいた。

今なら名門スタンフォード・ロースクールを優秀な成績で卒業すれば、一流法律事務所から引く手あまたであり、就職には困らない。ところが若きサンドラは懸命に就職口を探したものの、どの法律事務所も相手にしてくれなかった。唯一ロサンゼルスに本拠を置く大手法律事務所のギブソン・ダン・クラッチャーが彼女に返事をくれたが、それは秘書としてなら雇うというものだった。

皮肉なことに、レーガン大統領の意を受けてオコナー判事に最高裁判事指名を伝えたフレンチ・スミス司法長官は政権に入る前、ギブソン・ダン事務所のパートナー（共同経営者）をつとめていた。一九九〇年に同事務所は創立一〇〇周年を迎え、ロサンゼルスで祝賀の会が開かれた。ゲストとして招かれたオコナー判事は挨拶のなかで、「一九八一年、ビルが私に電話をかけてきたとき、またセクレタリーの職をオファーしてくださるのかと思いました。今度はたとえば国務長官（セクレタリー・オブ・ステート）か何か」と述べて会場をわかせた。

結局、給料が高くて将来性のあるエリート法律事務所での仕事を得られず、彼女はカリフォルニア州サン・マテオ郡検事の事務所でロイヤーとしての地味な第一歩を踏み出す。その後、夫が陸軍のロイヤーとして召集されドイツに駐在すると、自らも駐独米陸軍の民事担当ロイヤーとしてフランクフルトで働く。帰国後、アリゾナ州フェニックスに住居を定める。同市の大手法律事務所で働く夫ジョンを支え、三人の息子を育てながら、仲間と小さな法律事務所を構えた。町のロイヤーとして法律業務をこなし、経験を積む。スタンフォード・ロースクールのクラスメートたちが大手法律事務所や司法省などで手がける華々しい法律業務からは程遠い、ごく日常的な法律の仕事であった。二番目の息子が生まれたときには、五年間仕事から離れて育児と家事に専念する。子育てが一段落するとアリゾナ州司法次官補に任命され、ロイヤーの仕事を再開した。

最高裁判事になったオコナーは、ワシントン市内にあるジョージタウン・ロースクールの卒業式に招かれて行ったスピーチのなかで、次のようなことを述べている。

「あなた方卒業生のなかには、一流法律事務所への就職が決まって、とてもよろこんでいる人がいるでしょう。しかし同時に、せっかく三年も勉強してロースクールを出たのに希望の仕事につけなくて、くさっている人もいるでしょう。けれども、つまらないと思う仕事につく人は、とても重要です。誰もおもしろいと思わない仕事をするのは、あなた以外いないのですから。ですから、与えられた仕事を一所懸命おやりなさい。あなたの仕事ぶりを、誰かが見ています。いい仕事をしていれば、次のチャンスが必ず回ってきます。リンカーン大統領が述べたように、『いつか必ずやってくるチャンスに、いつも備えて』いらっしゃい」

若い卒業生へのこの言葉は、オコナー判事自身の経験そのものであった。目立たない仕事を、持ち前の完璧主義と高い能力でこなす彼女を、次第に周囲が認めるようになる。一九六九年、アリゾナ州知事が彼女を欠員の出た州議会上院の議員に任命した。再選を果たし二期四年間その地位にあり、同州では史上初の女性上院院内総務をつとめた。一時は州知事候補に推す声もあったそうだが、考えるところがあって一九七五年に州地区裁判所判事に転じる。一九七九年には州知事から州控訴裁判所判事に任命された。二年後、この地位にあったオコナー判事に、レーガン政権が目をつけた。

アメリカでもっとも著名な女性

一九八一年七月六日、レーガン大統領は次の合衆国最高裁判事にサンドラ・デイ・オコナー判事を指名したことを正式に発表する。初の女性最高裁判事指名のニュースに、全米は騒然となった。新聞やテレビがオコナーについて一斉に報じる。オコナー判事自身、この日を境に生活がまったく変わったと述べている。どこへ行ってもマスコミに追い回される。あるパーティーへ出席したときには、床に隠しマイクが仕込んであった。彼女の会話をなんとか録音してスクープをものにするためだった。就任一年目には実に六万通の書簡がオコナー判事宛てに届き、そのなかには、女性最高裁判事の実現をわがことのように喜ぶ女性からの手紙だけでなく、「女よ、台所へすぐ戻れ。判事は男の仕事だ。女には冷徹な判断はできない。孫と夫の面倒をみていなさい」という、老人男性からのものもあった。オコナー判事は一夜にしてアメリカでもっとも著名な女性となったのである。

こうした全米での騒ぎとマスコミの集中的な報道にもかかわらず、合衆国議会上院でのオコナー判事の最高裁判事任命手続きは、おおむね順調に進んだ。ただし妊娠中絶について考え方が明確でないとして、プロライフの団体と宗教団体の一部が懸念を表明する。何人かの共和党保守派上院議員が、ホワイトハウスに直接その旨を伝えた。実際、アリゾナ州議会上院議員であったオコナー女史が一九七〇年に、委員会で妊娠中絶を禁止する州刑法の規定を廃止する法案に賛成票を投じたという、地元新聞の報道があった。一方で彼女は、妊娠中絶の権利を制限する法案にも賛成している。

レーガン大統領の七月六日の日記によれば、オコナー判事は大統領に「個人的には妊娠中絶が嫌いです」と直接電話で伝えている。のちにクリントン大統領弾劾の際に独立検察官をつとめる司法省の若いロイヤー、ケネス・スターが、オコナー判事の資格審査のために話を聞きにやってきたときには、「アリゾナ州議会の議員として、妊娠中絶を合法化する法案支持の投票をしたことは一度もない」と述べる。政権はそれで満足したらしい。しかし判事は、憲法上の権利としての妊娠中絶を自分がどう考えるかについて、さらに最高裁判事として将来中絶に関してどのような判断をするかについて、何も言わなかった。オコナー判事に対するプロライフ派の懸念は残り、実際彼女はのちに最高裁判事として妊娠中絶の権利を支持する立場をとる。

妊娠中絶についての考え方に若干の不安はあったものの、公聴会に先だって面会した連邦上院議員のあいだで、オコナー判事はたいへん評判がよかった。礼儀正しく、それでいてはっきりと自分の意見を言い、しかも妻として母として、同時にロイヤーとして優れていた。特に西部アリゾナの大地で育った彼女の自主独立の精神は、州の自立、個人の自立を重んじる保守派議員の琴線に触れたようである。きわだって保守的な南部サウスカロライナ州選出のジェシー・ヘルムズ上院議員は、オコナー判事をすっかり気にいり、彼女の肩を抱くようにして、強い南部なまりで「あなたは大丈夫、心配することはないよ」と言ったという。

マスコミの大きな注目を浴びた上院司法委員会の公聴会を無事に終え、連邦上院は九月二一日、九九対〇（棄権一）と、ほぼ満場一致でオコナー判事の最高裁就任に同意を与える。唯一不在のため投票しなかったボーカス上院議員は、あとで判事に謝罪の手紙を送ったという。

こうしてサンドラ・デイ・オコナー判事は夫ジョン・ジェイ・オコナーと一緒に、一九八一年九月二五日、バーガー首席判事の司式のもと宣誓を行い、最高裁史上一〇二人目、女性として初めての最高裁判事に就任した。

オコナー判事が就任したあと、レーガン大統領が最高裁判事を新たに任命する機会は、バーガー首席判事が引退を表明する一九八六年まで訪れなかった。したがってほぼ五年のあいだ、彼女はレーガン政権になって就任した唯一の最高裁判事であった。その間、最高裁判事の動向を注意深く見守る専門家だけではなく、一般大衆からも広く注目を浴びつづける。初めての女性最高裁判事であるがゆえの高い関心だけでなく、妊娠中絶についての新しい判決を最高裁が下すときオコナー判事がどのような立場をとるかについても、多大な関心が寄せられた。

就任当初、オコナー判事は慣れない仕事に相当苦労したようである。一挙手一投足をマスコミに監視されつづけながら、最高裁判事としての仕事に習熟するのは、大変な努力を要したに違いない。しかし判事は持ち前の頭脳と、エネルギーと、完璧主義によって、それを見事にやり遂げた。最高裁における彼女の影響力は次第に増していく。州裁判所判事出身の彼女が、やがて大きな存在感を示すのを、当初はほとんど誰も予想しなかった。

第5章　レーガン政権第一期の最高裁

最高裁に変化なし

　レーガン新大統領は、就任早々、サンドラ・デイ・オコナー女史を合衆国最高裁判事に任命したが、それによって最高裁の保守化がすぐに始まったわけではない。その理由はいくつかある。

　第一に、オコナー判事の任命は新政権発足直後、予想外に早く最高裁に欠員が生じたためであったが、その後引退する判事が現れず、レーガン大統領は次の最高裁判事を任命する機会になかなか恵まれなかった。したがってレーガン政権最初の五年間、一人を除いて全員が前政権から変わらぬ顔ぶれであった。

　第二に、政権発足後の五年間だけでなく、発足前の一〇年近くも最高裁判事の構成は安定しており、大きな変化がなかった。オコナー判事の前は、一九七五年一二月のフォード大統領によるスティーブンズ判事任命、その前が一九七二年一月のニクソン大統領によるパウエル判事とレンクイスト判事の同時任命である。すなわち、一九七五年のスティーブンズ判事任命後、一九八六年までの約一〇年間に判事は一人しか交代せず、一九七二年のパウエル判事とレンクイスト判事の任命の後、一九八六年までの約一四年間をとっても二人代わっただけである。構成が大きく変わらない以上、レーガン政権誕生を機に最高裁が判決の方向を変える必然性はなかった。

第三に、政権が変わっても最高裁判決の方向性がただちに変化しないのは、憲法起草者たちのそもそもの意図であった。まえがきで述べたとおり、一七八七年のフィラデルフィア憲法制定会議で採用された原則の一つは、厳格な三権分立である。同会議の出席者たちは、イギリスから独立した一三州による新しい共通政府樹立の必要性をよく認識していたが、同時に強大な中央政府が専制に走るのを恐れた。それを防ぐためには政府の権限を分割して互いに競わせ、どれか一つが突出しないようにする。

この考え方にもとづき、憲法は中央政府の権限を立法、執行（行政）、司法の三つにわけ、それぞれ異なった構成と権限、そして構成員の選び方と任期を定めた。そのなかでも連邦司法の独立性を特に重視する。他の二権とは異なり、司法は少数の裁判官のみで構成され、三権のうちでもっとも弱体である。にもかかわらず、判事は不偏の立場で法律の解釈を行い、議会や大統領の行きすぎた権力行使を必要に応じて抑制せねばならない。

したがって司法がその役割を安心して果たすためには、裁判官を他の二権の攻撃から守らねばならない。また他の二権へ依存する必要をなくさねばならない。その点、もっとも効果的なのは裁判官の終身任期制である。「判事終身制は、議会の権力侵害と圧政に対する（中略）すぐれた防塞の役割を果たす」と、『ザ・フェデラリスト』第七八篇でハミルトンは説明している。憲法第三条一節が、いったん任命された連邦裁判所の判事は「いずれも非行なき限りその職を保持する」とするのは、この考え方にもとづいている。

さらに憲法第二条二節二項は、判事の任命を国民の投票による選挙には委ねず、指名と任命の権限を大統領、その同意権を議会上院に与えることによって、連邦裁判所の独立性をさらに高めた。この結果、連邦司法、特に最高裁は、時の政権だけでなく、国民多数の意思からも容易に影響を受けないようにできている。その理由をハミルトンは、同じ第七八篇で、「判事の独立性（は）、社会に時おり起こる激情の効果を妨げるのに欠くことのできない安全弁として役立つ」と述べている。

憲法が規定するこれらの仕組みにより、自分たちを任命した大統領や上院議員が任期を終えて姿を消しても、判事はその地位に留まる。大統領が交代しても在任中の判事の地位は揺るがないし、たとえ国民が望んでも裁判官を選挙によって引きずりおろすことはできない。司法が国家権力全体の継続性・正統性を保つこの仕組みは、憲法起草者たちの知恵の産物と言ってよいだろう。

以上のような理由から、レーガン政権が誕生し、共和党が連邦議会上院で多数を占め、オコナー判事が就任しても、最高裁に大きな変化は見られなかった。これに加えて、まえがきで述べたとおり、政治の保守化と司法の保守化は必ずしも同じでないことを念頭に置かねばならない。

最高裁への関心高まる

けれども、新政権が発足早々打ち出す大胆な政策に、最高裁の九人は市民として判事として、必ずしも無関心ではいられなかったはずである。国論を二分するような行政府の施策や立法府の法律は、しばしばその合憲性を問われて訴訟が提起され、控訴、上告を経てやがて最高裁で審理される可能性が高い。そうであれば、そうした訴訟の進展は最初から注意深く見守る必要がある。しかも最高裁に対する国民の関心が、これまでになく高まっていた。史上初の女性最高裁判事誕生は司法に興味がなかった層にも興味を抱かせたし、司法の保守化という新政権の公約は最高裁人事への国民の強い関心を引きおこした。特に妊娠中絶の問題について最高裁がどのような新しい判決を下すかについて、注目が集まる。最高裁判事たちも、そのことを十分意識していた。

レーガン大統領就任後のこうした状況下で、判事たちは慎重に判決を下しはじめた。レーガン政権が誕生した一九八一年から八六年までは、バーガー首席判事最後の五年間にあたる。判事の構成には変化がなかったが、最高裁はこの期間にも重要な判決を下している。そのなかでも、レーガン政権にとってもっとも関心が高かった妊娠中絶について、ロー対ウェード事件判決以降のこの時期に最高裁がどのような判断を下したかを、ここで簡単にまとめておこう。

一九七三年に下されたロー事件判決の憲法解釈は、連邦・州両レベルでの選挙の争点となり、プロライフ派とプロチョイス派のあいだで激しいやりとりが続いたことは、すでに述べた。保守的な州では同判決の適用範囲を狭める、あるいはくつがえすのを目的とする州法が多数制定され、その合憲性を問う訴訟が提訴された。そのいくつかを、最高裁が取り上げた。

たとえば一九八三年に下されたアクロン市対アクロン妊婦健康センター事件判決である。オハイオ州法は、妊娠第2三半期以後の中絶は病院で行うこと、一五歳に達しない少女が中絶を望む場合、両親のいずれか、もしくは裁判所の承認を得ないかぎり医師は中絶を行ってはならないこと、中絶手術を行う前に医師は妊娠の状況、胎児の発育状態、母体の外で生存可能となる予想時期、妊娠継続の危険性、生まれた子を養子に出す場合の支援や出産後の援助などについて患者に詳しく説明すること、患者が中絶手術への同意書に署名してから実施まで二四時間待たねばならないこと、などを義務づけた。パウエル判事が著した法廷意見は、これらの規定が必要以上に中絶実施の障壁となる、少女が親の同意を得られない場合にどうするかについて具体的手続きを示していない、などの理由により、六対三の票決で当該オハイオ州法を違憲無効とした。

このケースでは、二年前、新たに最高裁判事に就任したオコナー判事が反対意見を著している。ロー事件判決の法廷意見でブラックマン判事が妊娠期間を三つにわけ、それぞれに違った判断基準を用いたのは間違っている。むしろ特定の規制が中絶を行う女性に「アンデュー・バーデン（不当な負担）」を課するかどうかを、妊娠期間全体を通して一貫した判断基準にすべきである。そう主張した。理屈はともかく、この反対意見はレーガン政権の期待どおり、オコナー判事がロー事件判決に批判的であるのを示していた。ロー事件判決で反対意見を著したホワイト判事とレンクイスト判事が、この反対意見に加わる。

一方、同時に下された家族計画協会対アッシュクロフト事件判決では、アクロン事件と同様、一五歳に達しない少女が中絶を行う場合に親の同意を求めることを義務づけるミズーリ州法の規定が五対四で合憲とされた。オハイオ州法と異なりミズーリ州法の規定は、親の承諾が得られなくても当事者に十分な分別がある、もしくは中絶が彼女の利益にとって最良の選択であると、法廷で少女自らが証明する機会を与えている。それが合憲判決の理由であった。ここでも最高裁は、妊娠中絶の権利が絶対でないことを強く示唆した。

さらに三年後の一九八六年、ソーンバーグ対アメリカ産婦人科学会事件判決が下され、妊娠中絶の前に医者が中絶のリスクを詳しく説明するよう求めるペンシルヴェニア州法の規定が違憲とされた。ただしブラックマン判事が著したこの判決の法廷意見は、五票しか賛同を得られなかった。ホワイト、レンクイスト、オコナーに加え、今回はロー事件判決で賛成票を投じたバーガー首席判事が反対に回り、反対意見を書いた。

最高裁判事の一部は、ロー事件判決に対し少しずつ批判的になりつつあった。しかし、ロー事件判決を固守する五人の判事は依然として健在であり、同判決がくつがえされる気配はない。レーガン政権はロー事件判決に反対する判事を、もう一人必要としていた。

第6章　レーガン政権第二期とレンクイスト・コートの登場

レーガン政権第二期へ

　レーガン政権の第一期はアメリカ経済がなかなか好転せず、国際的な危機が続き、米ソ関係が非常に緊張する、厳しい四年間であった。しかしレーガン大統領は、英国のサッチャー首相、フランスのミッテラン大統領、西ドイツのコール首相、そして日本の中曽根首相とともに西側の結束を固め、その一つひとつに対処する。レーガンのタカ派的な政策は一部で強い反発を呼び起こしたが、同時に支持も増えた。経済がようやく回復の兆しを見せるなかで、次の大統領選挙が始まる。民主党は一九八四年七月の党大会で、モンデール上院議員を大統領候補に選出したが、選挙の結果はレーガン大統領の圧勝で、全米四九州を制し再選を果たした（註17）。

　レーガン政権第二期が一九八五年一月に始まったとき、大統領は代わらなかったが、閣僚の一部や主要な官僚が交代し、それにともなって政権内部の雰囲気にも変化が見られた。四年間の激務に疲れを感じたのか、大統領は第一期と比べてより多くを部下に任せるようになる。また一九八六年の中間選挙では、共和党が連邦議会上院で民主党に多数を奪われ、レーガン大統領は民主党が両院を支配する連邦議会と対峙せざるをえなくなる。

国内の政治情勢とは別に、第二期の四年間にも世界は激動を続け、レーガン大統領はその対応に追われる。第二期における外交分野での最大の功績は、ソ連との冷戦をほぼ終わらせたことだろう。この時期、レーガン政権の第一期まで続いていた両国の軍備拡張競争がようやく終わり、核戦争の恐怖が著しく和らぐ。レーガンは、新しくソビエト連邦共産党書記長に就任したゴルバチョフと、八五年にスイスのジュネーブで初めて会談をした。それ以後、一九八六年にアイスランドのレイキャビック、八七年にはワシントンへゴルバチョフを迎え、八八年にはモスクワを訪問し交渉を重ねる（註18）。

結局ゴルバチョフは、核軍縮条約に調印する意思を示し、二人はワシントンで歴史的な中距離核戦力全廃条約に調印し、さらに第一次戦略兵器削減条約（いわゆるＳＴＡＲＴ Ｉ）交渉への道すじをつける。当時のロシアにアメリカと軍拡競争を争う力がもはやなく、ゴルバチョフは何としても核軍縮をアメリカと合意しなければならなかった。国内外で反対の多かったレーガン大統領の強気の軍拡路線は、アメリカの財政赤字を悪化させたけれども、冷戦の勝利をもたらした。レーガン大統領がホワイトハウスを去って九カ月後の一九八九年一一月、ベルリンの壁が壊され、その二年後にはソ連が崩壊する。

レンクイスト首席判事

一方、第二期政権の司法行政に目を向ければ、まず第一に、比較的イデオロギー色の弱かった第一期のフレンチ・スミス司法長官に代わって、より保守主義の色彩が濃いエドウィン・ミースが任命された。スミスはロサンゼルスの法律事務所ギブソン・ダン・クラッチャーのパートナーをつとめたロイヤーで、州知事時代のレーガンの側近の一人であり、大統領就任の際ワシントンへ招かれ、司法長官に就任した（註19）。

司法長官としてスミスのあとをついだミースも、カリフォルニア州知事時代からのレーガン側近である。やはり第一期政権のはじめにワシントンへ移ってホワイトハウス入りし、第二期政権の発足とともに司法長官に昇進した。ミースはロースクールで教えた法学者でもあり、司法の保守化実現により大きな関心をもっていた。

レーガン大統領の再選は、あと四年間、最高裁を含め連邦裁判所の現役判事が辞任するたびに保守派判事を任命する機会が訪れる可能性を意味した。そして早くも一九八六年六月、最高裁開廷期最後の週、ウォレン・バーガー首席判事が辞意を表明する。オコナー判事任命から五年経って、レーガン政権に再び最高裁判事任命のチャンスが到来した。ミース司法長官は早速後任首席判事の選定に取りかかる。候補に選ばれたのは、すでに最高裁判事の地位にあったウィリアム・レンクイストである。

合衆国最高裁判事の任命は大統領にとって重要な任務だが、首席判事の任命はそのなかでも特に重要である。そもそも一七九〇年一月に最高裁が初めて開廷してから今日まで、二三〇年近くのあいだに一一三人の最高裁判事が就任したのに対し、首席判事は一七人しか就任していない。首席判事の英語の正式名称は一八八八年以来、Chief Justice of the United States である。名前のとおり単に連邦最高裁の筆頭判事であるだけでなく、アメリカ合衆国三権の一つ司法部の最高指導者であることを意味する。具体的には、連邦裁判所すべての代表者であり、連邦司法システム運営の最高責任者でもある。

興味深いことに、憲法には最高裁首席判事の役職を設ける規定がない。唯一、第一条三節六項に、「合衆国大統領が（弾劾裁判で）裁かれるときには、（最高裁）首席判事が司る」とあり、首席判事の存在を所与のものとしている。首席判事の任命についてもなんら規定がなく、慣習上他の判事と同様、大統領が指名し議会上院の助言と合意を得て任命する。現職の最高裁判事から首席判事を選んで任命する場合と、外部から選んで任命する場合がある。

他の判事同様、首席判事は事件の審議に加わり、判決の決定に際して一票を投じる。そのかぎりにおいて、首席判事は他の判事と完全に平等である。ただし議会上院での大統領弾劾裁判を司ることを含め、首席判事はその他さまざまな職務を、法律、規則、さらには慣習にもとづいて行う。口頭弁論や判事会議をとりしきり、法廷意見あるいは反対意見の執筆者を決定し、長年の伝統で大統領の就任宣言を司る。しかしそのもっとも重要な仕事は、他の判事の意見をよく聴き、異なる考え方や個性をもつ他の判事をまとめ、意思疎通をはかり、判決の方向性を指し示し、最高裁が日々つつがなく機能するように、最大限の努力によってこの組織を運営することであろう。その意味で、首席判事の仕事はあらゆる管理職に共通する性格を有している。

レンクイスト判事はもともと、病気のため一九七一年に急遽引退したジョン・ハーラン判事の後任としてニクソン大統領に任命され、パウエル判事と同日の一九七二年一月七日に就任した。ハーラン判事の引退を受けて、ニクソン大統領は一時ミルドレッド・リリーというカリフォルニア州控訴裁判所の女性判事指名を考える。最初の女性最高裁判事を任命して女性票を獲得しようとの目論見であったが、最高裁判事をつとめるに足る能力を彼女が有さないとの結論が出てあきらめた。もし実現していれば、オコナー判事よりも一〇年早く、史上初の女性最高裁判事が生まれていたことになる。彼女の代わりに指名されたのがウィリアム・レンクイストである。

レンクイストは一九二四年にウィスコンシン州ミルウォーキーに生まれたスウェーデン系アメリカ人である。戦後スタンフォード大学ロースクールへ進み、クラスメートには後に最高裁で同僚判事となるサンドラ・デイがいた。

ロースクールをトップの成績で卒業後、首都ワシントンへ移り、ロバート・ジャクソン最高裁判事の助手を一九五二年から一年間つとめる。実は、彼はジャクソン判事の助手として、当時最高裁で審議が始まっていたブラウン対トピカ教育委員会事件についてのメモを書いていた。同メモは、南部における人種別学の根拠である一八九六年のプレッシー対ファーガソン事件判決が憲法解釈として正しく、ジャクソン判事はその立場で票を投じるべきだと論じていた。このことが、レンクイスト判事任命の是非を審議する一九七一年の上院公聴会で問題になる。レンクイストはメモの内容が彼自身の考えではなく、ジャクソン判事自身の考えをまとめたものだと釈明し、なんとかことなきを得た。

ジャクソン判事の助手を終えると、レンクイストはアリゾナ州フェニックスに移り、一九六九年までそこで弁護士として働く。一九六四年の大統領選挙では、同州選出ゴールドウォーター上院議員の出馬を支持して選挙運動に参加。一九六九年、ニクソン政権が発足した際にワシントンへ戻り、司法省の法律顧問室（Office of Legal Counsel：ＯＬＣ）担当司法次官補に就任した。大統領と政権が直面する重要な法律や憲法上の問題について助言を行う役割を担い、日本の内閣法制局長に相当する。レンクイストはこの立場で、ニクソン政権の重要な決定の多数にかかわった。そして、非常に保守的ではあるがきわめて優秀なロイヤーであるとの評価が高まり、最高裁判事に指名される。四七歳であった。

同じ共和党員でニクソン大統領に選ばれたといっても、レンクイスト判事はパウエル判事とはかなり対照的な人物であった。パウエル判事がいつも身だしなみよく、礼儀正しく、伝統を重んじる紳士であったのに対し、レンクイスト判事は当時流行の幅が広く派手な色のネクタイをしめ、もみあげを長くのばしていた。思想は保守でも、スタイルは新世代だったのである。しかし気取らずユーモアが好きなその性格は、誰からも好かれた。二人とも温かい人柄であった点は共通している。

ニクソン大統領によるレンクイスト判事の首席判事指名を受けて、議会上院はこの人事に同意するかどうかの審理を開始した。進歩派の議員はレンクイストの昇進に強く反対した。そして人種別学の合憲性についてのメモが再度問題にされた。しかし昔がどうであろうと、レンクイストはすでに最高裁判事として一四年の実績があった。上院本会議での投票の結果、六五対三三で承認される。そしてレンクイストの首席判事就任は、好感をもって同僚判事や法曹関係者に迎えられた。進歩派の判事たちも彼の人柄を愛したからである。

実際、憲法の解釈ではレンクイスト判事の対極にあるブレナン判事でさえ、「ビル・レンクイストは最高裁における私のベスト・フレンドだ」と言って、知人を驚かせたという。一九八〇年まで同僚であった同じく進歩派のダグラス判事も、自由人であり西部出身だという共通点のせいか、レンクイストと非常に気があった。

レンクイスト首席判事はまた、その人柄と能力ゆえに、自己顕示欲が強く権威主義的な前任のバーガー首席判事よりも最高裁の運営に巧みであった。バーガーは、事件の審理にあたって自分の意見を変えてまで多数派を形成し、自らが法廷意見を執筆するのにこだわった。また判事会議をまとめるのが下手で、会議はしばしば結論がはっきりしないまま終わった。ロー対ウェード事件の審理などで見られたこの傾向は、保守派進歩派を問わず他の判事に大きな不満を抱かせる。ウォーターゲート事件の報道でスクープをものにしたワシントンポストのボブ・ウッドワード記者が書いた『ブレズレン』(互いに兄弟と呼び合う最高裁判事たちのこと)という本は、実はスチュワート判事がバーガー・コートの実態をひそかにリークしてできたものであった(註20)。

一方、レンクイスト首席判事は、同僚判事の見解を尊重し公正に意見を集約した。最高裁では特定の事件について法廷で口頭弁論が行われたすぐあと、判事会議が開かれて各判事が意見を述べあい、上告人の主張を認めるかどうかについて一旦決を取るのが慣例である。その際に自分が少数派に回ると、この首席判事は法廷意見執筆者の選定を多数派の先任判事に任せて口を出さない。またそれぞれの判事が少なくとも一つ法廷意見を書くチャンスを得ないかぎり、新しい事件の法廷意見起草をすでに一度執筆した判事に任せない。判事会議では順番に発言を求めた。議会に陳情して州最高裁判所からの権利上告に関する法律改正を一九八八年に実現し、最高裁が審理する年間の事件数を大幅に減らした。この結果、最高裁の各判事は、一つひとつの事件により深く集中できるようになった。彼は高いマネジメント能力をもっていた。

スカリア判事の任命

ところでレンクイスト判事の内部昇格は、バーガー首席判事の引退にともなって生じた最高裁の欠員を埋めたわけではない。九人の定員のうち、まだ一人空席がある。レーガン政権にはもう一人、新しい最高裁判事を任命する権利があった。幾人もの候補が取りざたされたが、ミース司法長官は二人の候補にしぼる。一人がアントニン・スカリア、もう一人がロバート・ボークである。

二人には共通点が多かった。いずれも当時コロンビア特別区巡回区連邦控訴裁判所（以下「巡回区」を省くことがある）の判事であった。両人とも共和党政権下の司法省で働き、ロースクールの教授をつとめ、すこぶる保守的な憲法観を有していた。そして両者とも高い能力をもった法律家として知られ、最高裁判事候補としての資格において申し分がなかった。違いといえば、スカリア判事のほうがボーク判事より一〇歳ほど若く、最高裁判事の職に留まる期間がより長くなると予測されたこと。もう一つはボーク判事と比べ、スカリア判事の知名度が低かったことである。ボークはウォーターゲート事件の時期にニクソン大統領のもとで訟務長官をつとめ、ニクソン大統領の事件関与を執拗に追及したコックス特別検察官を大統領の命令に従って罷免した人物である。このためにネガティブな印象がついて回った。これらの点を考慮して、結局レーガン大統領はスカリア判事を指名する。

アントニン・グレゴリー・スカリアは一九三六年、ニュージャージー州トレントンで、シチリア島からの移民の父と同じくイタリア系二世の母のあいだに、一人っ子として生まれた。地元の公立小学校へ通い、成績がよかったのでマンハッタンのイエズス会系の高校に進み、一番の成績で卒業する。両親は教育熱心で、幼いときからスカリアに勉強ばかりさせていたという。大学はプリンストンをめざすが果たせず、ワシントンのジョージタウン大学に進学する。カトリック（イエズス会系）では全米最古の大学である。スカリア判事のほかに、クリントン元大統領、アロヨ元フィリピン大統領、ゲーツ元国防長官などが、この大学の卒業生として知られる。

一九五七年、最優等（summa cum laude ＝「もっとも大きな賞賛をもって」という意味）の成績でジョージタウンを卒業したスカリアはハーバード・ロースクールへ進み、一九六〇年、準最優等（magna cum laude ＝「大きな賞賛をもって」という意味。ハーバード・ロースクールではめったに最優等を出さないので実質的には最優等にあたる）で卒業。オハイオ州クリーブランドの法律事務所で六年間働いたあと、ヴァージニア大学ロースクール教授になった。一九七一年にニクソン政権入りし、一九七四年に司法省ＯＬＣ担当の次官補に就任、フォード大統領と政権が直面する複雑な憲法・法律問題を手がけた。カーター政権の時代にはシカゴ大学ロースクールで再び教鞭をとるが、一九八二年、レーガン大統領によってコロンビア特別区の連邦控訴裁判所判事に任命される。その切れ味よい弁論や判決文が注目され、一九八六年、最高裁判事に指名された。

スカリア判事はレンクイスト判事に劣らない保守的な司法観と政治思想の持ち主であったが、上院司法委員会が資格審査のための公聴会を開いたとき、議員たちの反応は驚くほど穏やかであった。議員たちはレンクイスト判事の公聴会における激しい論戦で疲れていたし、史上初のイタリア系アメリカ人の最高裁判事候補を否決するのは、政治的に好ましくなかった。質問は簡単に済み、スカリアはジョークを飛ばす余裕さえあったという。テニスの試合で最近対戦し、スカリアが打ち負かした民主党のメッツェンバウム上院議員は司法委員会の委員の一人だったが、「(上院の同意を得るためには試合で勝たせるべきだという)私の判断を、私の倫理観が許さなかったのです」と発言し、会場をわかせた。傍聴席では夫人と九人の子供が公聴会の行方を見守っていた。

こうして九月一七日、レンクイスト首席判事の就任が認められたのと同じ日、スカリア判事の就任への同意決議も上院本会議で可決される。レンクイストの採決では三三人が反対票を投じたが、スカリアの場合は九八対〇で反対がなかった。その後スカリアがもっとも強力な保守派判事として最高裁で重要な役割を果たすのを見て、民主党の議員たちは同判事の任命を簡単に許したのを強く後悔したようだ。

レンクイスト・コートの出発

レンクイストの首席判事への昇進、スカリア判事の新たな任命は、最高裁の将来にとっていくつか大きな意味をもっていた。

第一に、この人事によって第二期を迎えたレーガン大統領は保守派の首席判事を任命し、二人目の新しい判事を最高裁に送りこむことに成功した。もしレーガン政権が一期で終わり、民主党政権が誕生していれば、これはありえなかったことである。その結果、九人の最高裁判事のうち、七人が共和党の大統領、二人が民主党の大統領によって任命された人物となった。しかも新しく任命されたスカリア判事は、引退したバーガー首席判事と比べ明確に保守的な司法観の持ち主であるため、レーガンが大統領就任前から唱えていた最高裁の保守化が、さらに前進した。

第二に、レーガン大統領が任命した最高裁判事は三人とも比較的若かった。一九八六年時点で、オコナー判事が五六歳、レンクイスト判事は六二歳、スカリア判事は五〇歳。これに対し、残りの判事のうち、ブレナン判事が八〇歳、パウエル判事が七九歳、マーシャル判事とブラックマン判事が七八歳と、かなりの高齢である。残りの二人も、ホワイト判事が六九歳、スティーブンズ判事が六六歳と、三人より上の世代であり、明らかに最高裁で世代交代が始まっていた。これまでの男性中心、エリート中心の最高裁から、司法観においては保守派であるものの服装などに関しては自由なスタイルをとるレンクイスト首席判事、女性のオコナー判事、初のイタリア系で明るく直裁なスカリア判事が活躍する新しい最高裁への変化が見られた。しかも他の判事の年齢からして、まだ二年以上を残すレーガン大統領の任期中、もう一人引退し、保守派の新判事が任命される可能性もあった。

レンクイスト首席判事はその後、二〇〇五年に亡くなるまで二〇年近くこの地位にあって、最高裁の結束と威厳を保った。レンクイスト・コートと呼ばれるこの時期、憲法の解釈をめぐって法廷では激しい対立が見られる。しかし残り八人の判事は誰もがこの首席判事を尊敬し、愛した。最高裁は三権の一つとして有効に機能した。

第7章　ボーク判事指名と政治化する最高裁

パウエル判事の引退

　第二期のレーガン大統領は、最高裁判事の任命に関して運が強かった。バーガー首席判事の引退によるレンクイスト新首席判事とスカリア新判事の任命から一年も経たない一九八七年六月末に、もう一人の判事が突然引退を発表する。ルイス・パウエル判事である。大統領は三人目の新判事を任命する機会を得た。

　バーガー首席判事の引退を、高齢の判事たちは複雑な思いで見守っていた。一七年ぶりの首席判事交代と、オコナー判事以来の新判事就任。レンクイスト新首席判事はこれまでの首席判事より一七歳若く、スカリア新判事は最長老のブレナン判事より三〇歳若かった。二〇世紀初頭に生まれた四人の判事は、そろそろ引退の時期が来たと感じただろう。

　ただし、いつ辞めるかは人によって判断が異なる。健康状態、判事の地位への執着、家族の意向など、さまざまな要因がからまる。過去にはダグラス判事のように、倒れて動けなくなるまでその地位にとどまった人がいたし、スチュワート判事のように、まだ元気なうちにあっさり退いた人もいた。定年がないので、どんなに年をとっても、本人が決意しないかぎり辞めなくてよい。

もう一つ重要なのは、そのとき誰が大統領の地位にあるかである。現役判事の引退は、現職大統領にとって新判事任命のチャンス到来を意味する。自分と同じ党に属し価値観や司法観を共有する大統領ならば、同じような思想の人物を後任に選ぶだろうから辞めやすい。しかし反対党の大統領だと異なる司法観をもつ人物を選ぶ可能性が高く、その任期中に身を引くのはためらわれる。

レーガン大統領は一九八七年初頭、まだ約二年の任期を残していた。ただし憲法修正第二二条の規定により、三期目はない。次の選挙で民主党が政権を取り返す可能性は十分ある。この保守的な大統領と思想信条を違えるブレナン、マーシャル、ブラックマン各判事は、辞めれば保守派判事任命の機会をみすみす与えてしまう。ここで引退するわけにはいかない。そう考えたようだ。実際ブレナン判事とマーシャル判事はレーガン大統領の任期が終わるまで、ブラックマン判事にいたっては次のブッシュ（父）大統領が退いて民主党のクリントン政権が誕生するまで、最高裁に踏みとどまる。

他方、民主党員ではあるがもともと保守派のパウエル判事は、一九八八年の選挙で民主党の大統領が誕生して自分の後任に進歩的な判事が任命されるのを、好ましく思わなかった。そうであれば最高裁に大きな変化が起きぬよう、レーガン大統領の任期中に引退したほうがいいかもしれない。公の場ではこうした政治的考慮を一切明らかにしなかったものの、パウエル判事がこう考えたと信じる人は多い。

実はパウエル判事は最高裁の仕事をたいへん愛しており、引退を望んでいなかった。しかし強い職業的倫理観の持ち主であるため、仕事を完全にこなせる自信がなくなったら辞めるべきだと考えた。それに一九八五年には前立腺癌の手術をして体力を消耗し、三カ月近く最高裁判事の職責が果たせなかった。その後完全に回復したとはいえ、八〇歳の誕生日を間近に控え自分のスタミナが徐々に落ちつつあるのを感じていた。家族や信頼する助手と徹底的な議論を交わしたうえで、引退を決意する。

一般的に判事の引退表明は、開廷期が終わる六月末が望ましい。次の開廷期が始まる一〇月はじめまでに後任の判事が決まれば、最高裁の業務への影響が少なくて済む。ただしパウエル判事の場合、一九八八年六月まで待って引退を表明すると、新判事任命が同年秋の大統領選挙で争点にされる恐れがある。そうであれば一年早い、一九八七年六月の引退表明がもっとも望ましい。何事に関しても徹底的に考えぬく判事はこう結論づけると、まずレンクイスト首席判事に引退の意思を伝え、開廷期最後の六月二六日金曜日朝に開かれた判事会議で同僚判事へ正式に引退を告げた。

何も聞かされていなかった判事たちは、この発表にショックを受ける。オコナー判事は泣いたという。謹厳実直で誰に対しても丁寧でやさしく、心のこもった応対をする南部出身のこの紳士を、同僚判事だけではなく歴代の助手や裁判所の書記、ジャーナリスト、学者などが、政治的な立場を越えて愛し、引退を心から惜しんだ。この日、マーシャル判事のもとで働く年老いた事務員が「バーガー判事引退の日はクリスマスのようだったが、今日はまるでお葬式みたいだ」とつぶやいたという。最高裁で一つの時代が終わった。

ボーク判事の指名

レーガン大統領がパウエル判事の後任に指名したのは、コロンビア特別区の連邦控訴裁判所判事であるロバート・ボークである。同判事の指名には瞬時に大きな反響があった。そしてこの人事をめぐって、最高裁の歴史でもっとも激しい論争の一つが起こる。

最高裁判事候補として、ボークは申し分のない経歴と実績を有していた。シカゴ大学のロースクールを卒業、法律事務所で一時働いたあと、イェール大学ロースクールで一九六二年から八一年まで教える。その当時の教え子には、ビル・クリントン、ヒラリー・クリントン、クリントン政権の労働長官ロバート・ライシュ、カリフォルニア州知事ジェリー・ブラウンなどがいる。この間、一九七三年から七七年まではニクソン政権とフォード政権で司法省の訟務長官をつとめた。レーガン大統領が連邦控訴裁判事に指名、上院の同意を得て一九八二年からこの職にあった。憲法と独禁法を専門とする学者、連邦政府の司法官僚、さらに連邦控訴裁判事として、その能力はずば抜けており高い評価を受けていた。人物としても清廉であり、最高裁判事への指名にあたり問題とされるような事跡はない。保守派の最高裁判事候補として、これ以上の人物はいなかった。

しかし同時にボーク判事は、進歩派の政治家、官僚、ロイヤー、学者からは危険視さえされる存在であり、この人の指名は最初から一波乱あることが予測されていた。司法の保守化をめざすミース司法長官のもとで、レーガン政権のロイヤーたちは進歩派の激しい抵抗を覚悟していただろう。だが、それが連日マスコミで報道され全国民的な関心を引く一大政治事件になるとまでは、おそらく考えていなかった。

原意主義と進歩的判例の否定

進歩派がボーク判事の最高裁判事就任を恐れ、阻止しようとした最大の理由は、憲法解釈と司法の役割にかかわる「原意主義（オリジナリズム）」あるいは「厳格解釈主義」と呼ばれる、この人の憲法理論にある。ごく単純化すれば、判事は憲法の条文と起草者の意図に忠実に従って憲法の意味を解釈せねばならず、自らの主観をいささかも含めてはならない——そういう立場である。

最高裁判所は、一九世紀初頭の有名なマーベリー対マディソン事件判決を通じて、司法審査権を確立した。議会が制定した法律や大統領の行為が憲法の定めるところと矛盾すれば、憲法の規定を優先させ、当該法や行政行為を違憲無効にできる。アメリカの連邦司法が強い影響力を誇るのは、司法審査権を有しそれを行使してきたからである。

ただ、この強い権限の行使には、一つ大きな問題がある。投票で選ばれた国民の代表が多数決によって制定した法律を、選挙の洗礼を受けていない九人の最高裁判事が無効にするのを、いかに正当化するのか。イェール・ロースクールでボークの同僚教授であったすぐれた憲法学者、アレクサンダー・ビッケルは、これを「反多数決主義の難点」と呼んだ（註21）。アメリカの憲法学者は、ビッケル以後もずっとこの問題を考えつづけている。それはアメリカという国家とその統治制度の根幹にかかわる問題である。

ボーク判事の原意主義は、司法審査を正当化する理論の一つである。判事は投票によって選ばれていない以上、国民を代表しておらず、その意思を代弁する立場にない。したがって判事が司法審査によって制定法や行政行為の合憲性を判断するには、法律の専門家として憲法の条文を忠実に解釈し、憲法制定時に批准手続きを通じて国民が承認した条文の意味を、可能なかぎり読みとり適用すること以外にない。通常の裁判で法律解釈をするのと同じように、憲法は厳密に解釈すべきである。そうして得られた解釈は、時に国民のあいだで不人気であるかもしれない。しかしもしそうであれば、国民は決められた手続きに従って憲法そのものを改正すればいい。司法はあくまでも憲法を解釈する機関であって、憲法のあるべき姿を示すのが役割ではない。

ボーク判事の原意主義理論は首尾一貫したものであって、筆者は基本的に正しいと考える。ただし問題は、この理論に立つと、一九六〇年代から九〇年代にかけて最高裁が下した多くの進歩的判決が間違っているとの結論が導きだされかねない点にある。もっともわかりやすい例が、一九七三年のロー対ウェード事件判決で示された妊娠中絶を行う女性の基本的権利である。ボーク判事に言わせれば、妊娠中絶の権利を女性が有するとは憲法のどこにも書いていない。またその根拠とされる修正第一四条の制定者は、同条がそのような権利を包含するとは理解も意図もしていなかった。したがって妊娠中絶を禁止するテキサス州法が違憲であるという最高裁の憲法解釈には、正当性がない。

ボーク判事任命を阻止せよ

ボーク判事の主張は、このようにはっきりしていた。引退したパウエル判事は保守派の判事であったが、ロー事件判決では法廷意見に加わった一人である。そのパウエルがボークに代わった最高裁では、ロー事件判決に批判的な判事が多数を占めることになり、同判決をくつがえす可能性が高まる。何がなんでもそれは阻止せねばならない。進歩派はこう考えた。

最高裁の判事は法律の専門家であるから、判決を下すにあたって結論だけでなく、その論理性を重視する。しかし最高裁の判事任命の過程は純然たる政治であって、結果がすべてだ。進歩派はボーク判事任命を阻止するためにあらゆる手段を用いた。

口火を切ったのは、エドワード・ケネディー上院議員である。パウエル判事引退表明から六日経った一九八七年七月一日、レーガン大統領がボーク判事を後任に指名したわずか四五分後、民主党進歩派のリーダーであるケネディー議員は上院本会議で、「ボーク最高裁判事が任命されたアメリカでは、女性が非合法な妊娠中絶を余儀なくされ、黒人は再びレストランで白人から隔離され、警察官が真夜中に令状なしで個人の家庭を強制的に捜索し、学校では進化論を教えることが許されず、作家や芸術家は政府の検閲を強いられるだろう」と演説した。明らかに煽動的で、客観的な内容ではない。

ボーク判事は進歩的な判決を憲法上の根拠がないと言って批判したが、進歩派の掲げる価値観を否定したわけではない。憲法を通じて新しい価値観を創造するのは裁判所の仕事ではない、と述べただけだ。けれども妊娠中絶の権利を認める判決や黒人の権利を拡大する判決を否定すれば、一般人はボーク自身がそうした権利そのものを否定する反動派だとみなしやすい。ケネディーはその傾向を利用して、反対派を効果的に動員した。

こうしたきわめて政治的な進歩派の攻撃を、レーガン政権の保守派ロイヤーたちは過小評価したふしがある。ボーク判事の類のない学者としての業績をもってすれば、結局は上院による同意が得られるだろうと考えた。実際、大統領が指名した最高裁判事が議会で投票のうえ同意を得られなかった例は、それまでほとんどなかった。けれどもボーク判事の場合、いくつか不利な条件も重なっていた。

第一に、ボーク判事の立場があまりにも明確であった。優秀な憲法学者であったから、過去に執筆した論文が多数あり、それが反対派による攻撃の格好の材料になった。しかも上院の公聴会で彼は自分の立場を雄弁に述べた。その主張が詳細であればあるほど、反対派の攻撃を受けやすい。これに懲りて、上院の公聴会に臨むボーク以後の最高裁判事候補は、妊娠中絶の権利をどう考えるかなど憲法観を尋ねられると、将来判決を下す際に手をしばるとして一切答えなくなった。正直なボークはそれをしなかった。

第二に、一九八六年秋の中間選挙で、共和党は上院での議席を八つ減らし、一九八〇年以来保ってきた多数党の地位を民主党に譲り渡していた。きわめて党派性の高いボーク判事任命に関する審議の過程で、民主党が共和党より一〇議席も多いのは、明らかに不利であった。

前述のとおり、ボーク判事が最高裁候補として検討されたのは、このときが初めてではない。

一九八六年にバーガー首席判事が引退したとき、ボークはスカリアとともに後任候補であった。しかしイタリア系で最初の最高裁判事候補であること、ボークより約一〇歳若くボークほど知られていないこと、レーガン大統領がその個性を気にいったことなどから、結局スカリアが指名された。

もしこのときボーク判事が選ばれていたら、どうなっていただろう。オコナー判事、スカリア判事よりは強い反発を上院で受けたかもしれないが、レンクイスト首席判事とセットであれば共和党が多数を占める上院の同意をなんとか得られただろう。候補者が男性であり、政治的な利点となる特定の人種的、宗教的背景がなく、単独で民主党が支配する上院の審査を受けねばならない一九八七年には、それがはるかに難しかった。

第三に、ボーク判事は反発を受けやすい個性をもっていた。きわめて優秀な人物にときどき見られるように、近寄りがたい雰囲気があった。気まじめかつ戦闘的な調子で質問者に反論する。筋が通っているためにかえって反発を招く。ボークに負けず劣らず保守的な憲法観を抱きながら、イタリア系でジョークを飛ばす明るい性格のスカリア判事とは対照的である。

そして最後に、ウォーターゲート事件のさなか、ニクソン政権の司法官僚として果たした役割を、多くの人が覚えていた。事件の真相を暴こうとするコックス特別検察官を解任するよう、ニクソン大統領に命令されたエリオット司法長官は、あえて辞任して実行を拒否する。司法省ナンバー2のラックルハウス司法次官も同じく辞任して命令を拒否した。そこで司法省ナンバー3のボーク訟務長官が命令を実行することになった。

ボーク自身、この仕事はやりたくなかったらしい。憲法上、大統領が自分の部下である検察官の解任権を有することには疑問の余地がない。大統領の命令は実行せねばならない。司法省の幹部がいつまでも責任を逃れるわけにはいかない。そこで彼は、解任の実行に同意したものの、自分自身もすぐ辞任することを望んだ。公聴会でのボーク自身の証言によれば、誰かが司法省の機能を継続させねばならないとエリオット長官に説得され、しかたなく司法省に残ったという。この真偽はともかく、この一連の出来事ゆえに、ボークには悪名高いニクソンに加担した冷酷で危険な元司法官僚であるとのレッテルが貼られた。反対派はそれをフルに利用した。

のちにボーク判事はこの公聴会の経過を、自著『誘惑されるアメリカ』で克明に記した(註22)。彼にとって、自分自身の最高裁判事就任の是非を審議する上院における一連の過程は、まさに司法の原則が政治の渦に飲みこまれ妥協を迫られるという、悪夢に思えたことだろう。

こうして九月一五日に始まった上院司法委員会の公聴会は、一カ月近く続いた。公聴会はテレビ中継され、そこでのやりとりは毎回テレビや新聞によって大きく報じられた。

第8章　ボーク判事否決とケネディー判事就任

ボーク判事任命否決

一九八七年一〇月六日、連邦議会上院司法委員会は、ロバート・ボークの最高裁判事任命に同意を与えるように上院本会議へ勧告する動議につき、採決を行った。投票の行方に、全米の注目が集まった。レーガン大統領が七月一日にボーク判事を指名してからすでに三カ月、九月一五日に司法委員会の公聴会が始まってから三週間経っている。委員会での採決までにこれだけの時間を費やしたのは、ボーク判事任命阻止派の作戦の一つであった。

この年の夏、黒人団体、女性の権利擁護派、組合、その他人権団体などが、ボーク判事任命反対運動を活発に展開した。各上院議員のもとへ電話や手紙、署名など、反対派から大量のメッセージが届く。ボークは反動思想の持ち主だと俳優グレゴリー・ペックが語りかけるテレビコマーシャルが全米で放映され、一般大衆に大きな影響を与えた。もちろん賛成派もこれに対抗したが、反対派の勢いを止められなかった。公聴会の期間を通じて反対の声はさらに高まり、その力を結集する。穏健派の議員たちも、この動きを無視するわけにいかない。特に南部出身の議員たちは、再選に欠かせない黒人票を失うのを恐れ、ボークを支持しにくかった。

ボークの著書によれば、公聴会で彼がいくら自分の司法観を正確に披瀝し、推薦人と証人が任命に賛成の証言をしても、バイデン、ケネディーをはじめとする進歩派議員はまったく聴く耳をもたなかったという。

全米のメディアは、公聴会の進展とボーク判事の動向を逐一報道した。指名を受けて以来、自宅前にはマスコミが毎日張りついて動かない。特に公聴会の後期には、判事が車で自宅を離れた瞬間、オートバイが二台、車一台があとからついてきて、判事の行方を追った。目的地では常に多数の記者が待ち構え、判事の去就についてインタビューを試みた。ボーク判事とその家族は時に報道陣の裏をかき、記者たちが待ち受けるホワイトハウスの門の前をわざと通過して、うっぷんを晴らしたという。

反対派はこうしたメディアによる過熱報道を歓迎し、それを世論誘導に用いた。しかしボーク自身は裁判官が一般メディアに登場するのを嫌い、マスコミに向かって発言しようとしなかった。メディアは自分たちの質問に答えない人物を、決して好まない。ノーコメントで通すボークを冷徹な人物としてとらえ、好意的な報道は少なかった。そもそも「ニューヨークタイムズ」「ワシントンポスト」など影響力のある大手新聞、テレビの三大ネットワークは、進歩的傾向が強く、ボーク任命に否定的な報道が多かった。ボーク判事夫妻がテレビの人気インタビュー番組に出演するよう、ホワイトハウスのスタッフは一時期、強く進言する。判事の素顔を国民に直接見せればイメージが変わり支持が増えると考えたのだが、ボークは申し出を断った。

上院司法委員会は予想通り九対五で、ボークの最高裁判事任命同意勧告動議を否決した。司法委員会委員一四人のうち、バイデン委員長（オバマ政権の副大統領）以下、八人の民主党議員は全員が反対票を投じる。サーモンド上院議員以下六人の共和党議員は、スペクター議員のみが反対票、残りの五人は賛成票を投じた。司法委員会はこの結果を上院本会議に報告した。司法委員会の採決結果に強制力はないが、本会議でボーク判事の任命が承認される見こみはなかった。

この段階で、誰もがボーク判事は最高裁判事への指名を自発的に辞退するものと確信する。数カ月にわたって自分の人事が国民的論争の的にされ、メディアに追い回され、議会その他の場でいわれのない個人的攻撃を受けるのは、普通の人間では到底耐えられない。ボーク判事はもちろん、その妻と子供たちも疲れきっていた。家族の重い負担を考え、判事自身、指名辞退をいったん決意する。

ボークの著書によれば、一〇月八日、ボーク判事が控訴裁判所の執務室で辞退声明を書きはじめて間もなく、司法委員会での採決後に指名辞退を勧めたシンプソン共和党上院議員から電話がかかる。この件についてもう一度考え直した。辞退はするな。上院本会議で議論をつくして後世に記録を残そう。そう提案したのである。ちょうどそのとき、判事の妻と二人の息子が執務室に入ってきて、判事が電話を切るや同じく辞退するなと進言する。判事は最後まで戦うことを決意した。

同日、ボーク判事と家族はホワイトハウスを訪れ、レーガン大統領に決定を伝えた。大統領は判事とまったく同じ考えだと述べたが、この問題が早く片づくのを願うホワイトハウスのスタッフはがっかりした表情を見せたという。準備が整うとボーク判事はホワイトハウスの記者会見室に入り、大勢の記者を前に辞退しないと述べる。家族と共に指名辞退を発表するものとばかり思っていたマスコミの人々は、不意をつかれた。その後質問には答えず、ホワイトハウスが用意した車で判事は控訴裁判所に戻った。いつものように二台のオートバイと一台の自動車が追いかけてきたが、オートバイの運転手が一人、右手を突き出し、親指を立てるしぐさをした。「よくやった」というサインである。

数日後、上院本会議での討論が始まった。各上院議員はすでにそれぞれ賛否の態度を決めていたけれども、賛成派、反対派の議員が次々に立ち、演説をした。一〇月二三日、上院はボーク判事の最高裁判事任命に同意を与えるかどうかにつき、全議員の採決を行う。結果は予想通り、賛成四二対反対五八でボーク判事任命は否決された。二人の民主党議員がボークの任命に賛成票を投じ、六人の共和党議員が反対票を投じる。ボーク判事が最高裁判事に就任する道は、これで最終的に閉ざされた。

判事は「すべてが終わってうれしい」とコメントを残し、連邦控訴裁判所判事の仕事を再開した。しかし翌一九八八年二月、大統領に辞表を提出して裁判所を去る。

ギンズバーグ判事の指名辞退

司法の保守化をめざすレーガン大統領にとって、切り札だったボーク判事が上院の同意を得られなかったのは大きな痛手であった。大統領は、ボーク判事に劣らず反対されるのが確実な保守派の人物を再び選ぶと宣言し、前年コロンビア特別区の連邦控訴裁判事に自らが任命したばかりのダグラス・ギンズバーグを指名した。

ギンズバーグ判事は一九四六年生まれ。シカゴ・ロースクールを一九七三年に卒業し、マーシャル連邦最高裁判事の助手をつとめた。一九七三年から一九八三年までハーバード・ロースクール教授、一九八三年から一九八六年まではレーガン政権の司法省で独禁法を担当した。経歴からみても、法曹としての資質がきわめて高い人物である。最高裁きっての進歩派判事に仕えたにもかかわらず保守的司法観の持ち主であったが、指名当時まだ四一歳で、ボーク判事のように著名ではなかった。

しかしボーク判事任命同意勧告動議を否決したばかりの上院司法委員会が、公聴会開催に向けて動きはじめて間もなく、予想外の事態が発生する。司法関係の報道で有名なNPR（全米公共ラジオ）のニーナ・トッテンバーグ記者が、ギンズバーグ判事は学生時代ならびにロースクールの教授時代、マリファナを吸っていたというスクープをものにしたのである。この世代のアメリカ人に学生時代マリファナ吸引の経験があるのは、特段珍しいことではない。しかし教授になっても麻薬をやっていたという事実は、公職につく者にとって致命的であった。ギンズバーグ判事は、即座に指名を辞退する。本人の思いきりがよかったのか、上院の審議が長引くのを恐れた政権の差し金かはわからない。いずれにせよ、この判事候補はあっという間に国民の視界から消えた。ボーク判事とは異なり、ギンズバーグ判事は二〇一一年に引退するまでワシントンの連邦控訴裁に留まり、二〇〇一年から二〇〇八年までは同裁判所の首席判事をつとめた。

ケネディー判事の任命

指名した人物が二人続けて最高裁判事に就任できないのは、政権にとって政治的悪夢である。かつてニクソン大統領がフォータス判事の後任として二人の保守派判事を指名しながら上院の同意を得られず、結局ブラックマン判事を任命したが、そのときと似ている。三度目の失敗は許されない。もうこれ以上、極端に保守的な判事を指名することはできなかった。ハワード・ベイカー大統領首席補佐官（のちの駐日大使）を中心に慎重な検討がなされた結果、レーガン大統領は一九八七年一一月三〇日、アンソニー・ケネディー連邦控訴裁判事を最高裁判事に指名した。

ケネディー判事は一九三六年、カリフォルニア州の首都サクラメントで生まれた。父はカリフォルニア州議会に影響力をもつ弁護士であった。ボストンのケネディー家とは関係がない。スタンフォード大学からハーバード・ロースクールへ進み、一九六一年、優等（cum laude =「賞賛をもって」という意味）で卒業する。サンフランシスコの法律事務所で働いたあとサクラメントで父の事務所を継ぎ、一九六五年から最高裁判事に就任するまで、同じカリフォルニア州中部ストックトンにあるパシフィック大学ロースクールで憲法を教えた。その後、現在に至るまで毎年、オーストリアのザルツブルグで同大学が開催する夏季国際法講座で教鞭を執っている。

州税制の問題に関して助言を受けたことのあるレーガン知事の推薦で、一九七五年、フォード大統領はこのロイヤーを第九巡回区連邦控訴裁の判事に指名し、議会上院は全員一致でこの人事に同意した。第九巡回区はカリフォルニア、アラスカ、ハワイなど西部諸州と太平洋島嶼領土を含む広い地域を管轄する。ケネディー判事はこの仕事を一二年にわたってつとめる。ボーク判事と、ギンズバーグ判事の任命に相次いで失敗したあと、レーガン政権のロイヤーたちは、カリフォルニア時代からよく知っているこの温厚な判事を思い出した。ギンズバーグ判事のマリファナ事件に懲りていた政権はケネディー判事の身辺を徹底的に調査したが、任命の妨げになるような事実は何もなかった。

ケネディー判事に関する上院司法委員会の公聴会は、一九八七年一二月一四日に始まる。ボーク判事の人事をめぐるとげとげしい公聴会が一〇月末に終わったばかり。民主党の議員たちもこれ以上大統領との対立を深める気はなかった。それにケネディー判事は共和党員でありもともと保守的な価値観の持ち主であったけれども、ボーク判事のように原意主義、条文主義といった特定の司法観はもたないと理解されていた。公聴会でケネディー判事は、自らの司法観を明確に述べるのを避ける。一九八八年一月二七日、司法委員会はケネディー判事任命同意を全員一致で本会議に勧告し、二月一一日、上院本会議もまた同判事の最高裁判事任命に九七対〇の投票で同意する。パウエル判事の引退表明から七カ月後、ようやくその後任が任命された。

ボーク判事否決とその後の最高裁

ロバート・ボークの最高裁判事任命をめぐって、なぜかくも激しい論争がおこり、最終的に連邦議会上院は同判事の任命に同意を与えなかったのか。それには大きな理由が二つあると思われる。

第一に、ボーク判事に代表される保守的な憲法観と、バイデン上院司法委員会委員長に代表される進歩派の憲法観のあいだの違いが、あまりにも大きかった。これまで述べたとおり、保守派、進歩派それぞれにも、憲法とは何か、司法は憲法をどう解釈すべきかについてさまざまな意見があり、複雑な理論がある。アメリカのロースクールで憲法を教える学者たちは、年から年中この問題を論じ合い、論文を書いて暮らしているようなものである。

まえがきで述べたとおり、この難しい問題を単純化して説明するのは危険である。ただし憲法を解釈するにあたって、議会が提案し、所定の手続きを経て国民が批准した憲法典だけにその対象を限るボーク判事の立場に対し、憲法をより根源的な基本法、あるいは自然法の一部に過ぎないととらえ、したがって制定法としての合衆国憲法がすべてではないと考えるのがバイデン上院議員らの考え方であった。前者は憲法典に書かれていない権利は原則的に認めないが、後者は憲法典に書かれていなくても関連条文をより広く柔軟に解釈することで認める場合がある。

ボーク判事が公聴会で、最高裁判事は憲法の解釈にあたり、「その対象をあくまで条文に限るべきであり、憲法に書かれていない権利を作り出すべきではない」と述べるたびに、バイデン委員長はあきれた様子で両手を上げ、「私は自分が存在するかぎり、権利を有しているんだ」と反論したという。より根本的な権利が憲法典の外にも存在すること、そしてそれを憲法典自体が当然としていることの根拠として、バイデン議員はしばしば憲法修正第九条を挙げた。同条は「本憲法に特定の権利を列挙したことをもって、人々が保持する他の権利を否定する、もしくは軽視するものと解釈してはならない」と規定する。この条項は一七八九年に開かれた最初の連邦議会が提案し、一七九一年に必要数の州が批准を完了して発効した最初の一〇の修正条項、すなわち権利章典の一つである。この章典の起草者である憲法の父マディソンさえ、基本的人権は憲法典に挙げられたものに限らないと認めているではないか。バイデン議員はそう主張した。

実際ボーク自身、基本的人権が憲法典に記載されたものに限られると考えていたわけではない。この世には神の法や自然法のような根本原則があるのかもしれない。しかしその内容を明らかにするのは裁判官の仕事ではない。前述のとおり、裁判官が選挙を通じて国民に選ばれていない以上、憲法判決の正統性はあくまで憲法の条文を忠実に解釈することにしか求められない。条文に書かれていない基本的権利の存在を判事が自らの主観によって宣言すれば、司法の正統性を失うことになる。修正第九条も判事にその役目を与えていない。ボークはそのように反論する（註23）。

第二に、憲法解釈のあり方をめぐる公聴会での激しい論争は、この戦いが政治そのものであったからこそ起きたといえよう。ボークの回想によれば、指名後初めてエドワード・ケネディー上院議員のもとを訪れたとき、議員は時おりボーク判事のほうに顔を向け、「（ボークの任命に反対するのは）まったく個人的なことではないんだ」と、重苦しい口調で数度繰り返したという。ボーク判事の人格がどうであれ、またその憲法理論がどうであれ、進歩派の政治家は最高裁が判例を通じて認めてきた妊娠中絶の権利、少数民族の権利、その他の憲法上の新しい権利を死守せねばならない。これまでの判例をくつがえすことが予想されるボーク判事の就任は、絶対に阻止する。それは司法の政治化であり、アメリカ合衆国における法の支配の正統性を揺るがすものであるとボークは自著で嘆いたが、進歩派にしてみれば背に腹は代えられなかった。そうした彼らの行動を正当化するのもまた、最高裁判事の任命には上院議員の三分の二の助言と同意を必要とするという、合衆国憲法第二条の規定であった。

パウエル判事の後任にボーク判事でなくケネディー判事が就任したことは、やがて最高裁判決の流れに大きな影響を与える。

第9章　レーガン政権の残したもの――大統領と憲法

レーガン大統領の退任

ロナルド・レーガンは一九八九年一月二〇日、第四〇代合衆国大統領としての任務をすべて終えた。その日の朝、大統領夫妻は政権を引き継ぐジョージ・ヒューバート・ウォーカー・ブッシュ副大統領夫妻とコーヒーを共にしたあと、四人そろって議会へ向かう。ブッシュ副大統領が合衆国議事堂前の広場でレンクイスト首席判事の司式のもとに宣誓を行い、第四一代大統領に就任するのを見届けて、レーガン夫妻はヘリコプターで議事堂を去った。郊外のアンドリュース空軍基地で大統領専用機に乗り換え、退任後の自宅を構えたロサンゼルスへ向けて離陸し、レーガンの時代は終わった。離任時の支持率は史上もっとも高かった。

レーガン政権の八年間は、今日のアメリカでおおむね高く評価されている。共和党支持者だけでなく民主党の関係者も、一種のなつかしさをこめてレーガン時代を語る。一九七〇年代にはレーガンを極右とみなして毛嫌いする人が多かったことを考えると、大きな変わりようである。一部の政治家が不寛容なほど保守色を深め、穏健派の存在が薄くなった現在の共和党と比べて、レーガンははるかに穏やかで品位があった。民主党支持者でさえ、そう感じるようだ。

小さな政府を唱えながら結局厖大な財政・貿易赤字を残した内政はともかく、レーガン政権が外交の分野で成し遂げた大きな功績については、異論がないだろう。すでに述べたとおり、何より冷戦終結をほぼ確実にした大統領として記憶されている。一九八七年一二月、米ソ首脳はワシントンで中距離核戦力全廃条約に署名して核軍縮の方向に大きく舵を切ったが、そのわずか数年前、中距離弾道ミサイルの西ヨーロッパへの配備をめぐり、激しい反米、反レーガン、反核のデモが世界中で起きたことを思えば、画期的な展開であった。

イラン・コントラ事件

しかし、レーガン政権の外交政策がすべて順調に進んだわけではない。皮肉なことに、レーガン政権最大の危機もまた、その外交防衛政策と密接に関係していた。イラン・コントラ事件である。

この事件は、レーガン政権の国家安全保障会議（NSC）を率いるマクファーレン大統領補佐官、後任のポインデクスター補佐官、そしてNSC幹部のノース元海兵隊中佐らが引き起こした。彼らが一九八六年から数度にわたりイランへ武器を売却し、その収益をニカラグアのサンディニスタ左派政権打倒をめざす武力集団コントラに提供したことが明らかになったのである（註24）。

事件の複雑な経緯、各当事者の役回り、その後の処理はともかく、問題の核心はレーガン大統領がこの極秘作戦にどこまで関与していたかに尽きる。もし大統領が最初から作戦の全貌を知りながら遂行を承認していたのであれば、大統領はその責任を免れない。弾劾訴追の可能性が取りざたされた。最悪の場合、ウォーターゲート事件の際のニクソン大統領のように辞任せねばならないかもしれない。同時に大統領がこれだけの作戦についてまったく何も知らなかったとしたら、それは指導力の低下あるいは欠如を意味し、国民の信頼を失いかねない。実際、事件発覚後、大統領の支持率は急落する。

この事件発覚後の一九八六年一一月に行われた中間選挙で、共和党は議会上院の多数を一九八〇年以来初めて失う。レーガン政権は上下両院を民主党が完全に支配する議会に直面した。翌一九八七年、ボーク判事が最高裁判事に就任できなかったのには、間接的にイラン・コントラ事件の影響もあった。政権は大きな危機に直面した。一種の憲政の危機であった。

結局一九八七年を通じ、タワー上院議員（共和党）を委員長とする超党派の特別調査委員会（タワー委員会）、本事件調査のために新たに任命されたウォルシュ独立検察官のチームなどが、関係者の尋問、公聴会、関係書類の精査などを行って、事件の解明をはかる。政権の中枢にいた数人の高官が独立検察官によって起訴され、マクファーレン、ポインデクスター、ノースの三人は有罪となる（のちに調査の過程で与えられた証言免責などを根拠に無罪）。

しかし一連の調査の結果、イランへの武器売却を当初認めた以外に大統領の直接の関与はなかったとの判断が最終的になされ、弾劾には至らなかった。調査の結果を待たず、一九八七年三月、大統領は事態を正確に把握していなかったことを含め、この事件のすべての責任が自分にあると、国民に向けて謝罪した。レーガンは危機を乗り越え、本事件は終了する。

大統領と議会の関係――憲法の意図したもの

再選された大統領は、近年その第二期でつまずく傾向があるようだ。ニクソン大統領は圧倒的な大差で再選を果たしたものの、ウォーターゲート事件スキャンダルのため辞任を余儀なくされた。のちに述べるように、クリントン大統領は第二期に不倫疑惑が明らかになり、大陪審への偽証と司法手続妨害の容疑で弾劾裁判にかけられた。ブッシュ（息子）大統領は第二期になって、イラク戦争開戦の際、イラクの大量破壊兵器保有に関し意図的に間違った情報を流したのではないかとの嫌疑をかけられ、支持率を大幅に落とした。各政権とも第二期になると、政権運営に多少のゆるみや油断が出るのかもしれない。オバマ大統領には目立ったスキャンダルはなかったが、第二期の中間選挙（二〇一四年）以後、議会両院を共和党に握られ、身動きできなかった。

もともと大統領と議会は、それぞれの憲法上の権限を主張し常にぶつかり合っているのだが、大統領の力が弱まると、議会の力が相対的に強くなる。ニクソン政権は、フランクリン・ローズヴェルト大統領以来拡大しつづけた、いわゆる「インペリアル・プレジデンシー（帝王型大統領制）」が頂点に達した政権だと言われる。議会の権限に比して、大統領の権限が非常に強かった。しかしウォーターゲート事件をきっかけに、ニクソン大統領の権力濫用が明るみに出ると、内政・外政両面において、大統領と議会の力関係が次第に変化する。伝統的に大統領の権限が強い外交防衛分野でさえ、一九七三年一一月、ニクソン大統領の拒否権行使を乗りこえて戦争権限法が両院合同決議のかたちで成立し、大統領の武力行使に議会が一定の制限を加えようとした。ニクソン退陣後のフォード政権とカーター政権では、大統領の力がやや弱かった。

レーガン大統領はその傾向に歯止めをかけ、権限と威信の回復に成功した。しかしその任期を通じて民主党が下院で多数を維持し抵抗したので、すべてが思い通りになったわけではない。レーガン大統領がめざましい成果を挙げた外交防衛面でも、民主党は大統領のやり方に口出しを試みた。たとえば外交防衛予算承認の際に、「ライダー」と呼ばれる付帯条項を通すかたちで大統領の政策を制限する。コントラへの援助を禁止したいわゆるボーランド修正条項も、それにあたる。こうした立法行為を議会の余計な口出しとみなすべきか、あるいは憲法の起草者が意図した三権分立の抑制と均衡の機能が作用した健全なものと見るか、意見は分かれる。

モリソン対オルソン事件判決

レーガン政権下での大統領と議会の権限争いに関し、最高裁が具体的な判断を示したのが、一九八八年のモリソン対オルソン事件判決である。イラン・コントラ事件の調査はまだ終わっていなかった。

民主党が支配する議会は、ウォーターゲート事件のときに活躍した特別検察官の制度を、一九七八年の政府倫理法と一九八三年の同法改正により強化し、独立検察官の制度を発足させる。この法律は、大統領、閣僚、大統領補佐官など、行政府の枢要な地位にある者の行動に連邦法違反の疑いがあり司法省による調査が利益相反につながる可能性がある場合、議会そして司法長官の要請によって、コロンビア特別区の連邦控訴裁判所判事三人からなる特別部門に独立検察官を任命する権限を与えるものである。同法が規定する権限にもとづき、独立検察官は司法長官の指揮をまったく受けずに疑惑の調査を行うことができる。調査の結果、違法性について十分な証拠がある場合、独立検察官は当該政府高官を訴追する権限も有した。

オルソン事件は、レーガン政権の環境保護政策をめぐり、民主党が多数を占める下院の二つの委員会が環境保護庁に対し特定の書類提出を求め、司法省がこれを拒否したことによって始まった。司法省で本件の責任者であったセオドア・オルソン司法次官補が議会の公聴会で虚偽の証言を行った疑いがあるとして、下院司法委員会は独立検察官による調査を司法長官に要請、地区裁の特別部門がアレクシア・モリソン独立検察官を任命した。同独立検察官がオルソンの召喚許可を大陪審に求めると、オルソンは、本来大統領の専権事項である法執行の義務を議会の要請により裁判所が任命する独立検察官へ全面的に委ねるこの制度は、三権分立の原則に反し違憲であると主張して、召喚状を無効とするよう連邦地裁に求める。この申立てが最高裁で取り上げられた。

最高裁は七対一でオルソンの主張を退け、独立検察官制度を合憲と判示した。法廷意見を著したレンクイスト首席判事は、独立検察官が憲法第二条二節二項の任命条項に定める「下級官僚」にあたり、議会はその任命方法を法律によって定める権利がある（任命条項は、「下級官僚」以外の官僚は議会上院の助言と同意を得て大統領が任命すると明記している）。また司法長官は独立検察官の解任権限を、条件つきではあるものの維持している。独立検察官の任命方法が多少大統領の専権事項に抵触するとしても、それによって大統領の法執行権限が大きな影響を受けるわけではない。合憲の理由をこう説明した。

この判決に強く反発して詳細な反対意見を著したのは、レンクイスト首席判事誕生の際、同時に任命されたスカリア判事である。法執行に関して憲法が大統領に専権を与えたのは、大統領の指揮下にある検察が間違いを犯した場合、そのすべての責任が大統領一人にあることを明確にするためである。国民は大統領が大きな間違いを犯したと判断した場合、次の選挙の際に支持しないことで、その責任を問うことができる。大統領の完全な指揮下になく、かといって議会も司法もその指揮権限を有さない独立検察官の制度は、責任の所在をあいまいにする。たとえこの制度が大統領の法執行権限にそれほど影響しないとしても、法が忠実に執行されることに大統領が責任をもつと明記する憲法第二条三節の原則そのものが崩れる。スカリア判事は、憲法がなぜ執行権を大統領という一人の人物にすべて与えたのかを責任の明確化の観点から論じたハミルトンの『ザ・フェデラリスト』第七一篇を引きながら、そう主張した。

独立検察官制度と三権分立原則の関係については、イラン・コントラ事件をなんとか乗りこえたレーガン大統領が退任したあとも、論争が続く。

レーガン政権第二期の最高裁判決

一九八五年一月から一九八九年一月までのレーガン政権第二期は、一九八六年九月のレンクイスト首席判事就任後の時期と、一部重なっている。首席判事がより保守的なレンクイストに交代し、同時にスカリア判事が、一年半後にはケネディー判事が同じくレーガン大統領に任命されて最高裁に加わったものの、最高裁の判例の方向はすぐには変わらない。ブレナン、マーシャル、ブラックマン、そしてスティーブンズという四人の有力な進歩派の判事がまだ残っていて、保守と進歩の勢力は拮抗していた。ホワイト、レンクイスト、オコナー、スカリア、ケネディーという保守派とみなされる五人の判事のうちの一人が、問題の性質によって進歩派四人に同調し、結果が一八〇度変わることがよくあった。そもそも最高裁が下す判決の大部分は、きわめて技術的な法律問題や憲法問題を扱うもので、その結果に国民が大騒ぎし保守派と進歩派が激しく対立するようなものは、ごく少ない。それでも時に、時代を画し政治の行方に重大な影響を与える判決が下される。

レンクイスト首席判事就任からレーガン大統領退任までの二年半のあいだに、最高裁は前述のモリソン事件判決の他にも重要な判決を下している。この時期の保守派判事と進歩派判事の考え方の違いが色濃く出た例の一つとして、一九八七年のエドワーズ対アギラード事件判決を取り上げよう。

本事件で最高裁は、公立学校で進化論とともに創造科学を教えることを義務づけるルイジアナ州法を違憲とした。創造科学とは、ダーウィンの進化論に対抗し神による天地創造をより科学的に説明しようとする考え方である。伝統的にキリスト教が強いアメリカでも、特に中西部や南部などの一部会派では、聖書の語句をすべて文字通り信じるため、進化論は長年タブーであり、二〇世紀の半ばまで多くの州法でそれを教えることが禁じられていた。一九二五年にはテネシー州のデイトンという小さな町で、スコープスという代用教員がテネシー州法に反して公立高校で進化論を教えたとして州裁判所で起訴され、有罪宣告されている。この裁判を通じて、聖書の「創世記」に記された神による天地創造を文字通り信じる人々と、人間もまた進化の産物であることは科学的に証明されているとする人々とが、論争を繰り広げた。当時の有力なポピュリスト政治家で大統領選挙に三回立候補したウィリアム・ジェニングズ・ブライアンが州側の弁護士として法廷に立ったことでも、全米の注目を浴びる。その後も一九五〇年代まで、高校の生物の教科書に進化論の説明は多くの場合記載されなかったという。

しかし一九六〇年代に入り、アメリカの科学教育がソ連に遅れをとっているという批判が出はじめたことで、進化論を教科書に盛りこもうとする動きが強まる。そして州が公立学校で進化論を教えることを禁止するのは、連邦憲法修正第一条が定める政教分離に反するゆえに違憲であるとの連邦最高裁の判断が定着する。この動きに対抗するために始まったのが、神による天地創造をより科学的に説明しようとする創造科学である。

一九八〇年代になると、公立学校で進化論を教える場合には、創造科学を同時に教えることを義務づける法律が南部の一部の州で制定される。本事件で問題にされた「創造科学と進化論の公平な教育法」という一九八〇年のルイジアナ州法は、その一つである。同法の目的は、学問の自由を確保することだとされた。

連邦地裁、連邦控訴裁は当該法を違憲と判断した。本事件の上告を許可した最高裁もまた、ルイジアナ法を違憲と宣告する。七対二の票決であった。法廷意見を著したブレナン判事は、ルイジアナ州公立学校の教師は、この法律によって何ら新たな学問の自由を与えられず、むしろ進化論を単独で教える自由を奪われる。したがって本法の目的は世俗的ではなく、神が天地を創造したという特定の宗教の教えを公に認め広げることにあり、政府が特定の宗教や信仰を支持し援助することを禁じる修正第一条に違反するとした。

これに対してスカリア判事が反対意見を著し、レンクイスト首席判事が加わった。スカリア判事は、当該法制定の目的とされる学問の自由とは、教師ではなく生徒のものである。すなわち生徒は、生命の誕生がどのようにして起こったかを自分自身で判断するために十分な科学的情報を与えられる権利があり、進化論あるいは創造科学のどちらかを一方的に教えるのは、その自由を奪うものであると論じた。

本判決は、保守派と進歩派のあいだで長年続く、公立学校で宗教を教える、あるいは宗教行事を行うことの是非を争う論争の一例である。しかし七対二の票決にも明らかなとおり、この時期の最高裁は穏健な保守派を含め、政教分離原則を定める修正第一条を厳格に解釈し、公立学校での宗教教育や活動を厳しく禁じる見方が優勢であった。最高裁のこうした見解を不満とし、公立学校での宗教教育や活動の基準を緩和しようとする動きは、今に至るまで活発である。

第Ⅱ部　戦争と司法――ブッシュ（父）時代

第10章　ブッシュ新大統領と内外の課題

ブッシュ政権の誕生

一九八八年一一月の大統領選挙では、レーガン政権で副大統領をつとめた共和党候補のジョージ・ヒューバート・ウォーカー・ブッシュが民主党候補のマイケル・デュカキス知事（マサチューセッツ州）を破って当選し、翌年一月二〇日、アメリカ合衆国第四一代大統領として就任した。これで共和党は連続一二年間、アメリカ合衆国の政権を維持することが確実になる。ブッシュ大統領が二〇〇一年一一月に再選されれば、共和党の天下は一九八一年から一六年続く可能性さえあった。ただしこの事実は、ブッシュ大統領のもとでレーガン保守主義がそのまま続くことを必ずしも意味しなかった。そしてレーガンがめざした司法の保守化にも、微妙な影響が現れる。

同じ共和党の大統領であるとはいっても、レーガンとブッシュでは、歳の差だけでなく、生い立ちや思想がかなり異なっていた。ブッシュは一九二四年、マサチューセッツ州で生まれた。父親はニューヨークの銀行家で連邦議会上院議員をつとめた著名な資産家である。一九一一年に生まれたレーガンの父が、中西部のごく平凡なセールスマンであったのと対照的だ。

ブッシュが全寮制の名門私立高校フィリップス・アカデミーに在学中、日本海軍による真珠湾攻撃が起こった。翌年卒業したあと、一八歳の誕生日に海軍へ志願して入隊、当時最年少の戦闘機パイロットとなり太平洋戦線で戦う。一九四四年、父島上空で撃墜されパラシュートで脱出、洋上を漂流中、味方の潜水艦に救助されて九死に一生を得る。一方、レーガンも戦時中陸軍から召集を受けたが、強度の近視があったため戦地へは一度も送られず、国内で軍務に携わった。

一九四五年一月、戦線から本土へ帰還したブッシュは、高校時代に出会って婚約していたバーバラ・ピアスと結婚。日本が降伏して戦争が終わったあと、父と曾祖父が籍を置いた名門イェール大学に進学した。一方、レーガンは中西部のキリスト系大学に進み、アメリカンフットボールや水泳の選手、自治会の委員長として活躍した。

ブッシュは卒業後、家族とともにテキサス州に移住し、石油ビジネスで億万長者になる。テキサスでの成功は、やがてブッシュを政治の道に向かわせた。一九六四年、初めてテキサスで連邦議会上院議員選挙に出馬して落選、二年後、同州選出連邦議会下院議員選挙で当選を果たし、ワシントンにやってくる。下院議員を二期つとめたあと、ニクソン大統領の要請により上院選挙に再び出馬、僅差で敗れた。この人はあまり選挙に強くない。その後、国連大使、共和党全国委員会委員長、国交正常化前の合衆国北京事務所代表、CIA長官などをつとめる。政界に入ってからは、ワシントンでの生活が長い。これに対し、大学卒業後のレーガンは中西部を離れてカリフォルニアへ移り、俳優として世に出た。大統領に就任するまで、ワシントンに住んだことは一度もなかった。

レーガンとブッシュが初めてそろって全国的注目を浴びたのは、一九八〇年、共和党の大統領予備選挙で二人が激しく争ったときである。ブッシュ候補は共和党中道派の支持を得ており、共和党右派を支持基盤とするレーガン陣営はブッシュを十分保守的でないといって非難した。結局レーガンが共和党全国大会で指名を獲得、ブッシュはレーガンの副大統領候補を引き受ける。レーガンが大統領であった八年間、ブッシュは副大統領としての責務をよく果たした。

ただしこの八年間を通じて、レーガン大統領の側近たちとブッシュ副大統領のスタッフのあいだには、常に多少の緊張があったという。どこの国でも政権内部には表に出にくい対立があり、珍しいことではない。またアメリカでは、大統領とやや異なる政治基盤をもつ人物が副大統領に選ばれることが多い。お互いの支持基盤を利用することで、大統領選挙を有利に戦うためである。しかしいったん政権が誕生すると、予備選挙のライバルであった副大統領にはそれほど大きな責任が与えられない。徳川幕藩体制にたとえれば、副大統領は親藩ではなく、せいぜい譜代大名、もしかすると外様なのである。

しかし大統領選への再度の出馬を真剣に考えはじめたブッシュは、レーガンを熱狂的に支持する共和党内の保守派から支持を取りつけなければ勝てないことを理解していた。したがって妊娠中絶の問題などで、おそらく本来の自分の考えよりも保守的な立場を表明し、レーガンに合わせる。それでも政権内のレーガンの側近たちは、ブッシュが本当に保守主義に転じたかどうか、常に疑っていたという。実際、一九八七年から八八年にかけての共和党予備選挙中、レーガン大統領がなかなかブッシュ副大統領の大統領選出馬を支持表明しないのは、何か両者間に確執があるからではないかとの報道がなされたこともある。

しかし表面上、両者はあくまでも親密な関係をもつ大統領と副大統領であり、またブッシュは自分が仕えたレーガン大統領の信頼を決して裏切らない人物であった。レーガン夫妻がホワイトハウスを去るのを、大統領に就任したブッシュ夫妻は心をこめた感謝とともに見送った。

ブッシュ政権の功績とつまずき

ロナルド・レーガンが二期八年間、大統領の地位にあったのに対し、ブッシュ大統領は再選を果たせず、四年でホワイトハウスを去った。ブッシュのあとのクリントン、ブッシュ（息子）、そしてオバマの各大統領がそれぞれ二期八年間大統領の地位にあったのに対し、ブッシュ（父）は一九八〇年から二〇一六年までの三六年間で、一期のみつとめた、ただ一人の大統領である。

レーガン大統領に引きつづき、ブッシュ大統領はその任期中、数々の劇的な国際事件や紛争に直面し、大きな成果をあげた。何よりも就任の年、一九八九年一一月にベルリンの壁が崩壊し、前後してポーランド、ハンガリー、東ドイツ、チェコスロヴァキア、ルーマニアなどで共産党独裁政権が倒れる。国際秩序が大きく変動するなかで、一九九〇年一〇月にはドイツの再統一が実現する。これはアメリカのリーダーシップなしには不可能であった。一九九一年一二月、モスクワでクーデター未遂事件が起こりゴルバチョフが失脚、ソビエト連邦が崩壊する。第二次世界大戦後に鉄のカーテンをおろし、アメリカを盟主とする西側陣営と約四五年間冷戦を戦ったソ連に率いられる東側陣営は、こうしてあっけなく崩壊した。レーガン大統領がつけた冷戦終結の道すじを、ブッシュ大統領が完結させた（註1）。

対外政策では歴史的な成果を残したブッシュ大統領だが、内政面、特に経済・財政の分野では顕著な功績を挙げられなかった。その背景には、対外政策においては大統領が比較的議会の束縛を受けずに政策を遂行できるのに対し、内政面では議会の同意がないと政策実現が難しいという構造的側面もあるだろう。

新政権発足時、レーガン大統領の残した厖大な財政赤字はさらに膨らむばかりで、ブッシュ政権はこれを支出削減によって縮減しようと試みる。しかし当時の連邦議会は上院下院とも民主党の支配下にあり、福祉プログラムなどの削減に徹底的に抵抗して逆に増税を主張した。

ブッシュ大統領は支出削減を議会に認めさせる見返りとして、一部の分野で増税に同意する。ところが、これが共和党保守派の猛烈な反発を受けた。一九八八年の共和党全国大会で大統領候補の指名を受けたブッシュは、その場で「私の唇の動きをよく読んでほしい、増税はしない（Read my lips, no new taxes）」と述べ、決して増税をしないと公約した。彼はこの印象的な言葉で当選したとさえ言われる。その張本人が公約を破ったのである。共和党内でのブッシュの支持率は顕著に下がる。運の悪いことに、ブッシュ政権の二年目までにアメリカの景気が後退しはじめ、失業率が上昇、生活保護支給費総額が増える。深刻な不況ではなかったものの、景気の回復には時間がかかった。こうしたことすべてが、湾岸戦争に勝利し、一時は圧倒的支持率を誇ったブッシュ大統領の再選を妨げる結果となる。

ブッシュ政権が一期のみで終わったことは、アメリカの内政や外交だけでなく司法の方向性にも大きな影響を与える。

第11章　湾岸戦争と大統領の戦争権限

湾岸戦争の勃発

　ブッシュ政権の四年間、世界は激動を続けたが、この大統領がもっとも難しい決断を迫られたのは東西冷戦終結とほぼ同時に発生した湾岸戦争であろう。

　ベルリンの壁崩壊から約一年後の一九九〇年八月二日、イラクが隣国のクウェートを侵略する。独裁者サダム・フセインが率いるイラク軍のクウェート侵攻と同国の占領に、国際社会は不意をつかれた。国連安全保障理事会は侵略を非難すると同時にイラク軍の撤退を求め、経済制裁を科す。アメリカは隣国のサウジアラビアを守るために、同国へ米軍を派遣した。しかしフセインは妥協しようとしない。

　問題の解決に向けてさまざまな努力がなされたものの、事態は膠着状態に陥る。しかしこのままイラクのクウェート支配を許し続けるのは、一九三〇年代に枢軸国の周辺諸国侵略を放置して第二次世界大戦を招いた例などからして決して看過できない。イラクがクウェートからサウジアラビアに侵攻しその油田を支配すれば、世界の安全と経済にとって深刻な事態を引き起こす。したがって必要なら武力を用いてでも、イラク軍をクウェートから排除せねばならない。ブッシュ大統領はそう決意する。

ベーカー国務長官、チェイニー国防長官らが各国を訪れ、粘り強い外交交渉を重ねた結果、一九九〇年一一月二九日、国連安保理事会は決議六七八号を可決する。もしイラクが翌年一月一五日までにクウェートから撤退しないのであれば、撤退を強制するために武力行使を含む必要なすべての措置をとることを、同決議は加盟国に許可した。これを受けてブッシュ大統領は、対イラク武力攻撃を準備するため、最終的には五四万人に達する大規模な米軍部隊を湾岸地域に派遣展開する。また全部で三四カ国が軍隊を派遣したので、アメリカ軍を含む多国籍軍兵士の総数は約九六万人を数えた。

決議六七八号が定めた撤退期限を一日過ぎた一九九一年一月一六日深夜から一七日未明にかけて、イラクの軍事施設への空爆が開始された。イラクはイスラエルやサウジアラビアにスカッド・ミサイルを撃ちこむ。昼夜を問わず続けられた空爆が相当の被害をもたらしたことを確認のうえ、二月二四日、多国籍軍はサウジ・クウェート国境を越えてクウェートシティーへ向けて進撃、本格的な地上戦が始まった。イラク軍は抵抗したものの、まもなくイラク領内に撤退しはじめた。その際、七三七の油田に火を放ち、黒煙が湾岸地域を覆う。同時に大規模な地上部隊が数カ所からイラク国内に直接進攻し、イラク軍と激烈な戦闘を行う。しかし多国籍軍は圧倒的に優勢であり、イラク軍は壊滅的被害を受けた。本格的な地上戦開始から一〇〇時間後の二月二八日、ブッシュ大統領は戦闘停止を命令、あわせてクウェートの解放を宣言した。湾岸戦争はこうして終結する。

デラムス対ブッシュ事件

終わってみればすべてよしとされたものの、戦争に踏みきるまでには国の内外で強い反対があった。レーガン政権のリビア空爆、グレナダ侵攻、ブッシュ政権のパナマ侵攻作戦などと異なり、中東の強国を相手にする本格的軍事介入は多くの戦死者が出るのではないか。いったん介入するとなかなか撤退できず、泥沼化するのではないか。サウジアラビアに戦死者を収める何万もの袋（ボディーバッグと呼ばれる）が送られたと報じられて国民の心配は増し、議会でも開戦に反対する議員が多かった。

一九九〇年一一月八日、対イラク攻撃実施の可能性に備えるため、これまでの約二五万人に加えて新たにアメリカ軍二〇万人を湾岸地域に派遣すると大統領が発表し、軍事介入反対の声はさらに強まる。多くの人が、ブッシュ大統領は本気で戦争をするつもりだと確信した。同じ月、ワシントンの連邦地区裁判所に、武力介入の差止めを求める訴訟が提起される。デラムス対ブッシュ事件である。

原告はデラムスを含む連邦下院議員五三人と、上院議員一名。被告はブッシュ大統領本人である。五四人の議員は、議会による宣戦布告もしくは何らかの同意なしにイラクへの攻撃を開始するのは憲法に違反すると主張し、大統領の開戦準備を差し止めるよう裁判所に求めた。

合衆国憲法の第一条八節一一項は、議会に宣戦布告の権限を与えている。一七八七年、フィラデルフィアで開かれた憲法制定会議で審議された当初の憲法草案では、議会が「戦争を行う（make war）」となっていた。しかし一年のうち限られた期間しか集まらない連邦議会が実際に戦争を行う権限をもつのは実際的でないとの意見が通り、「戦争を宣する（declare war）」と変えられ、それがそのまま憲法の条文になった。一方、憲法第二条二節一項は、大統領が陸海軍の「最高指揮官（Commander in Chief）」であると定める。議会が宣戦を布告して大統領が戦争を指揮する。それが憲法の定めた、戦争権限のもっとも基本的なかたちである。

国際法上も、国家が戦争を行うためには本来宣戦布告の手続きを踏まねばならなかった。しかし憲法制定後、アメリカは五回しか実際に宣戦布告をしたことがない。多くの場合、大統領の判断で武力行使が行われた。一九四一年一二月、真珠湾攻撃を受けて日本とドイツに対して行ったのが、正式な宣戦布告の最後の例である。特に第二次大戦後、核ミサイルが三〇分弱で飛んでくるという脅威にさらされ、内乱やゲリラ戦など複雑な武力紛争が増えると、国交を断絶し、宣戦布告してから国同士が戦うというオーソドックスな戦争は姿を消した。朝鮮戦争もベトナム戦争も、宣戦布告なしに戦われる。

しかしベトナム戦争が泥沼化し、多くの戦死者を出した末に米軍が撤退を余儀なくされると、議会はトンキン湾事件の際、期限を定めないまま武力行使権限をジョンソン大統領に与えたことを後悔する。このため、憲法の定める戦争権限に関する議論が再燃した。一九七三年には大統領が議会の事前の許可なく武力行使を開始した場合、六〇日以内に議会の事後許可を得ない軍を退かねばならないという戦争権限法が、両院合同決議のかたちで成立する。その後、歴代の大統領は共和党民主党を問わずこの戦争権限法の合憲性を認めず、大統領は全軍の最高指揮官として独自の判断で武力行使ができるとの立場を取りつづけているが、この点について明確な司法の憲法判断は一度も示されていない。

デラムス事件の訴訟は、ピッツバーグ大学ロースクールの教授などが中心となって提唱し、提起を呼びかけたものである。これにイェール大学ロースクールのハロルド・コー教授など、憲法学者、国際法学者一〇人が賛同した。そして、大統領は対イラク攻撃を開始する前に議会の同意を得る必要がある、という内容の陳述書を裁判所に提出する。本訴訟は、この古くて新しい憲法上の問題について、改めて司法の判断を仰ぐものとして注目を浴びた。

デラムス事件判決と開戦の決定

審理を担当した連邦地裁のハロルド・グリーン判事は、デラムスら原告の訴えを棄却した。ただしその過程で、いくつかの争点について重要な判断を示す。

まずブッシュ大統領の代理人をつとめる司法省のロイヤーは、戦争権限に関する憲法上の規定は総合的に判断すべきものであり司法の判断になじまない、何が宣戦布告を必要とする「戦争」にあたるかについても裁判所は法律的な判断を下せないと主張し、訴えを却下するよう求めた。戦争の問題はきわめて政治的なものであり、裁判所が口を出すべきでないという理屈である。この考え方はアメリカでは「ポリティカル・クエスチョンの法理」、日本では「統治行為論」と呼ばれる。

グリーン判事は司法省ロイヤーの主張を退ける。その根拠として引かれたのが、南北戦争のさなか、リンカーン大統領による南部諸港の封鎖が合憲かどうかを争ったプライズ（戦利品）事件判決である。この訴訟は、連邦海軍に拿捕され競売にかけられた商船とその積荷の所有者が提起したものである。リンカーン大統領が宣戦布告なしに南部諸港封鎖を命じ、連邦海軍が封鎖を突破しようとした商船と積荷を拿捕のうえ競売にかけたのは憲法に反しているため、無効であると主張して賠償を求めた。最高裁はリンカーン大統領が大規模な武力行使を開始した以上、これは実質的に戦争であり、南部諸港封鎖は有効だと判示した。この先例に従えば、数十万の軍隊がイラクを攻撃するというさらに大規模な武力行使が憲法上戦争にあたるかどうかについて、当裁判所は十分判断しうると述べた。

グリーン判事はさらに次のように述べる。大統領が一方的に武力行使へ踏み切った場合、議会は宣戦布告を行うか、武力行使に同意するかを、投票で決める権利を奪われる可能性がある。さらにどのような決議を通しても、大統領が勝手に軍事行動を開始する可能性があるかぎり、議会は訴訟を提起するに足る訴えの利益を有する。したがって原告に訴訟を提起する当事者としての適格性がないとは、ただちには言えない。

しかしグリーン判事は別の根拠にもとづいて、原告の訴えを棄却する。判事が判決を下した一九九〇年一二月一三日の時点でイラクをめぐる事態は切迫しているものの、まだ戦争が始まると決まったわけではない。交渉によって大統領がイラクとの戦争回避に成功するかもしれない。また議会が討論の末、大統領に開戦の許可を与える可能性もある。そもそも本訴訟を提起したのは、連邦議会全議員の約一〇パーセントに過ぎない。そうした可能性がある以上、裁判所はまだ差止命令を下せない。訴訟提起の機が熟していない。判事はそう指摘した。

原告はこうして敗訴した。しかしこの判断は逆に、大統領が議会の宣戦布告もしくは同意なしに議会の多数による明確な反対を押し切ってイラク攻撃へ踏み切ろうとするときには、原告が再び訴訟を提起すれば裁判所は訴訟を受理し、大統領の武力行使を差し止める可能性がある。そう示唆したに等しい。この判決は下級審である連邦地区裁判所の判断であり、最高裁判決が有する重さはない。しかしそれでも、大統領の戦争権限について判断する裁判所の権限に関する一歩踏みこんだ判断を示したものとして、注目された。

この判決がブッシュ大統領とそのアドバイザーたちに影響を与えたかどうかは、わからない。少なくとも司法省のロイヤーたちは、グリーン判事の法廷意見と憲法学者たちの陳述書を十分検討しただろう。コー教授らは議会でも証言し、自らの憲法解釈を披瀝している。学者たちは開戦にあたって議会の同意が必要であるという点について、意見が一致していた。

これに対し政権側は、大統領は全軍の最高指揮官としてイラクへの軍事行動を開始するのに必要なすべての権限を有しており、憲法上議会の承認を必要としないという立場を崩さなかった。しかし開戦にあたり、ベトナム戦争のときのような国論の分裂は避けたかった。そして結局、大統領は議会承認不要の憲法解釈を変えないまま、国連安保理決議六七八号に従う武力行使権限の承認を、攻撃開始の直前に議会へ求める。

議会は三日間にわたり、大統領に開戦の権限を与える決議案を討議した。その過程で多くの議員が延べ二〇〇時間を超える演説を行った。開戦賛成派の議員も反対派の議員も、その声はいずれも沈痛で、真剣であった。

たとえばコネティカット州選出のリーバーマン上院議員は、次のように述べた。

「憲法第一条八節の規定に従い、私は大統領へ開戦の権限を与える決議に一票を投じます。この一票を投じることによって戦争が起こるかもしれないこと、たくさんの善良な市民が命を落とすことになるかもしれないことを、よく承知しています。しかし、私は私の票により、平和がもたらされる可能性がより高くなることを祈って、この票を投じるのです」

すべての討議と演説が終わった一九九一年一月一二日、上院は五二対四七、下院は二五〇対一八三の投票結果により、対イラク武力行使権限を大統領に与える両院合同決議を可決採択した。大統領はたとえこの決議が否決されても、イラクへの攻撃を行ったであろう。しかし決議によって攻撃の正統性は格段に高まった。

その五日後、イラクへの空爆が始まった。

第12章　二人の新判事任命

スーター判事の任命

　国際情勢の緊張が続くなか、司法の分野に戻れば、一九九〇年七月二〇日にブレナン最高裁判事が引退を表明する。イラクがクウェートに侵攻を開始する一二日前であった。ブレナン判事は当時八四歳、一九五六年以来約三四年間この地位にあった。ウォレン最高裁首席判事の時代からバーガー首席判事、レンクイスト首席判事の時代を生きぬいた、最高裁進歩派判事のなかでもっとも影響力のある人だった。在任中、ジョンソン大統領のあとは、ニクソン、フォード、レーガンと共和党の大統領による最高裁判事の任命が続き（民主党のカーター大統領には任命の機会がなかった）、保守派判事が著しく増えた。レーガン政権のもとで引退すれば、保守派の判事がもう一人確実に任命される。今やめるわけにいかないと、高齢をものともせず、じっと我慢してきた。しかしブッシュ大統領の当選で少なくともあと四年共和党政権が続くと知り、ついにあきらめて引退を決意した。

ブレナン判事引退表明の四日後、ブッシュ大統領が最高裁判事に指名したのは、第一巡回区連邦控訴裁判所のデーヴィッド・スーター判事である。スーター判事は一九三九年にマサチューセッツ州で生まれ、一一歳のとき両親とともにニューハンプシャー州の農場へ引っ越した。以後、最高裁判事に就任するまで、大学学部、英国留学とロースクール時代を除いて、同州から出たことがほとんどない。

優等賞を得てハーバード大学の学部を準最優等で卒業後、イギリスの政治家セシル・ローズの名を冠したローズ・スカラー（主としてアメリカと英連邦諸国の優秀な大学学部卒業生のなかから選抜されてオックスフォード大学へ留学する奨学生）として、オックスフォード大学のモードリン・カレッジに遊学した。この奨学金を受けることは、アメリカの学部卒業生にとってもっとも名誉なこととされている。フルブライト上院議員、ホワイト最高裁判事、クリントン大統領やハーバード大学のマイケル・サンデル教授も、ローズ・スカラーとしてオックスフォードで学んだ。

帰国後ハーバードのロースクールに進み、一九六六年に卒業すると、スーターは故郷ニューハンプシャーの法律事務所に就職した。しかし民間での仕事は性に合わず、進路を変えて州検察官として働きはじめる。その後、州司法長官、州控訴裁判所判事を経て、州最高裁判所の判事に就任し、都合一一年州裁判所で働いた。一九九〇年四月、同州にオフィスを構える連邦控訴裁判所判事に任命されてほどなく、ブレナン判事の後任候補としてブッシュ政権の目にとまった。

最高裁判事の候補は、他にも何人かいた。通常ホワイトハウスは最高裁で次の欠員が出るときに備え、かなり前から候補者を探し適格性を検討する。候補選定は、必ずしも法曹としての能力だけで決まるわけではない。議会でどのように受け止められるか。議会の同意を得られるか。人種、性別、宗教的な側面に特徴あるいは問題がないか。もちろんこの場合、共和党のブッシュ大統領が指名するのだから、なるべく保守的な人物が好ましい。ボーク判事の任命に失敗した共和党の保守派は、ブッシュ大統領に今度こそしっかりした保守派判事を任命するようにとの圧力をかけていた。しかし政権は、ボーク判事のときのような激しい論争を、できれば避けたかった。それにボークのときと同様、上下両院で民主党が多数を占めている以上、論議を呼ぶ候補は同意を得にくい。

この状況下で、スーターには強みが三つあった。一つは判事としての能力に問題がないこと。ローズ・スカラーとしてオックスフォードで学び、ハーバード・ロースクール卒業という学歴は申し分ないし、州の検察官や判事としての豊富な実務経験は、最高裁判事としてやっていくうえで有利であった。就任前に州裁判所判事としてこれだけの経験を積んだ人物は、当時の最高裁に一人もいなかった。

第二に、ブッシュ政権内にスーターの強い味方がいた。当時ホワイトハウスのチーフ・オブ・スタッフ、日本の内閣官房長官にあたるジョン・スヌヌ大統領首席補佐官である。スヌヌは同じニューハンプシャー州の出身である。同州の司法長官としてスーターの能力を認めて抜擢し、その後同州選出連邦上院議員に転出したウォレン・ラドマンとともに、スーターを強く推した。政権内には司法長官など、別の候補を推す人もいたのだが、当時ブッシュ大統領に対するスヌヌの影響力は絶大であった。しかも彼はスーターが保守派であることは一〇〇パーセント確かだと、大統領に保証した。

　そして第三に、スーターはまったく無名であった。州裁判所判事としての実績は申し分なかったが、ロースクールを出て以来、憲法に関する事件を扱ったことは一度もない。憲法について書いた本や論文も皆無であった。その意味では憲法問題を扱う最高裁判事としての適性があるかどうか、わからない。ブレナン判事やオコナー判事のように、州裁判所判事出身者は他にもいて実績を残しているから、一概にだめだというわけではない。マーシャル最高裁判事はスーター指名のニュースに接して、「そんな名前は一度も聞いたことがない」と率直に言ったそうである。

　しかしボーク判事の公聴会があれほどもめて、結局議会上院の同意が得られなかったのは、ボークが憲法問題に精通し論文も無数にあり、その司法観があまりにもよく知られていたからである。公聴会でなんと証言しようが、ある特定の問題についての彼の見解は記録に残っていて、否定できなかった。スーター判事の憲法に関する見解、最高裁の役割に関する見解がまったく知られていないのは、議会と対立して面倒なことになるのを嫌うブッシュ政権にとって、むしろ朗報であった。

　スーター判事は、その司法観が明らかでないだけでなく、私生活についてもまったく知られていなかった。一度婚約したというが、これまで結婚したことがない。携帯電話を持ったことがない。コンピューターは使わず、万年筆で書く。ニューハンプシャーでは親から相続した農場に住み、家の修理などは全部自分でやる。最高裁判事になってからも社交は好まず、六月末、最高裁が休廷すると、自分で運転してニューハンプシャーの農場に帰ってしまう。最高裁判事候補に指名後、彼が最初にワシントンにやってきたとき、クレジットカードを持っていなかったのでホテルに泊まるのさえ苦労したという逸話がある。無口でおとなしくて、あまり感情を表さない。ニューイングランドの厳しい気候や風土が時に生み出す、徹底的な個人主義者、自由主義者である。

スーター判事の任命を審議する議会上院司法委員会の公聴会は、一九九〇年九月一三日に始まった。スーター判事は議員たちの質問に対し、ほとんど明確な答えを与えなかった。民主党の一部議員は、思想傾向がわからないこの判事候補が実は隠れ保守主義者ではないかと強く疑い、その点を明らかにしようとした。全米婦人協会は、スーターが女性の権利をないがしろにすると考えて、強く反対した。黒人の全国組織、全米有色人種地位向上協会（NAACP）も同様である。しかしこの人は書いたものがなく質問に答えないので、立場がよくわからない。結局、これ以上追及しても得るものは少ないと民主党議員が考えたのか、議会上院は九〇対九の大差でスーター判事の最高裁任命に同意する。こうしてスーター判事はブレナン判事の後任として一九九〇年一〇月九日、依然として多くを知られないまま最高裁の九人の判事の一人となった。

この目立たない新しい最高裁判事が、妊娠中絶をめぐる司法の争いでほどなく重大な役割を果たすことになる。

マーシャル判事の引退

湾岸戦争の終結から四カ月、大勝利の興奮が少しおさまり、国内が落ち着きはじめた一九九一年六月二七日、八三歳の誕生日を一週間後に控えたマーシャル最高裁判事が辞意を表明した。一九六七年にジョンソン大統領によって任命されて以来、二四年間にわたって活躍した史上初の黒人最高裁判事が、ついに身を引くことになった。

マーシャル判事は一九五四年のブラウン対教育委員会事件で原告側の代理人として口頭弁論を行い、公立小学校における人種別学は違憲であるとの歴史的判決を最高裁から引き出した功績で知られる。最高裁判事としても、一貫して進歩的な判決を下しつづける。しかし彼が判事をつとめるあいだに、最高裁は次第に保守的色彩を強めた。

前年ブレナン判事が引退したため、民主党の大統領に任命された最高裁判事は、マーシャル判事とホワイト判事の二人だけになっていた。しかもホワイト判事はロー対ウェード事件で反対票を投じるなど、保守的な判決を出す傾向が強い。ウォレン・コートで活躍した進歩派判事の生き残りはマーシャルしかおらず、彼以外では共和党の大統領に任命されたブラックマン判事ならびにスティーブンズ判事が、比較的進歩的な判決を出していた。前年任命されたスーター新判事の立場は、まだはっきりしない。しかもベルリンの壁崩壊に象徴される東ヨーロッパ各国での社会主義体制終焉、湾岸戦争での勝利と、アメリカでは保守的な風潮が勢いを増していた。

こうしたなかでマーシャル判事は、民主党の大統領が選出されるまでなんとか最高裁判事の仕事を続け、進歩派の判事に引きつぎたいと願った。「もし自分が死んだら、たたき起こしてくれ」と、助手たちに語っていたという。しかし体調を崩し、心身の衰えはいかんともしがたく、不本意ながら引退を表明する。「歳をとって、もう体がばらばらだ」と、引退発表の翌日、記者会見で述べた判事は、ブッシュ大統領が保守派の判事を後任に任命することを、心から残念がっていた。

湾岸戦争勝利によってこの時期支持率を上げていたブッシュ大統領は、こうして就任後わずか二年半のうちに、早くも二人目の最高裁判事を指名する権利を得た。いくら待っても最高裁判事が一人も引退せず、任期中任命の機会を得ないまま政権を去る大統領がいることを思えば、運がよかった。

トマスの生い立ち

マーシャル判事引退表明から四日後の一九九一年七月一日、ブッシュ大統領はメイン州ケネンバンクポートの夏の別荘で記者会見を行い、コロンビア特別区の連邦控訴裁判所判事、クラレンス・トマス判事を次の最高裁判事候補として紹介した。全米のメディアはトマス判事について、一斉に報道しはじめる。

クラレンス・トマスは、一九四八年、ジョージア州南東部サバンナ川の河口に近い港湾都市サバンナの南に位置する小さな町、ピンポイントで生まれた。もともと南北戦争のあと奴隷の身分から解放された黒人たちが築いたコミュニティーで、トマス自身奴隷の子孫である。その後も二〇世紀半ばまで続いた南部の厳しい人種差別、白人と黒人を完全に分離した社会構造ゆえに、ピンポイントは長くアメリカの発展から取り残されたままであった。住民は南部大西洋岸の湿地帯や島に今でも残る、西アフリカの言葉と英語がまざったガラーという独特の言葉を使う。トマスも幼少期からこの言葉を話していたため、高校と大学で標準的な英語を習得しなおすのに苦労したという。

トマスとその家族が暮らした一部屋しかない小屋は土間で、室内には便所がなかった。農場労働者であった父親は、トマスが二歳のとき家を去る。トマスとその姉、弟の三人は母親の女手ひとつで育てられた。家事手伝いで生計を立てる母親の収入は安定せず、慈善団体に頼らねば子供たちを食べさせられないほど貧しかった。トマスが七歳のときに火事で小屋が焼けて進退きわまり、弟とともにサバンナに住む母方の祖父母に引き取られる。トマスの持ち物はスーパーの紙袋一つにすべて入ったという。祖父母の家で、生まれて初めて水洗トイレを経験し、定期的に食事を取るようになった。

祖父は正規の教育こそほとんど受けていないものの、非常に勤勉な商人で、トマスに「日が昇ってまだベッドにいるのは許されない」と勤労の大切さを教えた。また熱心なカトリック教徒で、トマスを尼僧が教える黒人の教区学校へ入れる。そして一九六四年に公民権法が成立し差別がいくぶん緩和すると、サバンナ市内にあるカトリックの白人寄宿高校へ移した。黒人生徒は他に誰もいなかった。

サバンナは一七三三年に国王ジョージ二世の勅許を受け、イギリスの貴族で軍人のオグルソープ率いる植民者たちが入植したジョージア最古の都市である。南部でも有数の美しい町並みが残っているが、南部の他の地域と同様、白人と黒人はまったく別の世界に住んでいた。一九五〇年代半ば以降、最高裁の判決や連邦法により、ようやく公立学校が黒人を受け入れはじめたとはいえ、ガラーを話す田舎育ちのトマスが白人の学校でやっていくのは容易でなかった。しかし差別を受けながらも、トマスは努力してよい成績を残す。

カトリックの神父や尼僧は、差別があるため満足な教育をなかなか受けられない南部の多くの黒人子弟へ、熱心に教育を施した。祖父の影響でカトリック教徒として育ったトマスは神父になろうと考え、高校卒業後ミズーリ州の神学校に進む。しかし将来聖職につくはずの白人学生がキング牧師暗殺を喜ぶのを見て、神父になるのをやめた。そしてマサチューセッツ州のホーリークロス大学に進み、英文学を専攻。さらにイェール・ロースクールへ進学し、一九七四年に中位以上の成績で卒業する。

トマス、都へ行く

極貧の境遇から出発して努力を重ね、イェールで法律を修めたトマスの前途は、洋々たるものであるように思えた。ところが名門中の名門ロースクールで十分よい成績を得て卒業したにもかかわらず、有名法律事務所に就職できない。当時まだ珍しかったこの黒人弁護士の卵は、アファーマティブ・アクション（人種優遇措置）のおかげでイェールへ進学し卒業できたのだろうと、採用担当者が勝手に決めつけたのである。

トマスがアファーマティブ・アクションに反対の立場を取るのは、この経験が大きかったようだ。この制度は、長年の人種差別の結果、教育や人的ネットワークなどでハンディを背負った少数民族、特に黒人を早く社会へ送り出し活躍させるため、大学や企業が優先的に入学させ採用する仕組みである。当初は暫定的な措置と考えられていたが既得権益化し、今も続いている。

こうした事情により、一流大学や大手企業の黒人はアファーマティブ・アクションのおかげでその地位を得たとみなされがちだ。その裏には、黒人は白人とまともに競争しても勝てないという、白人側の口に出さない偏見がある。祖父から自助の精神をたたき込まれ努力を重ねたトマスには、それが我慢できなかった。この制度は黒人差別をかえって固定化すると信じるようになり、従来の進歩的な黒人運動家とは異なる保守思想を抱く若き黒人の一人となった。

ロースクールを出たトマスはミズーリ州ダンフォース司法長官のもとで検察官の職を得、ロイヤーとして最初の実務経験を積む。一九七六年にダンフォースが連邦上院議員に当選してワシントンに移ったあとトマスはしばらく民間で働くが、一九七九年同議員のオフィスに加わり、立法補佐官として働きはじめた。自らが聖公会の牧師であるダンフォース議員は、一時神父になることを考えたトマスを可愛がった。彼が最高裁判事に指名されたときには、全面的に支持している。

この若い黒人ロイヤーに目をつけたのが、一九八一年に発足したレーガン政権である。第二次大戦後、黒人は伝統的に民主党を支持してきた。長く人種隔離政策を支持しつづけた一部の南部民主党員は別として、民主党は人種差別撤廃に意欲的であった。ケネディー大統領の遺志をついで一九六四年公民権法を成立させたのも、テキサス州出身の民主党ジョンソン大統領である。投票者としての黒人が次第に影響力を増すにつれ、共和党も黒人の支持獲得につとめるが、大きな政府や福祉政策に冷たく、アファーマティブ・アクションに反対する共和党の人気は、黒人のあいだでは低い。したがって能力が高く、保守思想の持ち主で、共和党を支持する黒人は珍しかった。

この条件を十分に満たすトマスは、一九八一年、レーガン政権の教育省で公民権担当の次官補に任命され、翌一九八二年に、独立行政委員会の一つ雇用機会均等委員会（ＥＥＯＣ）の委員長に抜擢される。さらに一九八九年一〇月末にブッシュ大統領によってコロンビア特別区の連邦控訴裁判所判事に指名された。最高裁判事に指名されながら議会上院の同意を得られず、同控訴裁判事の職を辞したボーク判事の後任であった。上院の同意を問題なく得て、一九九〇年三月就任する。この裁判所からはしばしば最高裁判事が選ばれる。時の政権がこれはと思う人物には、まずここで裁判官としての経験を積ませる。トマスの人事は近い将来最高裁判事に任命する布石であろうと、多くの人が推測した。トマスはまだ四二歳だった。

トマス判事の指名

一九九〇年七月、ブレナン判事が引退を表明したとき、ブッシュ大統領はトマスの最高裁判事候補指名を真剣に検討する。しかし彼は控訴裁判事になってまだ数カ月しか経っていなかった。判事としての経験が浅すぎるという政権内の意見が通り、スーター判事が任命された。そして一年後、マーシャル判事が引退を発表すると、後継者はトマス以外に考えられなかった。

第一に、一九六四年に任命されたマーシャルは、最高裁で唯一の黒人判事であった。白人を後継者として任命すれば、黒人判事が一人もいなくなってしまう。ただでさえ黒人支持層の基盤が弱い共和党政権としては、それは避けたい。それであれば黒人の候補者から選ぶしかない。

第二に、黒人であれば誰でもいいというわけではない。最高裁判事をつとめうる知的能力を有し、ロイヤーとしての実績があり、共和党の支持者であり保守主義者であること。すでに記したとおり、そのような黒人はきわめて少なく、能力経歴ともにトマスを超える人物はいなかった。

そして第三に、一年前に任命されたスーター判事が十分保守的でないという、保守派の不満が強かった。ホワイトハウスのスヌヌ首席補佐官は、次の機会に必ず正真正銘の保守派判事を選ぶと公約していた。その点、妊娠中絶に関しての立場は明らかでないものの、アファーマティブ・アクションに反対するトマスであれば、ほぼ心配ない。

こうして冒頭に記したとおり、ブッシュ大統領がマーシャル判事の後任として指名し、トマスは一挙に時の人となる。進歩派、特にアファーマティブ・アクションの堅持をめざす公民権運動のグループと、憲法上の妊娠中絶の権利を守りたいプロチョイスの人々は、トマス指名に強く反発する。後者はトマスが加わった最高裁が、妊娠中絶を行う女性の憲法上の権利を確立した一九七三年のロー対ウェード判決をくつがえすことを、何より恐れた。

ブッシュ大統領は指名発表の際、トマスが「黒人であるかどうかは、この選択にまったく関係ない。現時点でもっとも優れた最高裁判事候補である」と述べた。アファーマティブ・アクションに反対し、黒人も能力と努力によってのみ評価されるべきだと説くトマスの指名にあたってそう述べるのは、当然であろう。しかしトマスが黒人でなければ、法曹としての目立った実績がないまま四三歳の若さで指名されることはなかった。彼は優秀なロイヤーではあろうが、能力だけで判断するのであればもっと優れた法律家や学者が他にも大勢いた。指名に反対する陣営も、トマスが能力不足であることをその理由にはしにくい。ボークのように彼を引きずりおろせば、代わりの最高裁判事候補が黒人である保証もなかった。

アニタ・ヒルの公聴会証言

トマス判事最高裁判事任命の是非を審議する連邦議会上院司法委員会の公聴会は、一九九一年九月一〇日に始まった。ボーク判事の公聴会のとき、ボークが自らの憲法思想を語れば語るほど反対が強くなったのが念頭にあったのだろう。トマスは自らの司法観について、上院議員たちの質問に明確には答えなかった。特に妊娠中絶の問題については、まだ考えを固めていないという立場を貫く。公聴会は淡々と進み、九月二七日、司法委員会はほぼ党派別に七対七と賛否が同数になったため、トマスを承認すべきかどうかの意見なしで上院本会議へ上申した。本会議での同意可決がほぼ確実と思われた一〇月六日、ギンズバーグ判事の麻薬吸引歴をスクープして最高裁判事就任を阻止した全米公共ラジオ（NPR）司法記者のニーナ・トッテンバーグが、今度はアニタ・ヒルという黒人女性を聴取したFBIの秘密記録を入手し、そのなかでヒルがトマスのいかがわしい行動について陳述していると報じた。急遽再開された公聴会で証言を求められたヒルは一〇月一一日、証言者の席に座る。

ヒルはイェール・ロースクール出身の黒人女性ロイヤーであり、教育省でトマスの部下だった。トマスがEEOCの委員長になると、彼女も同じ職場に移る。証言によれば、トマスは彼女をデートに何回か誘い、断られると職場で性的な発言をするようになった。ヒルの説明はきわめて具体的であった。この証言は全米に生中継され、大騒ぎになる。

トマスはプライバシーにかかわるとして個々の疑惑について一切弁明せず、ヒルの証言を全面的に否定した。公聴会の審問を人種差別が激しかった時代の南部における黒人迫害になぞらえ、「生意気な黒人を、恐れさせ、だまらせ、言うことを聞かせるため、(昔南部で行われた黒人のリンチのように)保守派の黒人に対して進歩派白人が仕組んだハイテク時代のリンチ」だと述べる。

トマスのセクハラ嫌疑については、他にも複数の女性が職場で似たような経験をしたと、書面で回答した。一方、同時期にトマスのオフィスで働いたが一切そのような事実はなかったという女性の証言もあった。結局あらゆる証拠を並べても、真相ははっきりしない。しかし公聴会での審査の焦点がセクハラという女性がもっとも嫌う行為や、黒人としてではなく男性としてのトマスの適格性に移ったことは、政治的な意味が大きかった。司法委員会のメンバーはすべて男性である。セクハラ嫌疑にもかかわらずトマスを次の最高裁判事として承認すれば、女性票を失う恐れがある。かといってヒルの証言に明確な証拠がないまま同意を与えるのを拒否すれば、トマスを政治的に葬りさる結果となる。ヒルの証言をきっかけに、職場のセクハラ問題に全米で大きな焦点があたるようになった。

一九九一年一〇月一四日の深夜二時、司法委員会での公聴会と審理がようやく終わる。翌一五日、上院本会議は五二対四八の投票によりトマスの最高裁判事任命に同意した。それまでの一〇〇年間でもっとも僅差の同意であった。しかし僅差であっても、同意は同意である。あとは憲法の規定に従ってトマスが宣誓を行えば、最高裁判事任命手続きがすべて完了する。

ところが二日後の一七日、レンクイスト首席判事の妻ナンが長年にわたる癌との闘いの末、亡くなった。悲しみのなか、首席判事に宣誓の司式を頼める状況ではない。一方、上院で同意が得られたあとも、トマスのプラバシーを暴こうとマスコミは取材を続けていた。一刻も早く宣誓を終らせ、最高裁判事就任を既成事実にせねばならない。悲しみのなかにある首席判事にホワイトハウスが無理を承知で頼み、正式の宣誓は一〇月二三日、最高裁の会議室で静かに行われた。マスコミは報道をやめ、トマスのプライバシーはそれ以上明かされなかった。

第13章　ケーシー事件と司法保守化の天王山

最高裁保守化と妊娠中絶の行方

前章で述べたトマス判事のセクハラ疑惑が本当であったのかどうか、真相は未だにわからない。わからないものの、進歩派にとってアニタ・ヒルの証言がトマス判事任命を阻止する最後の望みであったのは確かである。ロー対ウェード事件判決がくつがえされる可能性を格段に高めるトマスの最高裁判事就任を、彼らはなんとしてでも防ぎたかった。

マーシャル判事の引退によって、ロー事件判決を明確に支持するのはブラックマンとスティーブンズの二判事だけになった。残り六人のうち、レンクイストとホワイトは同事件判決の反対意見を著していたし、判決後に最高裁判事となった判事のなかではスカリア判事も、同判決はくつがえすべきとの立場である。共和党の大統領が任命した他の三人、オコナー、ケネディー、スーターのうち、オコナーとケネディーはこの判決に批判的であった。三人全員あるいはそのうちの二人が保守派三人に同調し、これにトマスが加われば七対二または六対三となり、ロー事件判決は確実に否定される。万が一、三人のうち二人が支持に回っても、トマスがいれば五対四で保守派が勝つ。最高裁におけるロー事件判決支持派と否定派のバランスを少しでも有利に保とうと、進歩派が必死で努力せざるをえなかったのは、よく理解できる。

一方、レーガン大統領当選以来、最高裁の保守化とロー事件判決破棄をめざしてきた共和党保守派の人々にとって、トマス判事任命はその努力がいよいよ完成に近づいたことを意味した。今こそこの判決をくつがえすときである。彼らはそう信じた。実際、ブッシュ大統領にはその後、最高裁判事指名の機会がなく、一九九二年の大統領選挙でクリントンに敗れるので、あとから振りかえれば、これが保守派判事任命最後のチャンスでもあった。

折も折、久方ぶりで妊娠中絶に関する事件が、下級裁判所から最高裁へ上がってくる。この事件をトマスが加わった最高裁がどう裁くかに、注目が集まった。南東ペンシルヴェニア家族計画協会対ケーシー事件である。

ケーシー事件の上告

上院本会議での採決でかろうじて同意を得たクラレンス・トマスは、一九九一年一〇月二三日、合衆国最高裁判事に就任した。偶然にもその二日前の一〇月二一日、合衆国第三巡回区控訴裁判所が、南東ペンシルヴェニア家族計画協会対ケーシー事件の判決を下した。中絶の許可を両親から求めることを未成年の妊婦に義務づける、中絶を望む女性にその危険性を説明する義務を医師に課すなど、妊娠中絶を一部規制するペンシルヴェニア州中絶規制法を、一条項を除き合憲とする内容であった。判決を下した三人の判事のなかで、同法の規定はすべて合憲であるという同意意見を著したのは、のちにブッシュ（息子）大統領によって二〇〇六年、最高裁判事に任命されるサミュエル・アリート判事である。敗訴した原告の家族計画協会は一一月七日、最高裁へ上告許可請願を行う。翌一九九二年一月二一日、最高裁は上告を許可した（註2）。

ケーシー事件は国論を二分する妊娠中絶に関する事件であるから、最高裁が上告を許可してこの事件を審理するのは不思議ではない。ただし上告をすぐに認めて同年の最高裁開廷期が終わる一九九二年六月末までにこの事件の判決を下すべきかどうかについては、最高裁の内部で意見がわかれた。

一つには、次の大統領と連邦議会の選挙が一九九二年一一月に予定されていた。いま上告を認め開廷期終了までに判決を下せば、その判決自体が選挙の争点になる可能性がある。請願人（第一審原告）の代理人でアメリカ自由人権協会（American Civil Liberties Union：ACLU）のロイヤー、キャスリン・コルバートは、むしろそれを狙い、連邦控訴裁の判決が下されたわずか三週間後に上告許可請願を行った。

しかも代理人は請願書冒頭に記す再審を求める争点として、「最高裁は、妊娠中絶を選択する女性の権利は合衆国憲法によって守られる基本的人権であるとするロー対ウェード事件判決を、すでにくつがえしたのか」という問いを掲げ、最高裁はロー事件判決の核心部分を認めつづけるのか、もはや認めないのか、と大胆に切りこんだ。国政選挙の争点としてわかりやすくするためである。

レンクイスト首席判事は、このきわめて政治的な動きを好まなかった。そのため首席判事の権限をもって、定期的に開かれる判事会議でのケーシー事件上告許可請願審理を当面延期する。これに進歩派判事たちが反発した。ロー事件判決の法廷意見を著したブラックマン判事は、抗議の内容を覚え書きにまとめ、他の判事に回覧する。さらにスティーブンズ判事は請願審理延期の決定に対し反対意見を著し、これを公表すると首席判事に伝えた。

そもそも上告許可請願審理の決定（この場合は延期）に反対意見を書く判事は、めったにいない。その異例な反対意見が出され、請願の審理が意図的に延期されていることが公になれば、この事件を政治的に扱っているのはレンクイスト首席判事だと受け止められかねない。最高裁が政治に巻きこまれるのを嫌うレンクイストは、しかたなくケーシー事件の上告を取り上げるべきかを次の判事会議ではかり、上告を認めるのに必要な判事四人の賛成を得て開廷期間内に判決を下すことを決定した。

妊娠中絶に関する先例

最高裁が一九七三年にロー対ウェード事件判決を下して以来、妊娠中絶の是非をめぐって「プロチョイス」派と「プロライフ」派のあいだで激しい対立が続いた。その際、特にプロライフ派の運動家たちは、保守的な州で新たな中絶規制法を制定し、その合憲性について連邦裁判所の判断を求めた。究極的には最高裁へもちこんで合憲判決を勝ち取り、ロー事件判決をくつがえすという作戦である。

ロー事件判決の論理構成については左右の憲法学者の多くが批判的であったが、ロー事件の法廷意見に賛成する判事が多数を占めるあいだ、最高裁は新しい中絶規制法の合憲性を判断するにあたって、女性には妊娠中絶を選択する憲法上の権利があるというロー事件判決の基本的立場を守りつづける。しかし一九八九年一月、レーガン大統領に代わってブッシュ（父）大統領が就任した直後、最高裁は妊娠中絶に関するこれまでの判決から一歩踏み出した判決を、五対四の投票で下した。ウェブスター対生殖保健サービス事件の判決である。

問題となったのはロー事件判決が定めた妊娠第二期の途中である二〇週目以降、胎児が母親の体外に出ても生存可能かどうかを妊婦に対して検査することを、中絶を担当する医師に義務づけるミズーリ州法の合憲性である。同法は中絶の指導に州の公金を用いること、公立の病院や診療所で中絶を行うことを、妊婦の生命に危険がある場合を除き禁じていた。いずれもロー事件判決のもとでは違憲とされる規定である。

法廷意見を著したレンクイスト首席判事は、両方の規定とも合憲であると判断した。胎児の体外生存能力検査を医師に義務づける当該州法の規定は、胎児の命の保護という州が有する強い利益と合理的関係があり、中絶の権利を不当に制限するものではない。妊娠の期間を三つにわけ、第三期になって初めて州は胎児の命を保護する利益を有するというロー事件判決の内容は、憲法上まったく根拠がない。また女性が中絶を選択する権利は、中絶手術への公金支出や公立施設使用を求める権利までを包含しない。そう判示した。

首席判事の意見に賛成したホワイト、オコナー、スカリア、ケネディーの四人のうち、オコナー判事は同意意見を著し、医師による体外生存能力検査義務化は行き過ぎである、法廷意見はロー事件判決の基本内容をくつがえしたものではないと理解すると釘を刺した。逆に同じく同意意見を著したスカリア判事は、法廷意見が明確にロー事件判決をくつがえすと宣言しないことに強い不満を示す。一方、ロー事件判決で法廷意見を著したブラックマン判事は、この判決が修正第一四条のデュープロセス条項が守る自由の一部である基本的なプライバシー権を実質的に否定するものだと、強く非難した。同判事の他に、ブレナン、マーシャル、スティーブンズの三人が、反対の立場を取る。

こうしてウェブスター事件判決は、妊娠を三期にわけて中絶の是非を判断するロー事件判決の論理構成をほぼ否定し、判決の適用範囲をかなり狭めた。しかし中絶を選択する権利が憲法で保障されているという、その核心をくつがえすには至らなかった。

ケーシー事件の審理

ウェブスター事件判決から約三年、ケーシー事件の口頭弁論は一九九二年四月二二日に行われた。最初に口頭弁論を行った請願人の代理人コルバート弁護士は、弁論の冒頭、ロー事件判決をそのまま維持し、中絶の権利を憲法上の基本的人権として守り、ペンシルヴェニア州中絶規制法をすべて違憲と判断するよう求める。オコナー判事とケネディー判事が、ペンシルヴェニア州法の個々の条項の合憲性について論じるよう代理人に求めたが、コルバート弁護士はそれを拒否した。同法の個々の条項が合憲か違憲かについての判断は求めない。ロー事件判決をそのまま認めるか、それともくつがえすか。それだけを求めると言い切る。

レンクイスト首席判事は口頭弁論終了後ほどなく判事会議を開き、この事件について各判事の意見を聴いた。九人の判事のうちレンクイスト、ホワイト、オコナー、スカリア、ケネディー、スーター、そして新しく加わったトマスが、ペンシルヴェニア州法の大部分の条項を合憲とする意思を示した。これに対し、スティーブンズ判事とブラックマン判事が、同法のすべての条項を違憲にすべきだとの立場を取る。合憲派の優勢は明らかであった。しかし合憲派のなかでもレンクイスト、ホワイト、スカリアの三人がロー事件判決を明確に否定すべきだと主張したのに対し、オコナー、ケネディー、スーターの三人はそこまで進む決心がつかなかった。そこでレンクイスト首席判事は、法廷意見起草を自分自身で引き受ける。

法廷意見起草を任された判事は自室にもどり、助手の力を借りながら仕事を始める。そして完成した草案を判事全員に回覧し、他判事のコメントや修正の提案を受けたうえで、その内容を反映するように手を加える。この過程においては、判事会議の際の多数と少数が入れ替わり、法廷意見として起草された草案が反対意見に、反対意見が法廷意見になることがある。この一連の作業が終わると、完成した法廷意見と、同意意見、反対意見が、執筆した判事によって法廷で要約のかたちで発表され（読み上げられることもある）、判決が下される。

ケーシー事件の審理も同じ手順を踏んだ。仕事が速いレンクイスト首席判事は、口頭弁論から約一カ月後の五月二七日には早くも法廷意見草案を回覧した。ペンシルヴェニア州法のすべての条項を合憲とし、女性が妊娠中絶を選択する自由を基本的人権の一部だと最高裁がロー事件判決で判断したのは間違いだったと明記する内容であった。しかし、オコナー、ケネディー、スーターの三判事はこれに同意せず、共同で執筆したロー事件判決の基本的部分を維持する別の草案を六月三日に回覧する。この二つの草案をめぐってさらなる修正が提案され、両者間でさまざまな駆け引きや説得があり、ついに判決言渡しの日を迎える。もちろんこうしたやりとりは一切表に出ない。

ケーシー事件判決

ケーシー事件判決は、一九九二年六月二九日に下された。保守派は今度こそロー事件判決がくつがえされるものと期待した。しかしその期待は裏切られる。

判決は複雑な構成をとっている。多数意見に加え、一部同意・一部反対の意見が四つ発表されたが、そのいずれも全体として九人の判事のうち五人の支持を得ていない。したがって多数意見のうち五人の判事が意見を一致させた部分のみが、正式な法廷意見として拘束力をもつことになった。

多数意見はオコナー、ケネディー、スーター判事の共著というかたちをとった。同意見は最初にロー事件判決の基本的内容、つまり女性は憲法上妊娠中絶を選択する権利を有するという原則を再確認すると、明言した。そのうえでその理由を述べる。

第一に、たとえ憲法には明確に規定されていなくても、結婚、妊娠、避妊、子育て、教育など、純粋に個人的なことがらについては、憲法は政府の介入から個人の自由を守ってきた。「自由の根幹をなすのは、生存の意義や意味について個人が自分自身で決定する権利である」。ロー事件判決が示したとおり、中絶の権利もまたそうした自己決定権の一部として憲法修正第一四条のデュープロセス条項のもとで守られるべき、基本的権利である。

第二に、ロー事件判決支持にわれわれが一抹の抵抗を感じるとしても、先例拘束性（stare decisis）の原理（註3）に従って同判決を踏襲すべきである。連邦最高裁の憲法判決は最高裁が最終裁判所であるため、いったん下されると下級裁判所はもちろん、行政府と議会もくつがえすことができない。憲法改正による変更は可能だが、容易でない。したがって明らかに間違った最高裁の憲法解釈は、最高裁自身が正すしかなく、もちろんそれは許される。先例拘束性の原理は最高裁にはそのままあてはまらない。ただし安易に先例をくつがえすと、法の安定性が損なわれる。社会を二分するような難しい憲法問題に関して判断する場合は、特に慎重であらねばならない。

ロー事件判決の場合、判決が下されてから約二〇年後の現在も、その基本的なルールは機能している。また憲法理論の発展によってその論拠が古びたわけでも、判決の前提になった事実関係に根本的変化があったわけでもない。何よりも、この二〇年間、女性は中絶を可能にしたロー事件判決に変更がないことを前提に、自分の人生を設計してきた。それを今くつがえせば、大きな損害と混乱が生じる恐れがある。

第三に、州は人として生まれてくる胎児の命を守る重要な利益を有する。この利益は胎児が母親の体外に出ても生存が可能となる時点で初めて母親の妊娠中絶の権利を完全に凌駕すると、ロー事件判決は示したが、その基本的な認識は維持すべきである。ただし妊娠期間を三つにわけて中絶規制の是非を判断するというロー事件判決のルールには、根拠がない。胎児の命の可能性は、妊娠の最初から守るべき重要な利益である。したがって妊娠中絶の権利行使にとって「不当な負担」にならないかぎり、胎児が体外で生存可能となる前から、州は妊婦に対し中絶を選ばずに子供を出産することを奨励してよい。「不当な負担」は一九八三年に下されたアクロン市事件判決の反対意見で、新しい判断基準としてオコナー判事が示したものである。

以上の原則に従って三判事はペンシルヴェニア州法の内容を細かく分析し、中絶を希望する女性に医師が中絶の危険性を通知して同意を得る義務を課す条項、未成年の中絶に両親のいずれかまたは後見人の同意を必要とする条項、中絶を希望する女性に手術の実行まで二四時間の待機を義務づける条項などを合憲と判断した。ただし、中絶を希望する既婚女性に夫への事前通知義務を課す条項は、中絶の意思を告げると夫から暴力をふるわれる恐れを感じる女性が少なからず存在し、通知の義務が事実上中絶を選択するうえでの「不当な負担」になるとして、違憲と判断した。

以上の意見のうち、中絶の選択権を憲法上の基本的権利であるとしてロー事件判決の基本的内容を再確認する部分には、ブラックマン判事とスティーブンズ判事が同意した。したがってこの部分の意見が多数を占め、法廷意見としての拘束力をもった。ブラックマン判事は、火が消えかけていたろうそくが明るさを取りもどしたと喜びながらも、ペンシルヴェニア州法のすべての条項を違憲とすべきであり、妊娠の期間を三つにわけて中絶の是非を分析するロー事件判決の基本的枠組みを多数意見が否定したのは許せないとする、不満に満ちた同意意見を別に著した。判事は自らの意見の最後に述べる。

「今日の判決は一票差で決まった。私は八三歳である。永遠に最高裁に留まるわけにはいかない。そして私が引退するときには、後任判事任命の過程で、当法廷が本件で審理した争点に議論が集中するだろう。そしてそのとき、残念ながら、(憲法上の中絶の権利を認めるか認めないかという)二つの世界のどちらを取るかの選択がなされるだろう」

一方、レンクイスト首席判事とスカリア判事は、ロー事件判決を明確にくつがえし、ペンシルヴェニア州法の条項をすべて合憲とすべきだとの強い反対意見を、それぞれ発表する。首席判事の意見は当初法廷意見草案として書かれたものであったが、多数を取れなかったため反対意見になった。これにスカリア判事、ホワイト判事とトマス判事が加わった。スカリア判事の反対意見にも、レンクイスト判事、ホワイト判事、トマス判事が加わった。しかし、保守派がめざしたロー事件判決の完全否定には、一票足りなかった。

こうしてレーガン大統領からブッシュ大統領と一二年続いた共和党政権の最後になっても、妊娠中絶を選択する自由を憲法上の基本的権利であると認めるロー事件判決の根幹部分がついにくつがえらず、司法保守化の最大目標は達成されなかった。

この年一一月の大統領選挙ではブッシュ(父)大統領が敗れ、再選はならなかった。翌年一月に民主党のクリントン大統領が就任し進歩派判事二人を任命して、最高裁はより進歩的な構成となる。ケーシー事件判決の結果、最高裁がロー事件判決の根幹を否定する機会は、当分のあいだ、いやもしかするとほぼ永久に失われることになった。

ロー事件判決の政治性

ロー事件判決はなぜくつがえされなかったのか。その理由を考えるためには、妊娠中絶の問題が当時プロライフ派とプロチョイス派のあいだでどれほど激しく争われ、どれほど大きな国民の注目を浴びていたかを思い起こさねばならない。当時の闘争の激しさをいま想像するのは難しい。

まず両派とも頻繁にデモを行った。ロー事件判決が下されたのは一九七三年一月二二日だが、それ以来今日に至るまで、この日の前後には全国からプロライフ派の運動家がワシントンに集結し、「マーチ・フォー・ライフ」という大規模な行進を行う。毎年約四〇万人の人々がナショナル・モールと呼ばれる合衆国議事堂の西に伸びる広大な緑地（国立公園）に集まり、最高裁判所の正面まで行進する。二〇一三年には六〇万人が参加したという。全米の他の都市でも頻繁に妊娠中絶反対のデモが行われるが、プロチョイス派の運動家たちも対抗してワシントンを含む各地で同様の集会やデモを行う。

プロライフ派の運動家たちは、妊娠中絶を行うクリニックにもしばしば押しかけ、デモを行った。中絶するためにやってくる女性に歩道から声をかけ、中絶を思いとどまるよう説得を試みる。出入りするクリニックの医師や看護師に抗議する、罵声を浴びせる。一九九〇年代のはじめまでは、運動家がクリニックの入口に立ちはだかり、医師や患者が中に入ろうとするのを妨害する「救出作戦」という実力行使もなされた。一九九四年、クリントン政権のもとでそうした行為を制限する連邦法「クリニックへの出入りの自由法」が制定され、同様の法律がいくつかの州でも制定された。ただし行き過ぎた抗議行動と正当な反対運動のあいだのどこで線を引くのかは難しい。最高裁は、クリニックへ三五フィート以上接近することを禁止するマサチューセッツ州の法律は、言論の自由を保障する憲法修正第一条に違反するとの全員一致の判断を二〇一四年のマクカレン対コークリー事件判決で下している。行き過ぎた行為はクリニックへの接近を禁止しなくても取り締まることが可能なはずだ、というのがその理由である。

当然ながら、こうした騒ぎは両派運動家のあいだでしばしば暴力沙汰になった。過激なプロライフ派の人物のなかには、妊娠中絶を行う医師を脅迫し、あるいは実際に危害を加える者さえ現れた。中絶を行う医師や関係者が銃で撃たれ、殺された例がいくつかある。逆に、プロライフ派の運動員が、プロチョイス派の男性に射殺される事件も起きている。

大多数の運動家は平穏にデモを行い、政治家に対する陳情を通じてそれぞれの立場を訴える。地元選出の議員に手紙を書き、電話をかけ、面会し、自分たちの主張を選挙公約に含めるよう迫る。主張に同意する議員の選挙運動を応援し、投票を呼びかける。知事や大統領に対しても同じである。ロー事件判決以降こうした運動が活発化し、候補がプロチョイスかプロライフかで支持を決める人が増えたため、政治家は妊娠中絶の問題についていずれかの立場を取らざるをえなくなった。ロー事件判決はこの妊娠中絶の是非に関する意見の対立を、かえって大きな政治問題にしてしまったのである。

両派は運動の矛先を最高裁そのものにも向ける。「マーチ・フォー・ライフ」に限らず、デモ隊はしばしば最高裁の建物に向かった。ふだん静かな最高裁周辺が多くの人で埋まり、ロー事件判決を非難し、くつがえすよう求めるシュプレヒコールが繰り返される。また運動家は大量の手紙を最高裁判事に送り、特に同判決を著したブラックマン判事には、命を狙うという脅迫状さえ届いた。

一九九〇年五月、スカリア判事は雑誌インタビューで、こうした傾向を「最高裁の判事に陳情の手紙を書く人たちは、本気で私が彼らの意見に耳を傾け、判決を書くと思っているのだろうか」と、嘆いた。そして、選挙で選ばれず終身その地位に留まる最高裁判事は、国民に対し直接責任を負わないのだから、「国民の声に左右されず、静かに憲法解釈に専念すべき」だと力説した（註4）。

実際、スカリア判事は一九八九年のウェブスター事件判決同意意見で、ロー事件判決を明確に否定しない法廷意見を批判し、あいまいな判決により「われわれのもとに、国民からたくさんの手紙が寄せられるであろう。通りはデモ隊で満ちるであろう。（中略）最高裁判事が国民の声に従うよう迫るだろう」と予測していた。

国民の声と三人の判事

スカリア判事は最高裁判事が憲法を解釈するにあたって国民の声を聴くのは邪道だと断言するが、この点について判事や学者のあいだに完全な合意があるわけではない。もちろんすべての判事が、政治判断ではなく憲法解釈をするのが自分の仕事であるのをわきまえている。ただその際、彼らが国民の声からまったく自由であるべきかどうかについては、意見が分かれる。また世論に左右されるべきでないにしても、本当にそれが可能かは、憲法史上興味深い問題である。最高裁判事も人間である。新聞を読み、テレビを見る。支持政党があり、信仰する宗教があり、価値観がある。野心や名誉欲もある。それらすべてからまったく自由に、客観的な憲法解釈ができるのか。

ケーシー事件で法廷意見を共同で著した、オコナー、ケネディー、スーターの三判事は、この問題について相当悩んだようだ。いずれもロー事件判決に批判的であったが、同時にこの判決をくつがえすのには、ためらいを感じたらしい。言うまでもなく、それぞれの判事がどのようにして特定の結論に達するかは内面的かつ孤独な作業であるから、他人にはわからない。発表された意見がすべてである。それでもケーシー事件のような重要な判決が下されれば、司法ジャーナリストや学者はその背景をあれこれと詮索する。

まずスーター判事は、派手なことや目立つことが嫌いな人物で、ケーシー事件判決を下すにあたって政治問題の渦中に巻きこまれるのが本当にいやだったようだ。判事という職業につく者は、先例に従い地味に黙々と判決を下しつづけるべきだと、彼は考えていた。ロー事件判決の基本的内容を肯定する判決がすでに多く下されている。同判決を全面的に否定しくつがえすのは、先例を無視するもので自分の司法観に合わない。むしろ否定する方が、きわめて大きな政治的意味をもつ。

しかもスーターはリバタリアン、すなわち何事にせよ個人の生き方や考え方について政府や他者の介入を徹底的に排除する、究極の自由主義者である。妊娠中絶の部分的規制は当然としても、それを全面的に禁止するのはリバタリアンとして大きな抵抗があったのかもしれない。

理由が何であれ、スーター判事はレンクイスト判事の起草した法廷意見案には加わらないと決めた。しかし一人だけで反対してもロー事件判決の基本部分を維持できない。なんとか同僚たちを説得して新しい多数派を形成せねばならない。そこでスーター判事はまずオコナー判事に面会を求め、自分の意見に賛成するよう説得にあたった。

オコナー判事はもともと穏健な保守思想の持ち主である。妊娠中絶に関しては、最高裁判事就任後一貫してロー事件判決を批判する立場を取った。一九八三年のアクロン市事件では反対意見を著し、妊娠期間を三つに分けるロー事件判決の枠組みは間違っていると批判した。

しかしオコナー判事は、アリゾナ州議会上院議員をつとめた経歴があった。しかもその間、州の歴史上初の女性上院院内総務として手腕を発揮している。政治家は国民の声を聴きながら、異なる意見や利害のあいだで妥協をはかり合意を形成するのが仕事である。交渉の決裂は失敗を意味する。

この政治家としての性向ゆえに、ケーシー事件判決についてもなんとか妥協できないかと探ったふしがある。ウェブスター事件判決で著した同意意見のなかですでに、ロー事件判決を一気にくつがえすのには反対すると述べていた。スカリア判事が自身の同意意見に、そうした彼女の立場を「とても本気とは思えない」と記して攻撃したときには、かなり傷ついたという噂もある。

さらにオコナー判事は、女性である。明晰な頭脳をもちながら、自分の才能を職業人としてなかなか発揮できず、妻として母として仕事と家庭を両立させるのに多大なエネルギーを費やした。妊娠中絶には原則反対でも、ペンシルヴェニア州法が妊娠中絶を望む既婚女性に夫への通知義務を課すことに、この独立心旺盛な女性は本能的に反発したようだ。

ロー事件判決の基本的内容を維持しようではないかというスーター判事の呼びかけに、オコナー判事は最終的に同意したが、多数を占めるにはまだ一票足りない。そこで二人はケネディー判事の説得にとりかかる。

ケネディー判事もまた保守的思想の持ち主である。スカリア判事と同様カトリック教徒であり、個人的には妊娠中絶を認めない立場を取る。明るく外向的で、話し好きな性格もスカリア判事と似ている。しかも二人は誕生年が同じで、ハーバード・ロースクールにも同時期に在学していた。ウェブスター事件判決では、ロー事件判決を否定するレンクイスト判事の多数意見に賛成票を投じている。

しかしケネディー判事はスーター判事と異なり、最高裁判事として目立つのが嫌いではないらしい。自分の仕事に大きな使命感を有していて、その性格は彼のやや大げさな文章によく表れていると指摘する人もいる。スーター判事とオコナー判事が熱心に語るロー事件判決維持の歴史的意義に共感し、自らの立場を変更したのだという説があるが、本当のところはわからない。つまるところ、ケネディー判事は確固とした憲法理論を持ち合わせていないのだと批判する人も多い。

彼らがどのようにして合意に達したかはともかく、多数意見のうち、この三人がブラックマン、スティーブンズ両判事と意見を同じくした部分のみが、法的な拘束力を有することとなり、この結果、ロー事件判決の基本的部分は維持された。三人のうち一人でも合意に加わらなければ、完全にくつがえされていた。その差は紙一重であった。

ブッシュ政権期の最高裁判決

一九八九年一月から一九九三年一月までのブッシュ政権の期間中には、ウェブスター事件、ケーシー事件の他にも最高裁はさまざまな判決を下している。そのなかで、保守派と進歩派の対立が色濃く出ている判決を二つ取り上げよう。

一つはアメリカ国旗を燃やすことを犯罪とするテキサス州法を違憲と判断した、一九八九年のテキサス対ジョンソン事件判決である。国旗を燃やすことはその行為を通じて自分の政治的主張を表すものであり、これをその内容ゆえに禁止することは表現そのものを禁じることになる。したがって、言論の自由を保障する憲法修正第一条に違反する。法廷意見はそう説明した。判決は五対四の僅差であったが、興味深いことに、一般には政治的にも保守的だと思われているスカリア判事が、法廷意見に加わっている。判事は自らの政治信条に反する行為を、厳格な憲法の解釈によってあえて違憲と判断し法廷意見に加わったのであろう。

この判決は、保守派にとって我慢のできない内容であった。大多数のアメリカ人にとって国旗の毀損は許しがたい行為であり、テキサス事件判決は囂々《ごうごう》たる非難の嵐にさらされる。このため連邦議会は、この判決を踏まえた新しい国旗毀損禁止法を連邦法として制定したものの、最高裁はこれも一九九〇年の合衆国対アイクマン事件判決で違憲とした。この結果を受けて、保守派は国旗毀損を禁じる憲法改正をめざし、何回か改正案を議会に提出したものの両院での可決に至らず、二〇〇六年にはわずか一票の差で上院を通過せず、そのままになっている。

もう一つは、一九九〇年のクルーザン対ミズーリ州厚生局長事件判決である。最高裁は、事故で植物状態になった女性が元気なときに残していた意思に従って、医師が延命装置を取り外し死なせることを許可するには、「明確で説得力のある証拠を必要とする」と規定する州法を合憲とした。これも五対四の判決であった。

反対派は、これまで最高裁が判例で認めてきた避妊の自由や妊娠中絶の権利と同様、人には「プライバシーの権利」の一部として「死ぬ権利」がある、それに州が介入するのは憲法違反だと論じたが、最高裁の多数はこれを認めなかった。人には明確な意思の表明により治療を拒む権利はあるものの、それは無制限な憲法上の権利ではないというのが、法廷意見の内容である。スカリア判事は同意意見を著し、延命装置を外すことを無条件で認めるのは、自殺の自由を認めるに等しいとつけ加えた。「死ぬ権利」の問題は、妊娠中絶や同性愛の権利と同様、その後も論争が続いている。

第Ⅲ部　民主党政権下の司法——クリントン時代

第14章　クリントン政権誕生

一九九二年の大統領選挙

一九九二年六月に最高裁がケーシー事件判決を下したとき、アメリカではすでに予備選挙が終わり、七月の各党全国大会で正式に大統領候補を決定しようとしていた。ただし民主党の候補選びは、ここに至るまでやや特殊な展開を見せている。一九九一年二月、湾岸戦争がアメリカの完璧な勝利に終わったときには、ブッシュ大統領の再選はほぼ間違いないと考えられていた。戦争後の世論調査によれば、大統領は一時八九パーセントもの高支持率を獲得しており、誰が立候補しても勝てそうになかった。このため、本来なら大統領選挙への出馬が予想されたニューヨーク州のマリオ・クオモ知事など、数人の民主党の有力政治家がいち早く予備選挙不出馬の決定をする。

ところがその後、アメリカ経済の悪化とともに、ブッシュの支持率は急速に低下しはじめる。

皮肉なことにドイツ再統一が実現し、ソビエト連邦が崩壊し、さらに米軍を主力とする多国籍軍がイラクとの戦争に勝ってフセイン政権下のイラクが無力化されたため、人々はかえって外交安全保障問題に関心を失う。その結果、英雄ブッシュの神通力が効かなくなった。しかも既述のとおり、「決して増税はしない」と一九八八年の共和党全国大会で断言したにもかかわらず、一九九〇年、増税に踏み切ったため、保守派のブッシュ離れが起こった。保守派の支持を回復するため、大統領は本来の自分の思想よりも保守的な立場を取るが、今度はそれが穏健派共和党員を遠ざける。

この間、民主党の予備選挙を勝ちぬいて、一九九二年七月一六日、同党全国大会で大統領候補指名を勝ちとったのは、立候補するまで全国的にはほぼ無名であったアーカンソー州知事、ウィリアム・ジェファソン・クリントンである。彼はこれまでの民主党主流よりやや保守的な政策を打ち出し、穏健派の支持を得ようと努力する。新人候補とは思えないほど巧みな演説と政治力で、次第に支持率を高めた。同年八月二〇日の共和党全国大会で指名を獲得したブッシュ大統領、財政の健全化を訴え立候補した独立候補ロス・ペローと、一九九二年の秋を通じて激しい選挙戦を繰り広げた末、クリントンは一一月三日の本選挙で四五〇〇万票を獲得、三九〇〇万票を得たブッシュ現大統領を破って勝利する。選挙人獲得総数はクリントンが三七〇、ブッシュが一六八、ペローは〇《ゼロ》だった。ちなみに同時に行われた連邦議会選挙では、上院下院ともに民主党が多数を維持した。

戦後世代大統領の誕生

一九九三年一月二〇日、レンクイスト最高裁首席判事の司式のもと、ビル・クリントンは合衆国議事堂前で、第四二代アメリカ合衆国大統領に就任した。就任時四六歳というのは史上三番目の若さである。レーガン、ブッシュと三期共和党政権が続いたあと、カーター以来一二年ぶりで民主党の大統領が誕生した。

クリントンは共和党・民主党を問わず、それまでの数代の大統領とあらゆる意味で肌合いの異なる人物であった。初めての戦後生まれであり、第二次大戦の記憶がない。ベトナム戦争反対の運動が吹き荒れ、ヒッピーをはじめ極端な左派自由主義が跋扈した、一九六〇年代に青春時代を送った世代に属する。保守派の勢いが増す八〇年代から九〇年代のアメリカで大統領戦に出馬し、勝利を収めるために中道の姿勢を取ったが、その価値観や行動パターンは既成の社会秩序や規範に挑戦的であった。女性や黒人と対等に接し、同性愛その他の性愛に寛容、アメリカの伝統的歴史観に懐疑的、かつ宗教色が薄いといった、この世代に特有の性向を多分に有している。

ただカーターやレーガンなど、革新・保守を問わず鮮明な信念をいだく指導者と比べると、クリントン大統領の政治信条ははっきりしないところが多い。もともと特定のイデオロギーをもたず、そのときどきで情勢を見ながら立場を決めるのだと評する人さえいる。よく言えば柔軟な思考ができる人であり、悪く言えば日和見主義者である。

さらにクリントンは、道徳的、人格的にしばしば疑問符のつく政治家であった。イギリス留学中マリファナをやったことを認めている（口に入れただけで吸っていないと弁明）。徴兵をうまく逃れたとも批判されたし（ブッシュ〈息子〉大統領も同じ批判を受けた）、知事時代には汚職の疑いがあった。女性関係に関する噂も絶えなかった。クリントンはどこか影のある、複雑な性格の人物である。その背景には、母親の妊娠中に実の父親が交通事故で死去し、母親の再婚相手である義父がアルコール依存症でしばしば暴力をふるった、複雑な家庭環境があるともいわれる。

そうした多くの問題を抱えながら、クリントンは弁舌さわやかで、天才的な政治センスを有していた。ジョージタウン大学からローズ・スカラーに選ばれてイギリスへ留学し、イェール大学ロースクールを卒業。史上最年少の三二歳でアーカンソー州知事になったこの頭脳明晰な政治家に、多くのアメリカ人が魅了され、ついに大統領に選出される。

クリントン政権第一期の出発

クリントン政権第一期の出だしは決して順調でなかった。女性初の司法長官任命をめぐる混乱、同性愛者の軍入隊を認めるという公約の撤回、トラベルゲート事件、フォスター大統領次席法律顧問の自殺などが続く（註1）。

このような現象は、民主党が長く政権から離れていたためワシントンでの政治に不慣れだったことに、一つの原因がある。特にフォスターはじめ、クリントンがアーカンソーから連れてきたスタッフは、ワシントンで相当苦労したようだ。

政権初期の大きな試練は、一九九三年一〇月三日のソマリアの首都モガディシュでの戦闘であった。前年一一月、ブッシュ政権は内戦の続くソマリアの秩序回復と援助物資分配支援のため、アメリカ軍派遣を決定する。前政権の政策を引き継いだクリントン政権が今後の方針について模索しているうちに、ソマリア民兵指導者捕獲作戦に出動したアメリカ軍のヘリコプター二機がモガディシュで撃墜され、アメリカ軍兵士一八人が殺された。暴徒が彼らの死体を引きずり回す凄惨な情景がテレビで報道されるや、国内世論は完全に内向きになり、一九九四年春、米軍はソマリアから撤退する（註2）。

一方、内政面での最大の試練は、医療保険制度の改革である（註3）。政権発足直後、クリントン大統領はヒラリー夫人を長とする特別委員会を発足させて検討にあたらせる。そして委員会がまとめた改革案をベースにして、一九九三年一一月、従業員の医療保険料の八〇パーセントを雇用主が負担する仕組みを骨子とする法案が提出された。

これに対し全国で強い反対が巻きおこる。共和党は、国家が国民に医療保険加入を義務づけるのは連邦政府のさらなる肥大であり「小さな政府」の理念に反するとして、反対運動を展開する。特別委員会の委員長をつとめたヒラリーの強引なやり方に対する反発も強く、政府職員ではないファーストレディーが医療保険制度改革委員会の長をつとめるのは法律違反だとする訴訟さえ提起された。結局この医療改革法案は、一九九四年九月に廃案となる。政権にとって大きな挫折であった（註4）。

こうしたなかで行われた新しい最高裁判事の指名と任命の過程も、クリントン政権初期の混乱の一つに数えられるだろう。

第15章　クリントン大統領、最高裁判事を任命する

ホワイト判事辞任と新判事の選定

話を戻すと、一九九二年の大統領選挙では、妊娠中絶の是非も主要争点の一つであった。ブッシュ大統領は保守派の支持を取り戻すために、中絶の合法化に絶対反対の立場を取る。これに対し経済問題で比較的中道的な立場を維持したクリントン候補は、中絶に関しては進歩的な民主党員の支持をつなぎとめるために最高裁のロー事件判決を支持し、女性が中絶を選択する憲法上の権利を守ると明言した。したがって、プロライフの運動家たちはブッシュ候補を支持、プロチョイスの活動家らはクリントン候補を支持と、明確に分かれる。

ケーシー事件判決が下されてから五カ月後の大統領選挙で、妊娠中絶の問題がどれだけ有権者の投票に影響したかは、さまざまな調査結果があるものの、はっきりしない。しかしクリントン勝利という大統領選挙の結果は、妊娠中絶をめぐる憲法上の争いに決定的な影響を与えた。選挙

運動中の公約をみても、クリントン新大統領がロー事件判決をくつがえす可能性のある人物を最高裁判事に指名することは、ありえなかった。それは一二年間続いた共和党政権のもとで進んだ最高裁の保守化が、ひとまず止まったことを意味した。新大統領の任期中、少なくとも四年（実際には八年間）、ロー事件判決がくつがえされる恐れはなくなった。

新しい判事任命の機会は存外すぐに訪れる。新大統領就任からわずか二カ月後の三月一九日の朝、バイロン・ホワイト最高裁判事がかつて自分の助手をつとめたホワイトハウスのロイヤー、ロン・クレインを最高裁の執務室に招き、大統領へ辞任を通知する書簡を手渡した。驚いたクレインはあわてて部屋を飛び出し、タクシーでホワイトハウスへ駆けもどった。

ケネディー大統領に任命されたホワイト判事は、比較的保守的な司法観の持ち主である。ケネディー政権時代、ロバート・ケネディー司法長官のもと司法省のロイヤーとして公民権法の制定に尽力し、最高裁判事としても人種差別には厳しくあたった。しかし、憲法解釈一般においては厳格で抑制的な立場をとり、ロー対ウェード事件判決では女性が妊娠中絶を行う権利は憲法のどこにも見いだせないとして、レンクイスト判事とともに反対意見を著す。最高裁に一人だけ残った民主党大統領任命の判事ではあるが、ホワイト判事の辞任はさらに進歩的な判事の任命に道を開くものだった。民主党の大統領が最高裁判事を選ぶのは、一九六七年にジョンソン大統領がマーシャル判事を任命して以来である。実に一六年ぶりで民主党の大統領に、最高裁の方向性を変える機会が訪れた。

ところが、新しい判事指名はなかなかうまくいかない。大統領は新判事の候補者を検討する翌日の会議で、大物政治家の起用を指示した。憲法の専門家である学者や判事は一般民衆にわかりにくい難しい論争を繰り広げるが、現実の世の中を知らない。最高裁判事には正しい判決を下すだけでなく、国民の心を動かし他の判事を説得できる人がいい。カリフォルニア州知事から転じたウォレン元首席判事のような人物を任命したい。大統領はそう述べた。この結果、筆頭候補に挙げられたのが、法律家出身のニューヨーク州知事、マリオ・クオモである。

クオモ知事は民主党の有力な政治家で、イタリアからの移民の息子としてニューヨークで生まれた。その思想は明確なリベラルであり、法廷弁護士として活躍したあと、一九八三年から一九九四年まで一一年間ニューヨーク州知事をつとめる。一九八四年、民主党全国大会でのスピーチで全国的注目を浴び何度か大統領候補として取りざたされたが、結局一度も出馬しなかった。

クリントンが大統領選最大のライバルであったこのクオモを最高裁判事に指名しようとしたのは、もしかしたら二期目の続投をめざす一九九六年の選挙での挑戦を恐れたのかもしれない。ところがここでクオモの逡巡ぐせが出て、大統領の指名を断る（註5）。

政治家をあきらめきれないクリントン大統領は、連邦地区裁判所判事の経歴をもつジョージ・ミッチェル上院院内総務、前サウスカロライナ州知事でクリントン政権の教育長官に就任したリチャード・ライリー、アリゾナ州知事をつとめたあと内務長官として政権に加わったブルース・バビットを検討するが、うまくいかない。それではと下級審の判事に対象を広げたものの、これぞという人が見つからない。エドワード・ケネディー上院議員が推したボストンの第一巡回区連邦控訴裁判所首席判事、スティーブン・ブライヤーは大統領との面接まで進んだが、納税の記録が混乱していて指名に至らない。あれやこれやで一ヵ月以上が経ち、任命されたばかりのリノ司法長官が勧めるギンズバーグ判事が、最後に本命として登場した。

ギンズバーグ判事の任命

ルース・ベーダー・ギンズバーグは、一九三三年にニューヨークのブルックリンでユダヤ人家庭に生まれた（註6）。地元の公立高校からコーネル大学に進む。ここで知り合い結婚した夫のマーティン・ギンズバーグとともに、一九五六年、ハーバード・ロースクールへ進学した。当時五〇〇人の学生中、女性は九人しかいなかったという。夫のニューヨークでの就職を機にコロンビア大学のロースクールへ編入し、トップの成績で卒業する。

その間ロースクール在学中に娘が生まれたあと、夫が癌を発症する。彼女は赤ん坊の面倒をみ、夫の看病をしながら法律の勉強を続け、授業に出られない夫のために講義のノートをとり、論文をタイプし、しかも学内法律雑誌の編集委員（優等生のみが選ばれる）をつとめた。幼いときに姉を癌で亡くし、大学進学前に母親も癌で亡くしていたのに、いままた夫が癌になり、最高裁判事になってから自らも癌で闘病を余儀なくされる。

ロースクール卒業後、一九六三年からラトガース大学とコロンビア大学ロースクールで教えた。一九七三年にはアメリカ自由人権協会（ACLU）の法律顧問に就任、一貫して女性の権利向上に訴訟を通じて取り組む。女性差別に関するいくつかの有名な憲法訴訟で原告の代理人をつとめ、憲法修正第一四条を根拠に女性差別を違憲とする画期的な判決多数を、最高裁から勝ちとった。

その後一九八〇年に、カーター大統領によってコロンビア特別区連邦控訴裁判所の判事に任命された。この裁判所では一九八六年までスカリア判事が同僚であり、二人は進歩派と保守派という立場の違いがありながら仲がよかった。最高裁で再び同僚になってからも、ケネディーセンターでのワシントンオペラの公演に、端役でたびたび一緒に登場している。ギンズバーグ判事は、スカリア判事の明るい人柄とユーモアのセンスを愛した。

リノ司法長官がギンズバーグ控訴裁判事を推薦したとき、クリントン大統領はそれほど乗り気ではなかったようだ。彼女は、当初大統領が任命したいと考えた雄弁な政治家タイプの法律家とは、およそ正反対の人物であった。小柄で無口で、内省的である。冷たい印象を与える。法律の仕事以外したことがない。しかしいつまでも最高裁判事が決まらないのは、ホワイトハウスにとって決して好ましいことではない。すでに年齢が六〇歳であるのは不利だったが、最高裁判事として必要な能力を備え、女性であり進歩派である候補は、彼女しかいない。

民主党政権にとってやや気がかりであったのは、ギンズバーグが連邦控訴裁判事時代、刑事事件などで比較的保守的な判決を、当時同僚であったボーク判事、スカリア判事とともに下していることであった。しかし女性の権利に関してはきわめて進歩的であり、妊娠中絶の禁止が女性を差別するものだとしてロー事件判決を支持していた。それにやや保守的な傾向は、共和党議員が支持しやすいことを意味する。また彼女の納税記録は完璧で問題がなかった。夫が優秀な税法のロイヤーであっただけのことはある。クリントン大統領はともかく、ギンズバーグを面接することに決めた。

六月一三日朝の会見で、この小柄で無口な女性判事は、若いときに亡くした母親のこと、同じ癌であやうく命を落としそうになった夫のこと、女性の権利向上に尽くしたことを静かに語り、大統領に強い印象を残した。翌一四日、大統領はギンズバーグ判事の指名を全米に発表する。ホワイト判事の辞表提出からほぼ三ヵ月が経っていた（註7）。

ギンズバーグ判事の任命に関する上院司法委員会の公聴会は、おおむね順調に進んだ。彼女は、自分の司法観、憲法観について多くを語ろうとしなかった。自らの主張を出しすぎて同意を逃したボーク判事公聴会の記憶がまだ新しかった。結局、議会上院は九六対三の投票で、ギンズバーグ判事の最高裁判事任命に同意する。そして一九九三年八月一〇日、彼女は宣誓を行って最高裁判事に就任した。一九六九年にフォータス判事が辞任して以来、初めてのユダヤ系最高裁判事であった。

こうして史上二人目の女性最高裁判事が登場した。ホワイト判事の後任に誰が選ばれるか、かなりの混乱があったものの、最終的には女性の権利拡大に熱心なギンズバーグ判事が任命された。ロー事件判決に反対のホワイト判事が、ロー判決を支持するのがほぼ確実なギンズバーグ判事に交代した意義は大きかった。

ブライヤー判事の任命

ギンズバーグ判事が一九九三年八月に最高裁判事へ就任してから八ヵ月後の一九九四年四月六日、今度はハリー・ブラックマン判事が引退を表明した。女性には妊娠中絶を行う憲法上の権利がある。そう宣言するロー対ウェード事件判決の法廷意見を著し一躍有名になったこの判事は、そのために各方面から批判され中傷を受ける。次第に保守化する最高裁のなかでなかば孤立しながら、プロチョイスの立場を頑なに守ってきた。一九九二年のケーシー事件判決では反対意見を著し、ロー事件判決が認めた女性の権利をいささかたりとも奪ってはならないと熱弁をふるった。同意見のなかで「私もすでに八三歳であり、永久にこの裁判所へ留まることはできない」と述べた判事は、さらに二つ年齢を重ね八五歳になっていた。しかしケーシー事件判決では五対四の票で辛うじてロー事件判決の中核部分が守られたし、さらに同判決を基本的に支持するギンズバーグ判事の任命は六対三でプロチョイス派が優勢になったことを意味した。クリントン大統領もプロチョイス派である。辞めるなら今だ。そう考えたのか、とうとう引退を決意した。

ホワイト判事引退のときと同様、クリントン大統領はまず政治家出身の候補を探した。しかしミッチェル上院議員に再び断られ、バビット長官も結局身を引く。政治家をあきらめると、次に自らの出身地アーカンソー州リトルロックに置かれる第五巡回区連邦控訴裁判事であるリチャード・アーノルドの指名を望んだ。イェール大学の学部とハーバード・ロースクールを一番の成績で卒業。ブレナン最高裁判事の助手をつとめ、アーカンソー州憲法を起草し、判事として公平な判決を下す。穏健で党派を問わず尊敬されるアーノルド判事は、能力人格とも申し分ない候補であった。ホワイト判事の後任としても検討されたが、そのときはアーカンソー州出身者ばかりを登用することに批判が集まるのを恐れ、候補にされなかった。しかし今回改めて、この穏健な判事であれば上院の同意獲得は間違いないと判断される。ロースクールの同級生で異なる司法観をもつスカリア判事でさえアーノルド判事に電話をかけ、「君が最悪の候補だと僕が言ったら、上院の同意が得られやすくなるかね」とジョークを飛ばし、就任を支持したという。

ただし同判事は癌の既往歴があった。元気に活躍してはいたものの、判事の了解を得て行われた専門家の診断の結果、癌は進行性で任に堪えないとの結論が出る。同判事を尊敬するクリントンは、本人が結果を知らされたあとに医師からの報告を受け、最高裁判事候補に指名しないことを泣きながら判事に知らせたという。最高裁の歴史を通じて、間違いなく優れた候補でありながら、さまざまな事情で就任できなかった人がいる。アーノルドもその一人である。この判事が元気であったら、最高裁はまた違う方向に進んでいたかもしれない。

アーノルド判事の診断結果を医師から知らされた五月一三日の午後、クリントン大統領は最終的にブライヤー連邦控訴裁判事の指名を発表する。ホワイト判事の後任としても検討されたこの判事を、エドワード・ケネディー上院議員が再度推した。クリントンはそれほどこの判事任命に乗り気でなかったようだが、他に有力な候補は見当たらず、前回任命に多大な時間がかかったことを考慮してすぐにこの発表がなされた。ブラックマン判事の引退発表から三八日目の発表は、ホワイト判事の引退表明からギンズバーグ判事指名発表までの八七日より、はるかに短かった。

ブライヤー判事もアーノルド判事に劣らず申し分のない経歴を有する。一九三八年にサンフランシスコで生まれ、就任当時五五歳。スタンフォード大学を卒業、マーシャル奨学生としてオックスフォード大学モードリン・カレッジへ留学し、それからハーバード・ロースクールへ進学。準最優等で卒業したあと、一九六四年から六五年にゴールドバーグ最高裁判事の助手として働き、司法省のロイヤーとしてウォーターゲート事件の特別検察官補をつとめた。一九七〇年代には連邦議会上院司法委員会の法律顧問として活躍し、委員長ケネディー上院議員の知己を得る。また一九六七年から一九九四年まではハーバード・ロースクールの教授として教壇に立ち、行政法を教えた。

一九八〇年、カーター大統領によってボストンの第一巡回区連邦控訴裁判事に任命され、一九九〇年から一九九四年に最高裁判事に就任するまで、その首席判事をつとめる。ちなみにユダヤ系のブライヤーが任命された最高裁判事のポジションは、カルドゾ、フランクファーター、ゴールドバーグ、フォータスと、前任のブラックマン判事を除いてユダヤ人が継いできた。最高裁の人事にも、微妙なところで人種や宗教が考慮されている。

上院司法委員会での公聴会では、特に大きな問題はなかった。ブライヤー判事は多くの人から好かれる、明るく楽観的な性格の持ち主である。連邦議会で働いた経験から、議会の意向を最大限尊重する実際的で穏健な判事として知られていた。大多数の社会問題は議会の多数決によって政治的に解決されるべきだとの信念は、スカリア判事など司法保守派と共通している。ただしこの判事は、連邦政府の一翼を担う連邦最高裁もまた、国民の意思を汲み、立法目的を考慮して、やや踏みこんだ憲法解釈をすべきであると信じている。その司法観は、裁判官が特定の価値実現をめざしてはならない、憲法はその条文と制定者が理解し意図した条文の意味のみにもとづいて解釈すべきだとするスカリア判事の立場と、対象的である。

議会での審議でそうした司法観の違いは特に問題とはならず、民主党が多数を占める上院本会議は八七対九の票決でブライヤー判事の任命に同意、判事は一九九四年八月三日、最高裁判事に就任した。クリントン大統領は二人目の最高裁判事任命に成功した。

就任からわずか一年三カ月でクリントン大統領は最高裁判事を二人任命した。ただし他の六人は、間もなく七四歳になるスティーブンズ判事を除けば、比較的若かった。そのため、最終的に二期八年つとめたにもかかわらず、同大統領はその後一人も任命する機会を得ない。実際二〇〇五年にブッシュ（息子）大統領がロバーツ判事を任命するまで最高裁には一人も欠員が出ず、ブライヤー判事任命から一一年間顔ぶれが変わらなかった。

第16章　ロペズ事件判決と司法保守派の新たな攻勢

合衆国対ロペズ事件

クリントン政権のもとで新しい判事が二人任命されたために、最高裁における保守派判事と進歩派判事のバランスが変化した。新政権発足前には妊娠中絶の問題について五対四で辛うじてプロチョイス派が多数を占めるところまで保守派判事が進歩派判事を追いこんだのに、ギンズバーグ判事とブライヤー判事の任命で六対三とプロチョイス派の優位が復活する。

ただし最高裁における保守派判事と進歩派判事の力のバランスが、すべてロー対ウェード事件判決への賛否ではかれるわけではない。司法保守派は妊娠中絶の権利以外にかかわる先例をも問題にした。ウォレン・コート以来下された進歩的な憲法判決は、政教分離、信教の自由、言論の自由、銃所有の権利、刑事事件被疑者の権利、連邦と州の権限の境など、他の分野にも及んでいる。こうした異なる分野の事件に判断を下すにあたっては、たとえば個人の人権については憲法を広く解釈して新しい権利を認めるのをためらわない判事が、連邦制度のあり方などについては憲法の条文どおりに解釈する例もみられた。ロー事件判決の中核部分をケーシー事件判決で擁護した中道派のなかにも、問題によっては保守的な憲法解釈をする判事がいた。したがって保守派と進歩派の力のバランスは、分野ごとに検討せねばならない。なかでも憲法の通商条項の解釈をめぐって、進歩派と保守派のあいだには古くから対立が存在し、これまで判決が二転三転してきた経緯がある。そしてこの問題に関し、一九九五年に画期的な判決が下される。合衆国対ロペズ事件判決である。

テキサス州サンアントニオのエジソン公立高校へ通う一二年生（日本の高校三年生にあたる）の少年アルフォンソ・ロペズは、一九九二年三月一〇日、登校時に三八口径のピストルと実弾五発を所持しているのを発見された。少年はその場で逮捕され、学校敷地内での銃器所持を禁じるテキサス州法の規定にもとづき起訴される。日本人の感覚からすると仰天すべき事件であるが、アメリカでは生徒が学校に銃を持ってきたり発砲することがあり、現在でも深刻な社会問題となっている。一九九九年にはコロラド州コロンバイン高校で二人の高校生が生徒一二人と教員一人を射殺して自ら命を絶ち、二〇〇七年には二三歳の学生がヴァージニア州立工科大学で三三人の学生と教員を射殺したあと自殺した。二〇一二年にはコネティカット州サンディーフック小学校で二〇歳の男が学校に侵入し、小学一年生二〇人と校長を含む六人の教員を射殺して自殺するという事件が起こり、全米に衝撃を与えた。

州法のもとでのロペズ少年の起訴は、翌日になって取り消された。その代わりに一九九〇年に制定された「学校および学校周辺からの銃器追放法」という連邦法にもとづき、改めて起訴される。連邦地裁での第一審裁判で、ロペズの弁護人はこの連邦法が憲法の通商条項に違反するため無効であり、被告は無罪だと主張する。担当判事はこの主張を退け、未成年のロペズを六週間の保護観察処分に付した。この処分によって希望する海兵隊入隊が不可能になることを知ったロペズは、控訴する。第五巡回区連邦控訴裁はロペズの主張を認め、原審を破棄。このため合衆国が連邦最高裁に対し、上告許可請願を行い、認められる。こうして地方高校の目立たない事件が、憲法訴訟として一躍注目を浴びる。

そもそも学校に銃を持ちこむという明らかに好ましくない行為を禁じる連邦法が、どうして違憲でありうるのか。そう主張するのがなぜ可能なのか。それを理解するには、憲法の通商条項とその歴史について少々説明せねばならない。

通商条項解釈の歴史

一七八七年に開かれた憲法制定会議では、新しく創設する合衆国政府にどのような権限を与えるかがもっとも重要な議題であった。連邦政府に包括的な権限を与える当初の憲法草案は、それまで実質的に独立国であった州の権限を大幅に制限することになる。それではとても合意できないと、各州の代表が強く反対した。さまざまな意見が交わされた末に、最終草案では連邦議会に与える個別の権限を第一条八節に列挙して示し、それ以外の権限は州と人々（the people）が引きつづき保持することになった。今日に至るまでアメリカという国で州が独自の強い権限を保持しているのは、このためである。

この列挙された権限の一つが、第一条八節三項に規定した通商を規制する権限である。より正確に記せば、連邦議会はこのいわゆる通商条項のもとで、「外国との通商」、「州と州のあいだの通商」そして「インディアン諸部族との通商」を規制し、法律を制定する権限を有する。独立以後、各州がばらばらに通商規制を行うようになると、外国との貿易ならびに国内の通商が混乱し、アメリカが単一市場として機能しなくなった。本条項はこの弊害を除去するために制定されたものである。

しかし通商条項の規定は簡略であったため、それが具体的に何を意味するのかは必ずしも明確ではなかった。この条項の解釈を初めて体系的に示したのは、一八二四年に連邦最高裁が下したギボンズ対オグデン事件判決である。マンハッタンとニュージャージーのあいだで蒸気船のフェリーを運航するオグデンという人物が、ほぼ同じ航路でフェリー運航を開始したギボンズを相手どって訴訟を提起し、ギボンズのフェリー運航差止めを求めた。自分がニューヨーク州から与えられたフェリー運航の独占権を、ギボンズは侵害している。それがオグデンの言い分である。この事件を連邦最高裁が取り上げ、オグデンの独占権は連邦憲法の通商条項に違反しており無効であるとの判決を下す。

本判決で法廷意見を著したのは、初期の最高裁を引っ張り、その権威を確立したことで知られるジョン・マーシャル首席判事である。彼はフェリーの運航による人や物資の移動は憲法が規定する通商の範囲に含まれ、ニューヨーク州の一部であるマンハッタン島とニュージャージー州の港のあいだのフェリー運航は「州と州のあいだの通商（州際通商）」にあたる。そしてアメリカ合衆国を単一市場として機能させるために州間の障壁をなくすという通商条項の制定理由からして、「州と州のあいだの通商」の規制権は連邦政府が専一に有するものである。ニューヨーク州がフェリー運航の独占権を原告に与えたのは、その趣旨に反し憲法の規定に反する。したがって当該独占権は無効であると、順々に論じた。この判決によって、アメリカ合衆国は州の介入や規制から自由な、真の意味での単一の市場となる。この判決がなければアメリカは今日の偉大な商業国家にはならなかった。そう主張する憲法学者もいる。

ギボンズ対オグデン事件判決の内容は、その後長いあいだ通商条項の基本的解釈として守られる。しかし一九世紀後半になると、この条項のもとで連邦政府が規制しうる活動の範囲がしばしば問題になった。条文を厳密に解釈すれば規制の対象は通商そのものでなければいけないし、州と州のあいだの通商でなければならない。純粋に州内で行われる鉱工業活動や、州内で完全に完結する通商活動を、連邦政府は通商条項を根拠に規制できない。しかし判例を通じて、この条項は少しずつ拡大解釈されるようになる。たとえば連邦政府が通商条項のもとで制定した法律により、ある州内の鉄道運賃の上限を規制するのは合憲だとの解釈がなされる。州内の鉄道運賃設定は、州と州のあいだに列車を走らせるという通商活動に「直接の」影響を与えるからだとされた。

通商条項の解釈が拡大した背景には、アメリカ経済が飛躍的に発展し、商工業活動が全国的規模で行われるようになった事情がある。それにともなって、連邦政府が私企業の商工業活動を共通のルールで一律に規制する必要性が増大した。たとえば一八八七年に制定された州際通商法による全国的な鉄道運賃の規制や、一八九〇年に制定されたシャーマン独占禁止法による大企業の独占や寡占の規制は、その代表である。けれども、通商条項を根拠とする規制の対象は、あくまでも通商活動そのもの、あるいは通商活動に直接の影響を与える経済活動に限られていた。それが大幅に変化したのは、一九二〇年代末から一九三〇年代にかけての大恐慌の時代である。

一九三七年の憲法革命

合衆国憲法の歴史には何度か大きな転換点があった。国のかたちが大きく変化し、憲法の内容や解釈が変わった。そもそも王政を否定して始まった宗主国イギリスとの戦争ならびに一三州の独立は、英国王を戴く立憲君主体制からの離脱という意味で、アメリカ初の「憲法革命」に他ならない。独立した一三州のあいだで結ばれた連合規約を廃し、合衆国憲法を制定して新しい連邦政府を樹立したのもまた、憲法の重大な改変と呼んでよい。南部諸州の連邦脱退によって勃発した南北戦争は憲政の一大危機であったし、戦後行われた三つの憲法修正は連邦と州の関係を大きく変えた(註8)。一九三五年から一九三七年にかけて起きた、通商条項の解釈をめぐる大統領・議会と最高裁の対立も憲法史上の大事件であり、これもまた「憲法革命」と呼ぶ学者がいる。

一九二九年に発生した大恐慌は、五千もの銀行が破綻し、工業生産が半分以下となり、国民の四分の一が失業する、アメリカ史上未曾有の深刻な経済危機であった。この危機は連邦政府による経済活動への徹底的介入によって乗りきるしかない。一九三三年三月に就任したフランクリン・ローズヴェルト新大統領は、そう確信して「ニューディール」と呼ばれる一連の大胆な政策を打ち出す。

これらの政策を実施するため、民主党が多数をにぎる連邦議会が法律制定の根拠としてしばしば用いたのが、通商条項である。たとえば一九三三年六月の全国産業復興法（NIRA）は、本条項をゆるやかに解釈して、それまでの連邦法とは比較にならないほど広範かつ強大な権限を連邦政府に与えた（註9）。

ニューディールに対しては反発も強かった。これらの法律は違憲だとして、いくつもの訴訟が提起される。上告を受けた合衆国最高裁は一九三五年から三六年にかけて、ニューディール政策の根幹となる重要な法律を次々に違憲無効と判断する。生産量や製品価格、賃金水準等の規制は通商そのものの規制ではないし、通商に直接影響を与える活動の規制でもない、というのがその理由である。ニューディール関連法の合憲性が問われた一〇の事件中、実に八件で違憲判決が下された。

たとえば全員一致でNIRAを違憲とした一九三五年のシェクター対合衆国事件の判決で、最高裁は次のように判断する。連邦政府が行使できるのは憲法に列挙された権限に限られ、それ以外の権限行使は許されない。NIRAはその制定根拠を通商条項に置いているが、本条項の規制対象は外国、インディアン諸部族との通商以外は州際通商のみであり、本事件で規制の対象とされる一州内での鶏肉処理や販売は州際通商ではない。したがって違憲である。他の判決でも、いくつかの連邦法や州法が、通商条項あるいは憲法修正第五条と第一四条の一部をなすデュープロセス条項に反するという理由で違憲とされた。

これら一連の違憲判決にローズヴェルト大統領はいらだつ。国家の危機に直面してそんな理屈を言っている余裕はない。大統領は最高裁の一連の判決を公然と非難した。そして再選を果たして間もない一九三七年二月、七〇歳に達した最高裁判事が辞任しない場合、大統領は新しい判事を六人まで任命できるとする法律の制定を議会に要請する。当時九人の最高裁判事のうち六人が七〇歳を超えており、そのうちの五人が政府の権限を制限する伝統的な憲法解釈に特にこだわっていた。彼らが最高裁に残っても、通商条項やデュープロセス条項の解釈変更を是とする判事の数を増やせば違憲判決を防げる。大統領の提案は、七〇歳を超えた判事は耄碌《もうろく》して正しい判断ができないといわんばかりであった。最高裁は「コート・パッキング・プラン（判事押しこみ計画）」と呼ばれるこの動きに強く反発し、反論を試みる。大統領と最高裁が真っ向から対立し、憲政上の危機が生じた。

興味深いことに、議会は民主党が圧倒的多数を占めるにもかかわらず、結局、同法案を可決しなかった。最高裁の定員増によって大統領が最高裁判決の行方を左右できるようになれば、司法の独立が失われ、三権分立というアメリカ憲法のもっとも重要な仕組みが大きく損なわれる。大統領への過度の権限集中は独裁につながりかねない。議会はそう判断して、同年七月にこの法律制定を拒否したのである。憲政の危機はこうして乗りこえられた。

一方、最高裁は一九三七年三月、突如これまでの解釈を変える。ウェストコーストホテル対パリッシュ事件判決で、ワシントン州の最低賃金法を合憲とする判断を示し、デュープロセス条項にもとづき財産権の保護や契約の自由を重んじるそれまでの一連の判決をくつがえしたのである。

その二週間後、通商条項を根拠に制定された全国労使関係法の合憲性についても、最高裁は新たな判断を示す。全国労使関係委員会対ジョーンズ・ラクラン製鉄会社事件判決で、規制対象である経済活動が州際通商そのものではない場合、州際通商に「直接の影響」を及ぼさないかぎり、連邦政府は規制できないというこれまでの解釈をゆるめ、「サブスタンシャル」、すなわち「相当の」影響があれば規制は許されるという大きな解釈変更がなされた。そして労働者の待遇改善は州間の通商に相当の影響を及ぼすがゆえに、全国労使関係法を通商条項にもとづいて制定するのは合憲だと判示した。

その後、高齢の判事が次々に引退し、ニューディール支持の判事が代わりに任命され、一九四二年までには新しい憲法解釈がほぼ定着する。そして経済活動に関連する法律に関しては、その制定にある程度の合理性があれば、最高裁は当該法を合憲とするようになった。この結果、一九三七年の憲法革命は、第二次大戦から戦後にかけての連邦政府権限拡大にも正統性を与えた。通商条項は著しく拡大解釈されるようになり、連邦政府の規制権限を事実上制限しない。ロペズ判決が下されるまで、それが最高裁の立場であり一般的な理解であった。

合衆国対ロペズ事件判決

一九九五年の合衆国ロペズ事件判決では、通商条項の意味が改めて検討された。最高裁は学校にピストルを持ちこみ、「学校および学校周辺からの銃器追放法」違反の容疑で起訴された少年ロペズを有罪とする下級審の判決を破棄し、同連邦法を違憲無効とした。判決は五対四の僅差であった。一九三七年以来変わることのなかった通商条項の解釈は変更されたのか。判決の意味について憲法学者のあいだで活発な論争が始まった。

法廷意見を著したのはレンクイスト首席判事である。判事はまず、憲法は連邦議会の権限を列挙していることを指摘し、その理由は権限の限定によって人々の自由を守るためであることを再確認する。そして憲法史を振り返り、一九三七年以後の憲法解釈変更によって連邦政府は州際通商に「相当の影響」を与える経済活動を規制することができるようになったけれども、それは連邦政府が、個人や企業に対する無制限の規制権限を得たことを意味しないと念を押した。

レンクイスト首席判事は、まず規制の対象はあくまで経済活動であらねばならないと強調する。またそうした経済活動は「相当の影響」を実際に州際通商へ与えねばならない。学校地域での銃器所持はいかなる意味でも経済活動でないし、そうした銃器所持が州際通商に「相当の影響」を与えるとは言えない。

本事件の当事者である合衆国政府は、学校での銃器所持が州際通商に「相当の影響」を与えるかどうかは議会が判断することがらであり、司法が口を出すべきものではないと主張する。しかしそれを言うなら伝統的に州が規制してきた犯罪のみならず、結婚や離婚、教育もまた、州際通商に影響を与えると言えるだろう。市民のあらゆる活動を連邦政府が直接規制できるようになり、州と連邦のあいだで権限を分担する意味がなくなる。それは連邦制度を設けた憲法制定者の意図に反するものであり、したがってこの法律は違憲無効である。

首席判事の法廷意見は、一九三七年以降適用されてきた通商条項の解釈基準を否定したものではない。実際同判事も認めているとおり、この基準のもとで規制可能な法律とそうでない法律のあいだに明確な線を引くのは難しい。それでも連邦政府の権限には限度があり、通商条項を根拠とした連邦政府による無制限な規制はこれ以上許すべきでない。判事はそう言いたかったようである。

これに対し、同意意見を著したトマス判事はさらに一歩踏みこみ、一九三七年以降の最高裁による通商条項解釈は間違っていると言いきる。そもそも憲法の文言と制定者の意図からして、憲法が想定した通商は、製品の売買、取引、輸送を行う活動の総称であり、鉱工業、農業などによる生産活動とは区別されるべき概念である。したがってどれほど「相当の」影響を州際通商に与えようが、通商条項にもとづいて生産活動など通商以外の活動を規制するのはそもそも許されない。もしそのような拡大解釈が憲法一条八節一八項の「必要かつ適切」条項によって許されるなら、連邦政府はありとあらゆる活動を規制できることになり、同じ八節で、憲法が連邦政府に通貨の発行、通貨偽造の処罰、度量衡の設定など、通商に大きな影響を与えるその他活動の規制権を別途規定する意味がなくなる。

この解釈にもとづく一九三七年以降の最高裁による通商条項解釈は、憲法制定者の意図に反するものであり、こうした間違った解釈は将来正すべきものだと考える。ただしこれまでの六〇年間に、この解釈にもとづく判決が多数下されており、先例として定着し、人々が依存している。したがって、これら先例をただちに無効にするのは実際的でないことを認める。トマス判事はこう論じた。

法廷意見に賛成したのは、オコナー、スカリア、ケネディー、トマスの四判事である。妊娠中絶の権利に関するケーシー事件判決でロー事件判決擁護に回ったオコナー判事とケネディー判事が、この事件では保守派のレンクイスト、スカリア、トマス判事に同調し、多数を形成した。

一方、スティーブンズ、スーター、ギンズバーグ、ブライヤーの四人の判事が反対票を投じた。ブライヤー判事は反対意見のなかで、この事件で最高裁が判断すべき争点は、学校における銃器所持が州際通商に「相当の影響」を実際に与えるかどうかではなく、州際通商に「相当の影響」を与えると連邦議会が判断するのに合理的な根拠があるかどうかである。もちろん議会がそう判断して制定する法律がすべて合憲であるとは言わない。しかしこの事件の場合、学校への銃器持ちこみの広がりは暴力犯罪につながり、教育の質やあり方に大きな影響を与える。それが経済活動一般に影響し、ひいては州際通商を妨げると議会が判断するのは、十分に合理的である。多数意見は六〇年間安定していた通商条項の解釈と矛盾し、これまでの憲法解釈を不安定なものにするゆえに好ましくない。そう主張した。

ロペズ事件判決は、一九八〇年以降の司法保守化の運動にとって大きな意義があった。ニューディール以来の連邦政府の権限拡大、特に民主党政権の主導によって戦後弾みがついた大きな政府による福祉国家実現の動きに保守派は反発し、限定された権限しか行使できない、憲法制定者が意図した小さな政府の実現をめざしてきた。通商条項を憲法制定時まで戻って解釈し直すのは、その有力な一手段となりうる。ロペズ事件判決は、そうした保守派の動きに合致し、彼らの期待にある程度応えるものであった。逆に進歩派は本判決に危機感を覚える。ただしこの時点で、最高裁がロペズ事件判決の論理を用いて将来どこまで連邦政府の権限を実際に制限するかは、未だ不明であった。

第17章　一九九〇年代のレンクイスト・コート

政教分離と言論の自由のせめぎ合い

最高裁が合衆国対ロペズ事件の判決を下したのは一九九五年四月二六日であるが、この判決以外にも憲法解釈のあり方を論じた興味深い判決をいくつか同時期に下している。その一つ、一九九五年六月二九日のローゼンバーガー対ヴァージニア大学評議員会事件判決は、その事件名のとおりヴァージニア大学自体が当事者であり、当時同ロースクールのディーン（学校長）であったジョン・ジェフリー教授が、大学側の代理人として最高裁で口頭弁論を行った。

この事件は、「覚醒（Wide Awake）」という名のニューズレターを発行する公認学生団体（Wide Awake Production：WAP）のメンバーが、大学を相手どって提起した訴訟である。大学が他の公認学生団体の出版活動に金銭的援助を行いながら、「覚醒」への援助のみ拒否するのは違憲である。原告はこう主張した。

日本の大学と同様、アメリカの大学にも公認学生団体の制度がある。ヴァージニア大学では大学自治会に申請して審査を受け公認を得れば、学内での集会や学内施設の使用などが許される。同大学の学部生である原告のローゼンバーガーらは、学内でのキリスト教理解を深めるために「覚醒」を発刊しようと一九九〇年にWAPを創立し、学生団体として公認を得る。そして、全学生が毎学期払いこむ授業料とは別の料金を原資とする学生活動資金から創刊号の印刷費を支出するよう、自治会ならびに大学へ求めたが、拒否された。州立のヴァージニア大学が特定の宗教を信仰する団体に金銭の支出を行うのは、憲法修正第一条が定める政教分離の原則に反するというのが、拒否の理由である。ローゼンバーガーらは大学の再審査を求めたものの認められず、連邦地区裁判所に提訴した。第一審の地区裁と第二審の連邦控訴裁がともに原告の申立てを退け、連邦最高裁がこの事件を取り上げる。

最高裁は五対四の僅差で、ヴァージニア大学がWAPにだけ出版補助金の支払いを拒否するのは違憲と判断する。法廷意見を著したケネディー判事は、判決の理由を次のように述べた。

ヴァージニア大学はWAPを、「学生へのニュース、情報、意見等を提供する」公認団体として認め、学内での活動を許可している。このカテゴリーに属する公認学生団体は、発行に要した費用の支払いを大学に求めることができ、通常認められる。ところが大学は、WAPの出版費支払いのみを拒否した。

WAPはたしかにキリスト教の信仰にもとづく団体である。しかし学内団体としての活動はニューズレターの発行であり、布教など宗教活動そのものではない。大学がWAPを公認したこと自体、宗教団体とみなしていないことを示す。それにもかかわらずWAPがキリスト教の考え方を表明するがゆえに出版助成を拒否するのは、特定の見解を理由とする差別に他ならず、修正第一条が禁止する言論の自由原則に反する。

ところで、修正第一条は政教分離の原則を掲げており、州立大学であるヴァージニア大学が特定の宗教に肩入れするのを禁じている。しかしそれは政府（この場合は大学を監督するヴァージニア州政府）が特定の宗教を優遇し、いわば国教のように扱うことによって州民から信教の自由を奪うのを恐れるからである。本件においてWAPに対する大学の金銭的援助は、州がその信仰を公に支持し優遇することを目的としておらず、そのような効果も生じない。したがって政教分離の原則に反しない。そうであれば、他団体には助成を行いながらWAPだけに援助を与えないのは、特定の見解（宗教に関する見解を含む）を理由に言論を禁じるものであり、許されない。よって違憲である。ケネディー判事はこう結論づけた。

一方、反対意見を著した四人の判事は、WAPへの金銭的援助は、公立学校での宗教活動に州は一切関与すべきでないという政教分離条項について最高裁がこれまで示してきた厳格な解釈に反する。よってヴァージニア大学がWAPへの支出を拒否したのは正しい。このように反論したが、ケネディー判事の法廷意見は言論の自由原則をより重視して、これを退けた。

公立学校での祈りは許されるか

ローゼンバーガー事件判決の反対意見に見られるとおり、最高裁は一九四〇年代以来、公立学校での宗教活動に対し、一貫して厳しい態度を示してきた。アメリカの公立学校では建国以来、キリスト教プロテスタント派のしきたりに沿った宗教教育を行うのが一般的であった。ジェファソンが起草したヴァージニア州の信教自由法とマディソンが起草した合衆国憲法修正第一条は、公認宗教の存在はそれ以外の宗教を信仰する自由を阻害するゆえに好ましくないという政教分離の原則を示したが、プロテスタント派のキリスト教は多くの州で実質上アメリカの公認宗教であったと言ってよい。二〇世紀前半まで、カトリック教徒やユダヤ教徒はプロテスタントより一段低い扱いを受けた。そもそも修正第一条は当初連邦政府だけが対象であり、州政府には適用されなかった。

しかし、より多様で寛容なアメリカ社会をめざす自由主義的な最高裁は、一九四七年のエヴァーソン対教育委員会事件判決で、初めて連邦憲法修正第一条の国教樹立条項にもとづく政教分離原則は州にも適用されると判断する。ジェファソンが述べたとおり、国教樹立禁止の原則は政府と教会とのあいだに壁を設けて相互に干渉しないことを意味する。この壁は高く強固なものでなければならない。連邦政府も州も、特定の宗教を支援する法律、すべての宗教を支援する法律、あるいは特定の宗教を他の宗教（あるいは無神論）よりも優遇する法律を制定してはならない。こうして最高裁のブラック判事は、エヴァーソン事件判決で厳格な政教分離条項の解釈を示した（ただし、同事件で問題になったカトリックの教区学校へ通う生徒への州の通学費援助は、特定宗教への援助ではないとして合憲と判断している）。

それ以来、最高裁は公立学校における宗教活動、特に祈祷について、厳しい判断を示しつづける。たとえば一九六二年のエンジェル対ヴィターレ事件判決では、ニューヨーク州当局が作成した祈祷文を公立学校で用いるのは、たとえ特定宗派の教義によらず、また生徒の参加が強制されていなくても違憲であるとの判決を、六対一の大差で下した。宗派色のあるなしにかかわらず、公立学校での宗教活動一般を否定する判決傾向は、一九八〇年以降、保守派の判事が増えてもそれほど変化しない。一九九二年のリー対ワイズマン事件判決では、最高裁はロードアイランド州の公立学校卒業式でユダヤ教のラビ（司祭）が捧げる特定の教義に触れない祝祷を、学校の行事に実質上強制的な宗教行事をもちこむものだとして違憲無効にしている。判決は五対四の僅差であり、ローゼンバーガー事件判決の法廷意見と同じくケネディー判事が法廷意見を著した。ケネディー判事は政教分離に関する事件では、問題の性質によって保守側、進歩側と立場を変える傾向がある。

こうした最高裁の判決に、保守派は強く反発した。憲法の国教樹立禁止条項は、たしかに国家が特定の宗教を支持するのを禁止している。それはそもそも、ピューリタンたちがイギリス本国での宗教的迫害を逃れてアメリカ大陸へ渡ったこの国の歴史に根ざしている。しかし憲法起草者たちは宗教そのものを否定したわけではない。むしろ宗教を重視したからこそ、同じ修正第一条に信教の自由を規定したのである。特定の教義を支持するのでなければ、祈祷を含む公立学校での宗教教育は健全な市民を育てるためにむしろ奨励されるべきである。保守派の政治家や活動家は、こう主張して公立学校へ人知を越える存在としての神を取りもどそうと運動を続けた。判例変更による公立学校での宗教復権は、妊娠中絶を認めたロー事件判決をくつがえすことと並び、保守派運動家の一大目標となった。

こうした保守派の主張にとって、ローゼンバーガー事件判決は喜ばしいニュースであった。修正第一条が掲げる政教分離の原則と言論の自由原則が対立する場合、州による明白な特定宗教優遇といった状況がないかぎり、平等な取り扱いの観点から後者をより重視するという最高裁判決の新しい傾向は本判決以前からあった。しかし、ローゼンバーガー事件判決はこの解釈を確固たるものにして、それまでの厳格な政教分離条項解釈に小さな風穴を開けるものだととらえられた。

議員の任期制限と憲法

最高裁ではこの時期に保守的な司法観をもつ判事と進歩的な司法観をもつ判事のあいだで、他にもさまざまな憲法問題についてのつば迫り合いが進行していた。ロペズ事件とローゼンバーガー事件では保守派判事が勝利したが、既述のとおり、保守派と進歩派の判事はそれほど明確に分けられるものではない。九人の判事は自らの信条と司法観に従い、事件の内容によって判断を示すので、異なる結果が生じることも珍しくなかった。その一つは一九九五年五月に下された、合衆国任期制限協会対ソーントン事件判決である。

合衆国憲法は連邦議会上院議員の任期を六年、下院議員の任期を二年、大統領の任期は四年と定める。一方、最高裁判事を含む連邦裁判所判事の任期は終身であり、弾劾裁判で有罪判決を受けず、仕事ができるかぎり、いつまでもその地位にとどまることが許される。議員、大統領、判事の任期をこのようにずらしたのは、特定の党派が三権を一度に掌握できないようにするという、憲法制定者の知恵であろう。ただし一九五一年に制定された憲法修正第二二条が、大統領の再選は一度だけ、最長任期八年と定めるのに対し、連邦議員の再選については憲法に何も規定がない。したがって上院議員は六年に一度、下院議員は二年に一度、選挙に勝ちつづければ何年でも議会に留まることができる。

在任期間の最長記録は、ミシガン州出身で一九五五年一二月から二〇一五年一月まで、三〇回当選して五九年と二一日間つとめた、ジョン・ディンジェル下院議員が有している。彼が引退を表明したあとには、二八歳若い夫人が同じ選挙区から立候補して当選、引退し逝去した夫に代わって下院議員になった。二〇一二年一二月に亡くなったハワイ州選出のダニエル・イノウエ氏も、下院議員を二期四年つとめたあと、一九六三年から亡くなるまでの九期四九年間、上院議員として活躍した。合計五三年と一一八日間、連邦議会議員をつとめたのは、史上四番目の長さである。二〇一七年の時点で四〇年以上つとめた現役議員が七人いる。

日系人のイノウエ議員は第二次世界大戦の英雄でもあり、党派を超えて尊敬されたけれども、再選を重ねる議員のなかにはとかく特定の利益団体や地元への利益誘導を指摘される人も少なくない。史上二番目に長い在職記録を有するロバート・バード上院議員は、歳出委員会委員長として自分の選挙区であるウェストヴァージニア州へ連邦予算を回すことで有名であり、同州は内陸の小さな貧しい州でありながら国道（インターステートハイウェー）をはじめ連邦予算を使った公共事業がきわだって多いと言われた。こうした背景のもと、何回でも再選が可能な上下両院議員の選挙制度は好ましくない、大統領と同様、議員の任期にも制限を課そうという、いわゆる「タームリミッツ（任期制限）運動」が、一九九〇年代初頭に活発化する。

任期制限（もしくは多選制限）の主張は憲法制定以来あって、新しいものではない。しかしこの時期に制限を求める運動が盛んになったのは、再選を繰り返し議会での影響力を高める議員の多くが民主党議員であったこと、一九九〇年代前半に連邦議員をめぐるスキャンダルやずさんな公金使用が次々に明るみに出たことなどと、関係があるだろう。実際、一九九四年の中間選挙において共和党が両院の選挙で勝つまで、議会上院では一九八七年以来、下院では一九五五年以来、民主党が多数党でありつづけた。したがって議会での多数奪回をめざす共和党支持の保守派にとって、議員の任期制限提唱は格好の政治スローガンとなりえた。

連邦議会議員の任期制限は合衆国憲法を改正すればできる。しかし民主党多数の議会で改正の提案可決は事実上不可能である。一九九四年の中間選挙でようやく両院の多数を獲得した共和党は、任期制限を定める憲法改正を議会で提案したが、上院下院ともに三分の二の賛成が得られずうまくいかなかった。そこで任期制限の運動家たちは州憲法の改正をめざす。各州選出連邦上院議員と下院議員の最長任期を定める州憲法改正が、一九九〇年から一九九四年にかけて二四州でなされた。

そのうちの一つアーカンソー州憲法は、一九九二年の州民投票による承認を得て、同州選出連邦上院議員の任期を最長二期一二年、下院議員の任期を最長三期六年に制限した。これに対し、この州憲法改正は連邦憲法が定める議員の資格要件を変更するものであり違憲無効だとして、州民代表が訴訟を提起、これを最高裁が取り上げる。原告には事件名になった同州選出のソーントン下院議員が、被告には当時のクリントン知事が含まれていた。同じく事件名に含まれる任期制限協会は、訴訟提起後に当事者として加わったものである。

最高裁は、連邦議会議員の任期を州憲法によって制限するのは違憲無効であるとの判決を、五対四で下す。法廷意見を著したのはスティーブンズ判事である。アーカンソー州憲法が独自に連邦議員の資格を定めるのは、連邦憲法第一条が定める上院議員と下院議員の資格要件を勝手に変更するもので許されない。憲法制定者は、連邦議員の資格要件を合衆国憲法に明記した。この要件は合衆国憲法が規定するものであるから、憲法の改正によってしか変更できない。任期制限の主張が憲法制定会議でなされたにもかかわらず、連邦憲法はそれを採用しなかったという経緯もある。したがって、州憲法によって任期制限を課すことはできない。判事はこう説明した。

これに対し反対意見を著したトマス判事は、合衆国憲法のもとで連邦政府は委任された権限のみを行使するものである。修正第一〇条が定めるとおり、憲法によって合衆国に委任されていない権限はすべて州または主権者である人々が保持しつづけている。同憲法はたしかに連邦議員の資格要件を定めているが、任期制限については定めていない。したがって自分たちが連邦議会に送りこむ議員の任期制限を州憲法によって課す権限は、当然人々が保持する権限のなかに含まれており、それを行使して制定したアーカンソー州憲法の任期制限条項は合憲である。こう主張した。

スティーブンズ判事は法廷意見のなかで、トマス判事の主張に次のように反論している。人々の主権の一部委任によって連邦政府が成立したのは事実だが、連邦議会は合衆国憲法によって創設された新しい国政機関であり、その構成員の資格要件を変更する権限も連邦議会発足によって新たに生じたものである。したがって任期制限を設ける権限は、修正第一〇条が前提とする人々がもともと有する権限のなかに含まれておらず、人々は連邦議員の任期制限を州憲法改正によって行う連邦憲法上の根拠を、そもそももたない。

スティーブンズ判事とトマス判事のあいだの議論は、連邦議会議員の資格要件を定める権限にかかわる憲法制定者の意図と理解に関するものであり、それぞれの憲法観がよく表れている。トマス判事が州と人々の保持する権限をより大きく、したがって連邦政府の権限を限定的にとらえるのに対し、スティーブンズ判事は逆に連邦政府の権限をより大きく見る。両者の解釈とも憲法制定過程の緻密な分析と立論にもとづいており、どちらが正しいか、にわかには判断できない（註10）。それでも最高裁は五対四でスティーブンズ説を採用し、この結果、連邦議員の任期を制限する二四州の憲法修正条項はすべて違憲無効となった。憲法の解釈方法とは別に、政治的価値観にもとづいて連邦政府の権限を限定的にとらえ小さな政府をめざす保守派にとっては、少々手痛い敗北であった（註11）。

州立士官学校への女性の入学

保守派と進歩派の考え方がぶつかるこの時期二つ目の最高裁判決は、一九九六年六月末に下された、女性差別に関する合衆国対ヴァージニア事件の判決である。

本事件の本当の主役は、ヴァージニア・ミリタリー・インスティチュート（ＶＭＩ）という一八三九年に創立されたヴァージニア州立士官学校であった。ジェファソンが愛した同州のシェナンドー渓谷にある美しい小さな町、レキシントンに所在する。学生全員を在学中に連邦予備士官訓練課程（ROTC）に組みこみ、軍事教練をほどこし、「市民兵士」の養成をめざす。新入生をまったくプライバシーのない環境に置き、上級生が「ラット（ねずみ）」と呼ばれる新入生を肉体的精神的にとことんしごく伝統が有名である。南北戦争中、この学校の生徒は大隊を組み南軍の兵士として教室から直接出陣、ニューマーケットの戦いで奮戦した。また開戦までVMIの教官をつとめ南軍に加わって戦ったストーンウォール・ジャクソンは、南軍屈指の有能かつ勇猛な将軍として知られた。卒業生には戦後国務長官としてマーシャル・プランを実行した、ジョージ・マーシャル陸軍大将がいる。

VMIは創立以来一貫して男子のみの学校であったが、一九九〇年代になって同校への入学を希望して許されなかったある女性が、クリントン政権の司法省に救済を求めた。司法省はこの申立てにもとづきVMIとヴァージニア州を相手に訴訟を起こす。これに対し州は、別の私立女子大に女性のためのリーダーシップ・プログラムを設けることによってVMIを男子校として維持しようとしたが、合衆国はこれでは不十分だと判断して上告請願申請を行い、最高裁がこれを許可した。

最高裁は七対一の票決で、州立大学であるVMIが女性の入学を認めないのは憲法修正第一四条の平等保護条項に違反するとの判決を下した。法廷意見を著したギンズバーグ判事は、「きわめて説得的な正当化の理由」がないかぎり、女性を男性と別扱いするのは憲法上許されないと述べる。VMIに女性の入学を認めれば、同校の伝統である、まったくプライバシーを考慮しない前述のしごき教育が不可能になるとヴァージニア州は主張するが、これには十分な説得力がない。女性がしごきに耐えられないというのは古くさいステレオタイプの女性観であり、そうした教育方法を承知のうえで入学を希望する女性がいるかぎり、入学の機会を与えないのは不当である。また別の学校に設けた女性のためのリーダーシップ・プログラムは、その内容も施設も、長い伝統と名声を誇るVMIの代替にはなりえず、VMIを男子校のままで置くことを正当化しない。かつて南部で黒人学生のために別途設けられたロースクールが、教育内容も設備も白人が学ぶロースクールに比して著しく劣るため違憲とされたのと同様、許されない。こう判示した。

これに対し、唯一反対意見を著したスカリア判事は、伝統とは人々が長い時間をかけて少しずつ変えていくものである。実際、VMI創立当時と現在とでは女性観が異なるのは当然である。しかし男子校として一五〇年続いたVMIの伝統は歴史に深く根ざしたものであり、選挙で選ばれたわけでもない連邦最高裁判事が、州民の総意を問うことなく強制的に変更し州に押しつけるのは間違っている、州民が民主的プロセスによって認めてきたVMIのよき伝統は守られるべきだ、と反論した。

本判決が下され、VMIがどう対処するかが注目された。判決に従って女性の入学を認めるか、それとも平等保護条項の適用を受けない私立学校に移行して男子校の伝統を守るか。同校は後者の可能性を真剣に検討したが、そうすると州の補助のみならず国防総省からの軍事教育補助も得られなくなって存続が難しくなるという結論に達し、一九九六年九月、ついに女性の入学を認める結論を下した。現在では少数ながら女子学生がＶＭＩに入学し、教育内容と設備に必要最小限の変更（浴室や寮の分離など）を加えてＶＭＩの伝統を守りつつ教育を続けている。

第18章　クリントン再選と大統領のセクハラ訴訟

保守の攻勢とクリントンの逆襲

　最高裁で保守派と進歩派が憲法の解釈をめぐって対立する一方で、政治の世界でも保守派と進歩派がせめぎ合いを続けていた。一九九二年の選挙で共和党から一二年ぶりに政権を取り返した民主党のクリントン大統領は、この時期、議会保守派の勢いに押されて苦戦を強いられる。既述のとおり一九九四年一一月の中間選挙では、共和党が連邦議会の上下両院で多数を奪回した。上院では八つ議席を増やし、その結果、共和党五二、民主党四八となって、一九八六年以来八年ぶりで多数党となる。下院では実に議席を五四増やし、共和党二三〇対民主党二〇四と、一九五四年以来四〇年ぶりで多数を獲得した。

　共和党の勝利には、さまざまな理由があろう。国民皆保険制度改革の失敗のように、第一期のクリントン政権は期待に反して具体的成果をあげられなかった。大統領にスキャンダルの噂が絶えなかった。議会の銀行や郵便局を舞台にした民主党議員による不透明な取引や預金引出が相次ぎ、国民の信頼が薄れた。これに対し、ニュート・ギングリッチ下院議員を中心とする共和党保守派の若手議員と議員候補者たちが、一九九四年九月「アメリカとの契約」という、小さな政府をめざす選挙公約集を発表し、多くの国民の支持を得た。これらの理由が重なり民主党は惨敗する。皮肉なことに、民主党大統領の就任から二年経って、議会では共和党大統領の時代よりも保守派の勢いが増していた。

民主党が議会上下両院で少数党に転落したため、一九九五年一月に新議会が始まるや、クリントン政権は難しい舵取りを強いられた。自らの政策を推し進めようとしても、議会多数を占める共和党との合意に達しないかぎり法律制定ができない。下院議長に就任したギングリッチが統率する下院共和党は手強かった。新議長は議員の任期制限、議員への便益供与縮小、減税、福祉改革、治安強化、項目別拒否権の導入、財政均衡実現などに関する法律制定に邁進した。とりわけ福祉予算などを大幅に削る一九九六年度予算法案と歳出法案（アメリカでは予算執行のために後者が必要）をめぐって政権と激しく対立する（註12）。

しかし、逆境に置かれたときのクリントン大統領はしぶとい。党内左派を時には切り捨てながら、共和党の政策でも妥協できるものは認める作戦に出た。そして無理を言っているのはギングリッチ議長の側だと主張し、共和党の歳出削減案は国民の利益に反するとの世論を作り上げることに成功する。共和党内部からも批判が出はじめ、ギングリッチは政権側の提案をついに受け入れる。

連邦政府の一時的閉鎖までともなった一九九六年予算法案をめぐる危機をなんとか乗り越えると、議会共和党との交渉を巧みに行い、情報通信法、もともと共和党が提案した項目別拒否権法（その後最高裁が違憲判決を出したため、現在は存在せず）、福祉改革法などが次々に制定される。クリントン大統領は共和党の政策採用を政権内外の民主党左派から強く批判されたが、妥協を強いられたギングリッチ下院議長も一時の勢いを失った。議会多数を獲得した結果、単なる野党ではなくなり国政運営の責任を負った議会共和党は、反対するだけではすまなくなっていた。こうしてクリントン大統領は、中間選挙での民主党敗北から驚異の粘りと本能的な政治力によって立ち直った（註13）。

クリントン大統領再選

こうしたなかで、早くも次の大統領選挙が始まっていた。民主党は最初からクリントン候補でまとまっており、共和党は予備選挙で圧倒的な勝利を収めたボブ・ドール上院議員を候補に選ぶ。中間選挙当時は支持率が下がって再選の可能性が低いと言われたクリントン大統領だが、議会共和党との巧みな交渉の結果、一九九〇年代初頭の不況を乗り越えた好調な経済にも助けられ、次第に支持率が高まりつつあった。そして一九九六年一一月五日に行われた大統領選挙では、得票総数四七四〇万、選挙人獲得数三七九で勝利を収める。共和党候補のドールは、得票総数三九二〇万、選挙人獲得数は一五九であったから、大きな差である。なお議会両院での共和党多数はこの選挙でも変わらなかったものの、一時の勢いはなかった。クリントン大統領はさらに四年間合衆国大統領として国政を担うことになる。

一九九七年一月二〇日に行われた就任式で、クリントン大統領はレンクイスト最高裁首席判事の司式のもと、宣誓を行った。そして政権のメンバーを大幅に入れ替えて第二期政権を発足させ、引きつづき議会共和党との協調を保ちながら、財政再建、福祉改革、減税などに取り組む。北朝鮮の核危機、台湾海峡危機、沖縄での米兵による少女暴行事件などを乗りこえ、九六年四月には日米安全保障共同宣言が発表されて、第一期では摩擦の絶えなかった日米関係も好転する。九八年の中間選挙では議会上院、下院ともに共和党が多数を維持したものの、予想に反し下院で議席を減らし、ギングリッチは引責辞任する。現職大統領二期目の中間選挙で反対党が議席を失ったのは一九三四年以来であった。再選後、大統領の支持率はさらに上昇し、終始五〇パーセント台後半以上を維持しながら一時は七〇パーセントに近づいた。一九九三年のニューヨーク貿易センタービルの爆破事件に続き、九八年にはケニアのナイロビとタンザニアのダルエスサラームでアメリカ大使館を標的とするアルカーイダによる爆破事件が発生し、イスラム過激派によるテロの脅威が忍び寄っていたが、危機意識はまだ薄かった。国民は、国内の経済的繁栄と比較的安定した国際情勢に満足していた。

クリントンのセクハラ疑惑

けれども、クリトン政権の第二期に不安材料がなかったわけではない。大統領選挙に勝利したものの、引きつづき共和党が支配する議会と対峙せねばならなかった。選挙中は、民主党が中国から選挙資金を受け取っていたのではないかという疑惑も浮上した。さらにポーラ・ジョーンズという女性の提起した大統領のセクハラ疑惑に関する訴訟が、連邦最高裁で係争中であった。

大統領が訴えられて訴訟の当事者になるのは、アメリカではそう珍しいことではない。しかしセクハラ訴訟の被告が大統領に就任するのは、史上初めてであろう。クリントン自身が友人に語ったところによれば、就任式で宣誓を行う大統領に向かって、レンクイスト首席判事は「幸運を祈る、あなたにはそれが必要だ」とひとこと付け加えたという。大統領はこれを嫌みと受け取ったようだが、その後この予言が本当になる。

クリントン対ジョーンズ事件

セクハラ訴訟事件の原告は、アーカンソー州政府の元職員ポーラ・コービン・ジョーンズ、被告は現職大統領、前アーカンソー州知事のウィリアム・ジェファソン・クリントンである。話は一九九一年に遡る。ジョーンズの申立てによれば、彼女は同年五月八日、アーカンソー州リトルロックのホテルでクリントン知事が主催した品質管理に関する大会の受付で、参加者の登録業務にあたっていた。その最中に知事を護衛する州警察官のダニー・ファーガソンに呼ばれ、ホテル内の知事の部屋に連れて行かれる。知事は大会で挨拶をするために来ていた。室内に足を踏み入れると知事がいて、会話を交わしながら「君はいい体をしているね」と言い、ズボンを下ろし性器を露わにしてキスするように要求したという。あっけに取られたジョーンズは、その場を即座に立ち去り持ち場に戻った。気が動転した彼女は何人かの同僚にはこのことを明かしたものの、州政府の職を失うのを恐れて、上司には一切報告しなかった。

クリントン知事はその後一九九三年一月、第四二代合衆国大統領に就任する。大統領選挙の最中からクリントンの女性関係についてはよからぬ噂が絶えず、ジェニファー・フラワーズという元女優との長年の不倫関係は、ほぼ公然の秘密であった。そうしたなか、一九九四年一月、保守系の雑誌「アメリカン・スペクテーター」が、大統領のセックスライフを暴くデーヴィッド・ブロックの記事を掲載する。なかでも知事時代のクリントンが目をつけた女性を護衛の警察官に連れて来させ、たびたびけしからぬ行為に及んでいたこと、その女性の一人にポーラという女性がいたことを、初めて明らかにした。

この記事は全米で大きな反響を呼んだ。大統領は記事の内容を全面的に否定したが、フラワーズの前例もあり、多くの人が信憑性は高いと感じる。そしてこの記事を読んだジョーンズが、同年五月六日、アーカンソー州東部地区の連邦地区裁判所にセクハラ訴訟を提起し、クリントンとファーガソンに八五万ドルの損害賠償を請求した。請求権の時効が成立する二日前であった。

ジョーンズは、知事の要求を断ったため州政府の職場で報復を受け不当に取り扱われたこと、クリントンの露骨なセクハラ行為によって精神的に著しく傷ついたこと、ジョーンズが知事との関係を続けてもいいと語ったとファーガソンがブロックとのインタビューで述べたのはまったく真実に反し、名誉毀損にあたることなどを主張した。そして連邦公民権法、州不法行為法などにもとづき、損害実額の賠償と懲罰的損害賠償を要求した。ジョーンズがどのような経緯を経て提訴に至ったかは、わからない。ただし保守派運動家の働きかけがあったであろうことは、容易に想像できる。

大統領のロイヤーたちは、ただちに行動を開始する。そして地区裁が訴訟を却下するよう求めたが、本件を担当したスーザン・ウェバー・ライト判事は大統領側の要求を退けた。ただし、現職の大統領を相手取る訴訟は大統領の退任まで中断すべきだと判断し、証拠開示の継続は許可したものの審理を延期した。控訴を受けた第八巡回区連邦控訴裁判所は、現職であるという理由で大統領が民間人の訴訟を免れることはできないとして、ジョーンズの訴訟審理継続を命じる。大統領側はこれを不服として連邦最高裁に上告許可請願を行い、これが認められて本事件は大統領の膝元、ワシントンで争われることになった。上告人が大統領であるので、クリントン対ジョーンズという事件名がついた。口頭弁論が行われたのは、二期目の大統領就任式の七日前である。

クリントン対ジョーンズ事件の最高裁判決

大統領の代理人は口頭弁論で、国家の重大事項に日々取り組んでいる合衆国大統領は全精力を国務に集中せねばならない。任期中訴訟に巻きこまれると、そのために相当な時間を費やさねばならず、行政の最高責任者として十分責任が果たせない。そうであれば、本訴訟の継続は国益に反する。だからこそ大統領はこうした訴訟からの広範な免責特権を有している。したがって裁判所は当訴訟を却下するか、少なくとも現職のあいだは本訴訟の審理を中断すべきである。こう主張した。

これに対し、原告ジョーンズの代理人は、たとえ大統領といえども法の支配に服すのがアメリカ民主主義の根本原則の一つである。大統領が、大統領就任前のできごとに関して提起された民事訴訟を、現職にあるからという理由で免れることができるのでは、この原則が守られない。大統領の免責特権は本件にはあてはまらない。そう反論した。

一九九七年五月二七日、最高裁は全員一致で大統領の主張を退け、本事件を地区裁判所に差し戻す判決を下した。法廷意見を著したのはスティーブンズ判事である。その職務の重要性に鑑み、大統領が場合によって一般人からの民事訴訟から免責されることは、過去の判例も認めている。しかしまた三権分立の原則からして、裁判所は安易に大統領の専権領域に干渉すべきでない。しかしそうした免責は無条件のものではない。この事件で問題となっている行為は大統領就任以前になされたものであり、しかも大統領の職務にはまったく関係のない私人としての行為である。したがって大統領の免責特権は本件に及ばない。また大統領がこの訴訟に費やす時間はそれほど多くないはずであり、本来の職務遂行に支障が出るとは必ずしも言えない。スティーブンズ判事はこう述べた。

最高裁の判決に従って本事件の差戻しを受けた連邦地区裁判所のライト判事は、一九九八年四月二日、ジョーンズが実際に損害を被っていることを証明できなかったことを理由に、訴えを棄却する判決を下した。ジョーンズは判決を不服として再び連邦控訴裁へ控訴。しかし同年一一月一三日、控訴裁判決が下されるのを待たず、クリントンはジョーンズに八五万ドルを支払うという条件で和解に応じる。ジョーンズが求める全額を支払うが、ジョーンズへの謝罪は一切せず、訴訟にけりをつけるために和解したと説明した。

ホワイトハウスのセックス・スキャンダル

クリントン対ジョーンズ事件の最高裁判決は、アメリカの憲法史上、決して小さくない足跡を残した。大統領が就任以前に私人としてかかわった出来事について在職中に提起された民事訴訟には大統領の有する免責特権が及ばず、訴訟を免れることはできないという憲法解釈が、本判決で確立されたからである。

この結果は、クリントンにとってもちろん喜ばしいことではなかった。最高裁の判決は大統領免責特権の有無のみにかかわるものであり、ジョーンズの申立てが真実であるかどうかを判断したわけではない。しかし判決の結果、連邦地区裁でジョーンズ事件の実質的審理が始まり、大統領は自らの代理人の法律事務所でジョーンズの代理人から尋問を受ける。この事件についての報道が続けば、大統領の政治力が弱まるおそれがあった。

日本の総理大臣がこのような訴訟を起こされたら、おそらく辞任するしか選択肢はないだろう。しかしアメリカの憲法上、大統領の任期は四年と決まっていて、誰も辞めさせることはできない。それにクリントンにとって、女性問題は格別新しいことではなかった。この事件はなんとか乗りきれると、クリントンは考えていただろう。ところが、この事件は思わぬところからさらに重大な政治的危機へと発展し、憲法問題にまで拡大する。モニカ・ルインスキーというホワイトハウス実習生との、新たなセックス・スキャンダルである。

第19章　クリントン大統領の弾劾決定

スター独立検察官のホワイトウォーター事件調査

クリントン大統領と彼のロイヤーたちがジョーンズの訴えに対応しているのと同時期に、ケネス・スターという独立検察官が大統領のスキャンダルをしらみつぶしに調査していた。独立検査官については、第9章でモリソン対オルソン事件の説明をした際に一度取りあげた。ウォーターゲート事件の際、政権内部で大統領ならびに政権中枢にかかわる疑惑の調査にあたった特別検察官が、ニクソン大統領によって罷免される事件があった。そこで大統領が辞任したあと、議会は新しい法律を通し、より独立性の高い検察官の制度を設けた。これが独立検察官制度の始まりである。大統領、閣僚、大統領補佐官など政府高官の行動に違法性が疑われる場合に、特別な手続きによって任命される独立検察官は大統領の干渉を受けず、多額の予算を与えられて独自の調査を行う。そして十分な証拠があれば、当該政府高官を訴追する権限を与えられた。

レーガン、ブッシュ両政権の一二年間を通じて、民主党の議員たちはイラン・コントラ事件など政権にかかわる疑惑が浮上するたびに独立検察官の任命を求め、疑惑を徹底的に調査させた。共和党政権は独立検察官の執拗な調査を大いに嫌ったが、クリントン政権が発足すると今度は議会共和党が任命を要求し、同政権の疑惑を追及させた。

ケネス・スター独立検察官は、政権発足初期の一九九四年八月に任命された。同年一月に任命されたロバート・フィスク特別検察官の後任である(註14)。当初はフォスター次席法律顧問の自殺をめぐる疑惑と、クリントン大統領が知事時代にかかわったいわゆるホワイトウォーター疑惑の調査を行うのが、その主たる任務であった。ホワイトウォーター疑惑は、知事時代のクリントン夫妻とその知人が関与したアーカンソー州の不動産投資に関する大がかりなビジネス上のスキャンダルである。独立検察官による調査の結果、クリントンの後任知事を含め一五人の関係者が訴追され、有罪判決を受けている。ただし大統領とヒラリー夫人に対する訴追はなかった(註15)。

ホワイトウォーター疑惑の調査と並行して、スター独立検察官はその潤沢な予算を用い、ホワイトハウスの旅行オフィス職員解雇をめぐるトラベルゲート事件、FBIの秘密ファイルを無断で大統領補佐官が閲覧したファイルゲート事件、ポーラ・ジョーンズに対する知事時代のクリントンによるセクハラ疑惑をめぐるトループゲート事件など、クリントン政権のその他の疑惑を調査する。これらはホワイトウォーター事件の関連調査だと説明されたが、民主党関係者は共和党に近いスター独立検察官の嫌がらせであり越権だと、いらだちを隠さなかった。なおこれらの疑惑に「ゲート」という言葉がつけられているのは、ウォーターゲート事件を意識したものだろう。

その後、一九九八年一月になって、国防総省広報部で働く事務職員リンダ・トリップからスター独立検察官のもとに、テープが届く。その内容は、トリップが同じ職場の同僚モニカ・ルインスキーと交わした電話での会話を、一九九七年の秋から二〇回あまりにわたって録音したものであった。ルインスキーはこのなかで、彼女がホワイトハウスのインターン時代に大統領とオーラルセックスをしたことを告白していた。トリップに会話を録音するよう助言したのは、トリップの友人で保守派の編集者であるルシアン・ゴールドバーグである。同じくゴールドバーグの助言により、トリップは録音テープを独立検察官に送った。

ルインスキーの証言と告白

スター独立検察官のもとへ届いたテープのなかで、ルインスキーがホワイトハウスのインターン時代に大統領とオーラルセックスをしたことを告白していた事実は、程なくインターネット上のニュースで流れ、続けてワシントンポストが報じ、全米が騒然となった。

独立検察官は、このテープを聴いて大統領とルインスキーの関係を詳細に知る。彼が特に興味を抱いたのは、ルインスキーがポーラ・ジョーンズの提起したセクハラ訴訟で証言をした際、自分と大統領とのあいだには性的関係がないと偽証したとの発言である。ルインスキーは一月七日、ジョーンズ事件の参考人として裁判所へ宣誓供述書（affidavit）を提出していた。ジョーンズの代理人は訴訟を有利に展開するために、クリントン大統領と他の女性との性的関係、あるいはクリントンによる性的アプローチの有無を探っていた。そうした事実があれば、クリントン知事からセクハラを受けたというジョーンズの主張の信憑性が増す。

ルインスキーはこの供述書で、大統領と性的関係があったことを否定したのに、トリップとの通話では、宣誓供述の際に偽証したことを認めていた。真実を語ると宣誓したうえで証言を行い、その記録に署名するのが宣誓供述書である。もし虚偽の証言をしたことが明らかになれば、偽証罪に問われる。彼女は誰かの指示で偽証をしたのか。それは大統領自身か。所定の手続きをとると、独立検察官は本件の本格的な調査に乗り出す。大統領のロイヤーたちは防戦につとめ、両者間の激しい法律戦争が勃発した。

独立検察官は、調査のために必要な資金と時間を無制限に与えられている。また大陪審を招集して、証人を喚問し証言させる権限を有する。本格的な審問が開始され、それをめぐってマスコミが激しい取材合戦を展開した。次々に新たな疑惑が報じられたが、肝腎の大統領本人とルインスキーは一貫して疑惑を否定しつづける。クリントンは疑惑が報じられた一月下旬、ヒラリー夫人も同席した記者会見の場で、自分はルインスキーと性的関係をもたなかったと明言した。この発言は全米に中継される。疑惑をめぐる報道は過熱するばかりであったが、証拠はトリップが独立検察官に届けた録音テープのみであり、その真偽ははっきりしなかった。

この間、スター独立検察官は密かに証人を大陪審に召喚して、調査を続けた。ルインスキーも考えを変えたのだろう。半年後の九八年七月二八日、ジョーンズ事件での偽証罪による訴追免責を条件に大陪審で証言を行うことに同意する。そして大統領執務室で少なくとも九回性行為に及んだことを、包み隠さず明らかにした。それだけではない。クリントンの精液がついた自分のドレスを証拠として大陪審に提出する。ＤＮＡ判定の結果、大統領のものに間違いないことが明らかになった。

大統領の偽証疑惑と大陪審での証言

この証言と証拠は、ルインスキーとのあいだで一切性的関係はなかったと全米の国民に向かって言い切ったクリントン大統領の発言と、まったく矛盾していた。しかも大統領はジョーンズ訴訟で行った宣誓供述でもルインスキーとの性的関係を否定していたので、偽証の疑いが濃厚となる。偽証はアメリカの法律上重罪とされ、連邦法では五年以下の懲役が科されうる。まして行政の最高責任者でありアメリカ合衆国を代表する大統領が国民に嘘をついていたとすれば、問題は深刻である。ルインスキー事件は、ここへ来て一気に重要性を増した。

スター独立検察官は大陪審で証人として証言するよう、大統領に召喚状を発する。アメリカの歴史上、任期中の大統領が大陪審に召喚された例は、それまで一度もなかった。大統領のロイヤーと独立検察官事務所のロイヤーのあいだで交渉が行われ、一九九八年八月一七日、大統領はホワイトハウスの自室で「自発的」に大陪審の尋問に応じる。独立検察官と大統領のロイヤーはホワイトハウス、陪審員はビデオ中継で裁判所から大統領に質問をし、証言を聴いた。大統領はルインスキーと不適切な肉体関係があったことをしぶしぶ認める。しかし性的関係があったことは引きつづき否定した。自分の理解では性的関係とは性器の結合を伴うものである。（オーラルセックスしかしていない）自分はそのような関係にはなかった。また性的関係が証言時には「ない」

と言ったので虚偽ではない。したがって法律上偽証はしていない。いかにもロイヤーらしい証言である。その夜、クリントンは全国民向けのテレビ演説でルインスキーとの関係について国民を欺いたことを詫びた。同時にもっと重要な国家の問題に焦点をあてるよう、国民に呼びかけた。大統領尋問のビデオテープは八月二一日の朝、全米中にテレビ放映される。当惑しきった顔で質問に答えるクリントンを多くの国民が目にして、大統領の威信は地に墜ちた。

クリントン自身の証言、ルインスキーはじめ関係者の証言、その他の証拠をもとに、スター独立検察官は大部のレポートを作成、これを九月一一日、議会下院に提出する。このいわゆる「スター・レポート」は、調査の結果、大統領を弾劾するに足る信頼すべき十分な証拠が存在すると断言していた。そして「正確を期するために」、大統領とルインスキーの関係を詳細に記載していたが、ポルノ小説顔負けの内容である。スター・レポートは、政権の反対を押し切って一般にも公開された。

報告書を受け取った下院司法委員会はこれを検討し、一九九八年の中間選挙から二日後の一一月五日、大統領に八一の質問を書簡で送りつける。さらに同月一九日、弾劾の可能性について公聴会を開始した。

第20章　クリントン大統領、裁かれる

憲法が定める弾劾制度

そもそも弾劾とは、どのような制度なのだろうか。その起源は中世のイギリスに遡る。本来、立法権、行政権、司法権はすべて国王に属し、それぞれの権限を国王に代わって臣下が行使した。三権の境はあいまいで、たとえば議会貴族院は長く司法権の一部を行使していた（註16）。その一つが、庶民院（下院）が王の重臣に対して提起する訴訟を裁く権限である。これが「弾劾（impeachment）」と呼ばれる制度の起こりだと言われる。古くは一三七六年に行われた記録がある。この制度は一七世紀になって、王に仕える高官を訴追する手段として用いられるようになった。スチュワート朝の王とその臣下たちの横暴に対し、下院に集まった反王党派はこの手段を盛んに使って戦った。

アメリカ合衆国憲法が制定されたとき、起草者たちは連邦政府高官の公務中の犯罪を裁く制度

として、この制度を導入する。フィラデルフィアでの憲法制定会議でベンジャミン・フランクリンが、「歴史上政府の長を解任する手段は暗殺しかなかった、それを防ぐために弾劾の制度を設けよう」と提案したという。

イギリス議会にならい、憲法第一条二節五項は弾劾を行う権限を連邦議会下院に、同条三節六項は弾劾裁判を行う権限を連邦議会上院に、それぞれ独占的に与える。後者はさらに、大統領の弾劾裁判は最高裁判所の首席判事が司り、有罪の判決を下すには裁判に出席した上院議員三分の二の賛成を要すると定める。同条三節七項は、弾劾裁判の結果、有罪判決を受けた者はその職を解任され、合衆国の公職につく資格を失うと定める。つまり弾劾裁判においては議会下院が大陪審のように弾劾（つまり起訴）し、議会上院が裁判所、上院議員が陪審員のごとくこれを裁くという仕組みである。

さらに憲法第二条四節は、「大統領、副大統領、そしてすべての合衆国文官が、反逆罪、収賄罪、その他重罪および軽罪」の嫌疑で弾劾され有罪になれば解任されると、別途定める。合衆国文官のなかには、連邦行政府の役人だけでなく、連邦裁判所の判事も含まれる。なお、大統領を裁くときに最高裁判事が裁判を指揮するのは、通常上院議長をつとめる副大統領が大統領解任によって自ら大統領に昇格する可能性があるからだろう。利益相反を防ぐ規定である。

憲法が制定され連邦政府が発足して以来、下院は六二回弾劾の手続きを開始し、そのうち一九回実際に弾劾を行った。弾劾された一九人中一五人は最高裁判事一人を含む連邦裁判所の判事である。残りの四人は大統領が二人、陸軍長官が一人、上院議員が一人だった（註17）。弾劾を受けた者のうち、有罪になり解任されたのは判事八人、他に判決が出る前に辞職した者が四人いる。

チェース最高裁判事の弾劾

アメリカ合衆国憲法史上もっとも有名な弾劾は、一八〇五年のサミュエル・チェース最高裁判事、一八六八年のアンドリュー・ジョンソン大統領、そして一九九八年のクリントン大統領に対するものである。弾劾されたのがそれぞれ司法府と行政府の長であったため、憲政上の大事件として大きな注目を浴びる。なおリチャード・ニクソン大統領の場合は、ウォーターゲート事件調査の結果、一九七四年七月末に議会下院の司法委員会が弾劾状草案を可決して下院本会議へ送付したものの、弾劾裁判での有罪判決と解任がほぼ確実だと知った大統領が自発的に辞任したため、下院そのものによる弾劾には至らなかった。

このうちチェース最高裁判事弾劾の背景には、一八世紀の終わりから一九世紀初めにかけての連邦党と民主共和党（現民主党）の激しい対立がある。チェースを含む多くの連邦党出身判事たちは、アダムズ前政権のもとできわめて党派的な判決を下しつづけ、一八〇〇年の大統領選挙ではアダムズ連邦党候補の選挙運動を公然と応援した。チェース判事はジェファソン民主共和党候補が新大統領に選ばれたあとも、大陪審の審理中に新政権と同じく新たに民主共和党が多数を占めた議会を攻撃する発言を繰り返す。これを受けて議会下院は一八〇四年三月、多数決で同判事の弾劾に踏み切る。連邦党の議員たちは司法を政争の具にすべきでないと訴えたが、民主共和党の強硬派は、司法を政治化したのはチェースを含む連邦党の判事だとやり返した。

翌一八〇五年の一月、議会上院で弾劾裁判が行われた。ただし下院から送られた弾劾状には、具体的な法律違反を根拠とした訴因が何も記載されていなかった。チェースの代理人は、弾劾はあくまで法的な手続きであり、実際に刑法違反がないかぎり有罪とすべきでないと主張する。これに対し民主共和党の強硬派は、弾劾は司法手続きではなく政治的な性格のものであり、具体的な法違反を申し立てる必要はないと主張した。要は憲法に規定された「重罪および軽罪」とは何かが問題となったのである。

当時民主共和党は、弾劾裁判で有罪判決を下すのに必要な三分の二以上の多数を上院で占めていた。しかし、同党内にも強硬派が主張するきわめて政治的な弾劾裁判のやり方に懐疑的な議員がいて、彼らは政策面でも強硬派と対立していた。したがって訴因それぞれについて採決が行われると、有罪の票がいずれも三分の二に達せず、チェースは無罪となる。

このときから今日まで、連邦最高裁判事が弾劾されたことは一度もない。もしチェース判事が有罪になり解任されていれば、その後の連邦司法は議会の意向にかなり左右され、現在のような独立性を維持できなかっただろう。これより二年前、マーベリー対マディソン事件判決でマーシャル判事がうち立てた司法審査と並び、チェース無罪の判決は今日の強力で独立した司法の基を築くことになった。

ジョンソン大統領の弾劾

アンドリュー・ジョンソン大統領の弾劾もまた、政治的な色彩がきわめて強かった。南北戦争直後の一八六五年四月にリンカーン大統領が暗殺され、憲法の規定に従って副大統領から大統領に昇格したジョンソンは、もともと南部の出身である。融和的な南部再建政策を説いて、大胆な改革による南部再建を望む共和党の急進派（Radical Republicans）と真っ向から対立する。議会と大統領の対立は、一八六七年夏、ジョンソン大統領が共和党急進派に近いスタントン陸軍長官を罷免し、新しい長官を任命したことによって頂点に達する。この罷免は軍による南部再占領を通じて改革を推し進める議会の方針を否定するものだった。スタントンは罷免を拒否して陸軍省内にたてこもる。

これを受けて議会下院は、大統領の弾劾手続きを開始した。スタントンの罷免は、大統領が上院の助言と同意を得て任命した行政官を解任するには上院の同意を必要とすると定める、直前に制定された役職任期法に違反する。これが弾劾のもっとも重要な訴因であった。一八六八年二月、下院は弾劾を決議する。上記の法律違反だけでなく、大統領による議会侮辱と軍事再建法の実施妨害などを訴因として挙げた。

上院における弾劾裁判はサーモン・チェース最高裁首席判事のもとで一八六八年の三月三〇日に始まり、双方が弁論を行う。この裁判でどのような手続法を用いるべきかの判断はチェース判事に委ねられ、結局一般の訴訟と同じ証拠法などが適用された。

上院での審理は五月まで続き、投票が行われたが、一一の訴因のうち三つで有罪に必要な三分の二にわずか一票及ばず、ジョンソン大統領は結局罷免を免れる。共和党が支配する議会がジョンソン大統領を有罪としなかったのは、この弾劾にはかなり無理があると感じる議員が少なからずいたからだろう。

罷免は免れたとはいえ、弾劾裁判によって大統領の力は著しく弱まった。しかし、もしこの弾劾裁判でジョンソン大統領が有罪となり解任されていたら、政策上の見解を異にする大統領を議会は弾劾を通じて解任できるという、憲法上の重要な先例が確立されていただろう。その結果、大統領に四年の任期を無条件で保障する憲法上の規定が形骸化し、三権分立の原則が崩れる可能性があった。それが防がれたという意味で、ジョンソン大統領弾劾の結末には大きな意義があった。

クリントン弾劾決議

スター独立検察官から詳細な報告書を受け取った下院司法委員会は、この報告書を検討のうえ、一九九八年一一月一九日、クリントン大統領弾劾の可能性について公聴会を開始した。最初に証言したのは、独立検察官自身である。大統領の行動が弾劾に値することを縷々《るる》述べ、調査の過程で大統領が繰り返し虚偽の証言を行ったことを強調した。一二月八日、九日には大統領側のロイヤーと証人が証言を行い、弾劾の正当性はないと主張する。これらの証言、スター・レポート、下院委員会独自の調査結果などにもとづいて一二月一一日と一二日に司法委員会は投票を行い、下院に弾劾を勧告した。

弾劾を行う場合には、訴因を列挙した弾劾状（articles of impeachment）が作成される。下院司法委員会が提出した弾劾状原案には四つの訴因が記されていた。第一の訴因は大陪審への偽証、第二の訴因は司法手続きの妨害、第三がジョーンズ訴訟での偽証、第四は下院司法委員会から大統領に送られた八一の質問の一部に対する虚偽の回答である。

下院本会議での審議は一二月一八日に始まった。国連の大量破壊兵器査察を拒否するフセイン政権への報復として、米英共同部隊がイラク爆撃（砂漠の狐作戦）に踏みきったため、一日延期しての開始である。弾劾手続中も、大統領は国内外の危機に対処せねばならない。しかし共和党は、この爆撃が弾劾から国民の眼をそらすためのものだと強く非難した。

審議は二日にわたり総計一三時間半かけてなされ、最後に訴因ごとの投票が行われた。そして四つの訴因のうち第一と第二の二つに関して弾劾を行うとの決議を一九日に可決し、上院に送る。第一の訴因については二二八対二〇六、第二の訴因については二二一対二一二の僅差であった。残りの訴因は否決された。

クリントン弾劾裁判

クリントン大統領の弾劾は、ジョンソン大統領のケースから実に一三〇年ぶりであった。何せ一世紀に一度のできごとである。実際に経験した人はおらず、大統領の弾劾は先例が一つしかない。古い記録をもとに、上院は弾劾裁判の準備を開始した。すべてを取り仕切ったのは、共和党の上院多数党院内総務トレント・ロット議員である。同議員は、この裁判をジョンソン大統領のときとなるべく同じ方法で行うよう指示した。

年が明けた一九九九年一月七日、上院本会議場で弾劾裁判が始まった。憲法の規定に従い、レンクイスト最高裁首席判事が裁判長として指揮する。レンクイスト判事もまた、できるかぎり先例にならってこの裁判を行おうと努力した（註18）。

一〇〇人の上院議員はすべて自席に座る。通常の本会議であれば、議員はほぼ自由に議論を行い、議場を歩き回り、同僚に話しかけ、本会議場を出たり入ったりする。しかしこの弾劾裁判では自席についたまま当事者双方の弁論を静かに聴き、最後に大統領を有罪にするかどうか票を投じねばならず、勝手が違っていた。

本会議場前方の議長席にはレンクイスト判事が座る。裁判長に向かって左側に「マネージャー」と呼ばれる検察官役の下院議員一三人、右側にクリントン大統領の代理をつとめるロイヤーが数人、それぞれ特別に設けられた大きな机の前に着席する。中央には演台と証言席が設けられた。レンクイスト首席判事が上院議員全員に公正な判断をする旨の宣誓をさせ、審理が始まった。

弾劾裁判は二月一二日まで続いた。最初に手続規則が採択され、当事者双方から陳述書が提出されたあと、一月一四日から三日間かけて下院のマネージャーが最初の弁論を行う。証拠を提出し、偽証と司法の妨害に関する法解釈や先例を並べ、大統領を有罪とし解任すべし、と主張した。一月一九日から三日間、今度は大統領の代理人が反対弁論を行う。大陪審への大統領証言はあいまいで偽証と決めつけられない、大統領の支持率は依然高く統治能力が失われていない、この裁判は党派的偏見に満ちていて公平でない、と主張する。

一月二二日と二三日には、上院議員からの質問がなされた。議員が記入提出した一五〇を超える質問をレンクイスト判事が読みあげ、下院のマネージャーたちとクリントンの代理人がそれに回答する。一月二五日には最終投票を待たずにクリントン大統領を放免するとの動議が提出されたが、二日後の投票の結果、五六対四四の票で否決された。

この裁判では証人の喚問はせず、その代わりに議場外でルインスキーと二人の重要なクリントン側証人の尋問を非公開で行い、宣誓証言をビデオで録画した（この手続きを「デポジション」と呼ぶ）。証言ビデオは二月六日の本会議場で上映され、国民もこれをテレビで見る。ちなみに大統領は証人として喚問されず、一回も出廷しなかった。

こうした一連の手続きを経て、二月八日に下院マネージャーと大統領の代理人がそれぞれ三時間ずつ最終弁論を行った。ホワイトハウスのロイヤー、チャールズ・ラフは「究極的に争点は一つしかない。この大統領が職に留まることが、アメリカ国民の自由にとって危険か。党派的な感情をわきに置いて、もしみなさんの答えがノーであれば、無罪と投票すべきである」と上院議員一〇〇人に訴えかける。これに対し、首席検察官役をつとめるヘンリー・ハイド下院議員は、「大統領を有罪としないのは、宣誓をしたうえでの偽証は深刻な犯罪でないと述べるに等しい。大統領の偽証が礼儀作法の問題に矮小化されてしまう。我らの名誉にかけて正しい決定をなし、歴史に名を残そう」と訴えた。

二月一二日、審判の日が来た。上院議員が非公開の議論を行ったあと、本会議場では先例に従って、レンクイスト判事がまず弾劾状の第一訴因条項（大陪審への偽証）を議会事務員に読み上げさせ、「上院議員諸氏、どう判断されるか、被告ウィリアム・ジェファソン・クリントンは有罪であるか、無罪か」と問いかける。名前を呼ばれた議員が一人ずつ立ち上がり、「有罪」あるいは「無罪」と答える。一〇〇人の議員がすべて答え終わると、レンクイスト判事が四五対五五の投票結果を発表し、無罪を宣告した。同じことが第二の訴因（司法手続きの妨害）に関しても行われ、五〇対五〇の結果を得て判事が再び無罪を宣告する。いずれも憲法第一条三節六項が規定する、有罪とするのに必要な三分の二の賛成に足りなかった。レンクイスト首席判事が最後に「したがって被告は放免される」と宣告し、裁判そのものは終わった。続いて判事が短い挨拶をし、ロット議員に議事進行を戻す。同議員が首席判事への感謝決議を提案、これが可決されて首席判事らが去ると、上院本会議場は通常の立法府に戻った。

クリントン弾劾の意味

こうして、一世紀に一度の大統領弾劾裁判が終わった。国中を巻きこみ、大統領と議会がかかりきりで取り組んだこの事件の意味は、一体何だったのだろうか。

実は大統領が有罪とならないであろうことは、弾劾裁判の開始前からほぼ予測がついていた。弾劾裁判に参加した上院議員は、共和党所属が五五人、民主党が四五人。共和党所属の議員だけでは有罪判決に必要な六七票に届かず、共和党以外の議員が少なくとも一二人賛成票を投じないかぎり大統領は解任されない。共和党所属議員のなかにも弾劾裁判に懐疑的な人がいたので、最初から三分の二の票数は取れる見こみがなかった。それでも行われたこの弾劾を政権側は共和党の政治的嫌がらせ、もしくは陰謀ととらえ、共和党側はあくまでもやるべきことはやらねばならないと言い張った。

アメリカ国民はこの弾劾騒ぎをかなり冷静に見ていたようだ。当時の世論調査によれば、クリントン大統領弾劾を支持する人は存外少ない。たとえば下院が弾劾を決定する直前に行われたCNNギャロップ調査によれば、弾劾に賛成する人が三五パーセント、しない人が六三パーセントいた。

この間、クリントン大統領の支持率（approval rate）は一貫して高く、ルインスキー事件の影響が大きかったようには見えない。ギャロップ社の世論調査によれば、大統領の支持率は一九九五年から九八年にかけて徐々に上がりつづけ、下院本会議が弾劾を決めた九八年一二月一九日に、なんと任期中最高の七三パーセントを記録する。その後もあまり下がらず、任期の終わる二〇〇一年一月に六六パーセントを記録して終わる。国民は大統領の仕事ぶり、特に経済運営の手腕を高く評価していた。

ただし国民は、クリントン大統領の道徳・倫理観を認めたわけではない。同じくギャロップ社の世論調査によれば、一九九九年一月に大統領が「正直で信用できる」と答えた人は二四パーセント、「大統領と価値観を共有する」と答えた人は三五パーセントしかいなかった。これらの結果は、多くの人々が政治家の力量と政治家のモラルをわけて考えていたことを示しているようである。

選挙結果にもその傾向が表れた。一九九八年一一月、下院司法委員会が弾劾の可能性について検討しつつあるそのさなかに行われた中間選挙では、共和党が予想外の苦戦をする。大統領のセックス・スキャンダルで議席増を期待した共和党にとっては、思惑が大きく外れた。

しかしこれらはすべて弾劾の政治的意義に過ぎない。歴史上まれな大統領弾劾が実際に行われたこと。ジョンソン大統領のときと同様、大統領は弾劾を免れなかったものの裁判の結果解任されなかったこと。したがって大統領の議会からの独立が保たれたこと。憲法上はそれが何より重要であった。

大統領の弾劾は基本的に考え方が異なる党派間の政治闘争の一部であるが、司法的な手続きに準じて行われる。議場での乱闘も、市街地での騒乱や発砲もなく、大統領を辞めさせることができる。ただし相当手間がかかる。大統領を簡単に引きずり下ろせないのは、強力で独立した大統領制をめざした憲法がその権威を守るために設けた安全弁である。弾劾裁判後の挨拶でレンクイスト首席判事は、「(有罪にすべきかどうかについての)意見の相違にもかかわらず、多数党のリーダーと少数党のリーダーが、適用すべき手続きについて合意したことに、もっとも強い感銘を受けました。予め合意したルールによって意見の本質的な違いを解決できることこそ、(議会が)偉大な討議体であるしるしに他ならないでしょう」と述べた。

ところで、話はこれがすべてではない。弾劾がすべて終わったあとの一九九九年四月、ジョーンズ事件の審理を担当した連邦地裁のライト判事は、クリントン大統領が同事件審理の過程で信憑性に欠け、意図的に誤解を招く証言をしたとして法廷侮辱の処分を行い、九万ドルの罰金を科した。このためアーカンソー州法曹協会は、クリントン大統領がその地位を離れる一日前の二〇〇一年一月一九日、五年間の法曹資格停止に処する。大統領は弾劾裁判では有罪とならず任期をまっとうしたものの、ロイヤーとしては失格の烙印を押された。

一方、スター独立検察官の調査については、あまりにも強大な権限を与えているとの声が高まった。そしてこれまで何度も延長されてきた独立検察官授権法が一九九九年六月に効力を失ったとき、議会は再授権のための法律を通さずに終わる。一九八八年に最高裁がモリソン対オルソン事件判決を下した際に、スカリア判事はただ一人反対意見を著し、独立検察官制度は三権分立原則に反し違憲であると主張した。それまで独立検察官を使って共和党政権をさんざん攻撃してきた民主党も、判事の言い分をようやく理解したようである。

第Ⅳ部　テロと憲法——ブッシュ（息子）時代

第21章　最高裁、大統領を選ぶ

クリントン政権の終わり

一九九九年二月一二日、弾劾裁判で無罪となり解任を免れたクリントン大統領は、まだ任期を二年近く残していた。大統領は身を正して仕事に専心する。

一九九九年三月から六月まではNATO（北大西洋条約機構）の同盟国とともにコソボ空爆に踏み切り、イラクでは強硬姿勢を崩さないサダム・フセインとの駆け引きを続け、イエメンのアデン港停泊中の米海軍駆逐艦コールに対するテロリストによる自爆攻撃（二〇〇〇年）など、徐々に攻勢を強めるイスラム原理主義テロへの警戒と対処を続けた。しかし経済の好調、財政赤字克服もあって、アメリカには依然として差し迫った危機感がない。

この時期、最高裁はやや静かである。クリントン大統領はその第一期にギンズバーグ判事とブライヤー判事を任命し、最高裁のさらなる保守化を押しとどめたものの、第二期には引退する判事が一人もおらず、新判事任命の機会がない。レンクイスト、スカリア、トマスが保守派、スティーブンズ、スーター、ギンズバーグ、ブライヤーが進歩派、オコナー、ケネディーが中道派という顔ぶれは変わらず、そのバランスからいって先例を踏襲する判決が多かった。

こうした方向性は、レンクイスト首席判事の立ち位置の微妙な変化にもよる。若手判事として当時の進歩的潮流に逆らい、保守的な反対意見をしばしば著していたこの人は、首席判事になり年齢を重ねるとともに最高裁全体の調和に重点を置くようになる。進歩派に鞍替えしたというわけではない。連邦制に関する事件などでは、保守的な憲法観を変えなかった。しかし同時に、最高裁全体の意見が真二つに割れたり過去の判例を根本からくつがえすような判決を下すことは避けるようになった。

たとえば二〇〇〇年のディッカーソン対合衆国事件では、いわゆる「ミランダ警告」を確立した一九六六年のミランダ対アリゾナ事件判決を踏襲する法廷意見を著し、保守派を驚かせた。「ミランダ警告」とは、警察が被疑者の尋問を始める前に必ず伝えねばならない四つのポイントであり、アメリカのテレビドラマで警察官が犯人を逮捕する場面にも、よく登場する。被疑者に、「黙秘権がある」「証言は裁判で不利な証拠として使われる可能性がある」「尋問の際弁護士の同席を求める権利がある」「弁護士費用が払えないなら、裁判所が任命する」の一つでも告知せずに尋問を開始してはならない。もし告知なしに開始した場合、裁判所は憲法修正第五条が規定する黙秘権と、修正第六条が規定する弁護人の援助を求める権利に反するとみなし、証言の内容を証拠として採用しない。ミランダ事件判決はそのように判示した。レンクイスト首席判事は、憲法に規定のないこうした警告の内容を最高裁が詳細に決めて法執行の現場に押しつけるのは司法権の逸脱だとして、長いあいだ批判していた。ところがディッカーソン事件判決では先例拘束性の原理のもと、すでにアメリカ社会で定着しているミランダ警告を廃すべきでないとわざわざ自ら法廷意見で述べて、ミランダ警告の適用を制限する連邦法を違憲無効にした。

このような情況下で、たとえば妊娠中絶など議論の多い問題に関して最高裁がそれまでの進歩的な判例を積極的にくつがえすことは、考えにくかった。保守派にとって最高裁をより保守的な方向にもっていくには、次の大統領選挙で保守的な司法観をもつ人物を選び、新大統領に新しい判事を任命してもらうしかない。

二〇〇〇年の大統領選挙

一方、弾劾裁判が終わりクリントンの任期が残り少なくなるとともに、共和党、民主党双方で大統領候補選びが始まった。民主党の大統領候補は比較的簡単に決まる。クリントン政権の副大統領を八年間つとめたテネシー州出身の元上院議員、アル・ゴアである。ゴアは二〇〇〇年八月の民主党全国大会で、満場一致で大統領候補に選ばれる。

これに対して共和党の側では多くの人物が出馬を表明し、予備選挙前から活発に運動を行った。そのなかで最初から支持を集めたのはテキサス州の知事として実績を残したジョージ・W・ブッシュ候補と、一部で強い人気のあるジョン・マッケイン上院議員である。他の候補が次々に脱落するなか、マッケインは善戦したものの予備選挙で十分な数の代議員を獲得できず、二〇〇〇年三月にレースから脱落する。ブッシュの知名度はテキサス以外ではそれほど高くなかったが、ブッシュ家の長男として共和党有力者層の全面的支持を受けており、強かった。二〇〇〇年八月はじめの共和党全国大会では、ブッシュがマッケインに圧倒的な差をつけて大統領候補に選ばれる。代議員の九九パーセントから支持を得た。

両党の全国大会が終わり、八月末から始まった本格的選挙戦では主に国内の問題に焦点が当たった。好調な経済と比較的安定した国際情勢は民主党に有利であったが、八年間政権から離れていた共和党は是が非でも政権を奪いかえそうと力を入れる。ゴアがブッシュの経験のなさと失言を指摘し大統領の職にふさわしいかと問うたのに対して、ブッシュはクリントンのスキャンダルを取り上げ、ホワイトハウスに「名誉と威信」を取り戻すと約束して多くの国民に好感を与えた。

ブッシュはローラ夫人に励まされてアルコール依存症から立ち直り、熱心なキリスト教信者になった人物である。ゴアはこの選挙で候補者の清潔さが問われていることを多分に意識し、副大統領としてスキャンダルにまみれたクリントンと一体であったと有権者からみなされることを嫌った。そして大統領から徹底的に距離をおき、選挙戦への応援を一切求めなかった。それがかえってゴアの敗戦につながったという見方もある。

両候補が三ヵ月間激しい選挙戦を戦ったあと、二〇〇〇年一一月七日一般投票の日が来た。東部から投票が始まり、早いときは投票日の夜に勝敗が決まるのに、今回はなかなか決着がつかない。多くの州で接戦が続いた。それでも翌八日未明には、最後に残ったフロリダ州で勝った候補が、選挙人総数五三八の過半数二七〇以上を獲得して大統領に当選することが明らかになる。フロリダを除く四九州の選挙人獲得数はゴアが二六七、ブッシュが二四六であり、ゴアがフロリダ州の選挙人二五人を獲得すると二九二対二四六で勝ち、ブッシュが獲得すれば二七一対二六七で勝利する。七日の午後八時前、出口調査にもとづいて主要テレビ局がいったんゴアの勝利を報じる。しかしすぐにそれを撤回し、八日午前二時半頃、今度はブッシュの勝利を報じた。ところがその後、得票数の差があまりにも小さくて結局決着がつかないことがわかる。一度ブッシュに電話をかけ非公式に勝利を祝ったゴアは、それを撤回した。こうして大統領選挙の勝利者を確定する、新たなドラマが始まった。

得票数の数えなおしと司法の介入

ブッシュ候補とゴア候補の得票数があまりにも僅差だったために、フロリダ州の選挙管理委員会は三回にわたり数え直しを行った。投票日の翌日発表された最終得票数は、ブッシュが二九〇万九一三五、ゴアが二九〇万七三五一で、その差わずか一七八四票である。全投票数の約〇・〇三パーセントと、信じられないほど僅かな差であった。

両者の票差が総得票数の〇・五パーセント以下だったため、フロリダ州選挙法の規定に従って自動的に機械による数え直しが行われる。この結果、票差は約一〇〇〇に縮まったが、依然ブッシュ候補がリードを保っていた。ゴア候補はそこで九日に同じく州法の規定に従い抗議申立手続(プロテスト)を行い、六七ある郡のうち民主党支持者の多い四郡での手作業による再集計を要求し、認められる。ブッシュ陣営は連邦控訴裁に再集計の差止めを求めたが、却下された。ただし選挙管理の総責任者をつとめるハリス州務長官（共和党の有力支持者）が、投票日から七日以内に集計結果を公式に認定せねばならないという州法の規定に従って、集計結果の提出期限を一四日と定める。四郡のうちまだ三郡で再集計が終わっていなかったが、一四日の夜にブッシュ候補がゴア候補を依然として三〇〇票上回っているとの結果を発表し、公式認定の準備を始める。

しかしゴア候補はあきらめない。公式認定の差止めと再集計期限の延長を求め、州裁判所に訴訟を提起した。州巡回裁判所は申立てを却下したが、州最高裁は一一月二一日、ゴア陣営の要求を全員一致で認め、一一月二六日まで再集計期限延長を許可した。ちなみに州最高裁の判事七名は全員過去の民主党知事によって任命された人物であり、そのうち六名が民主党員であった。ただしこのときのフロリダ州知事はブッシュ候補の弟、共和党のジェブ・ブッシュである。ブッシュ陣営は州最高裁の判決が下されると、すぐに連邦最高裁へ上告した。合衆国最高裁はこの上告を取り上げ、一二月四日に全員一致で、州最高裁判決の根拠が不明確であるとして事件を差し戻す。連邦最高裁はそれまでの慣例を破ってこのときの口頭弁論の録音テープをただちに公開した。差戻しを受けた州最高裁は判決の修正には応じたものの、再集計期限延長の決定を変えない。

一方、連邦最高裁の審理が終わらないうちに新しい期限と定められた一一月二六日となり、ハリス長官が結果を発表した。ブッシュは五三七票の差でまだリードを保っており、長官はこの結果を公式に認定する。ブッシュ陣営は勝利宣言の用意にとりかかった。

ところがゴア候補はまだあきらめなかった。州選挙法によれば公式認定が行われても、その結果に重大な疑義があり逆転の可能性が高ければ、候補者は異議申立手続（コンテスト）を行える。

ゴアはこの異議申立てを州巡回裁判所に対して行い、却下されると再び州最高裁に上告した。州最高裁は一二月八日に四対三の僅差でゴアの主張を認め、再々集計を認める。しかもこれまで再集計がなされていなかった郡を含むすべての郡で、アンダーヴォートという種類の票を再集計するように命じた（註1）。

ゴア陣営はがぜん息を吹き返した。三度目の集計が始まる。ブッシュ陣営はさらなる集計の差止めを求め、再び連邦最高裁に上告した。連邦最高裁は翌九日差止めを認め、同時に州最高裁判決の見直しを行うと発表する。こうして選挙の行方は、九人の連邦最高裁判事に委ねられた。

ブッシュ対ゴア事件判決

最高裁の口頭弁論は、二〇〇〇年一二月一一日に行われた。最初の口頭弁論と同様に、終了後ただちに録音が公開された。ブッシュ側の代理人は共和党の有力弁護士として知られるセオドア・オルソン、ゴア側の代理人はフロリダ州最高裁で勝利を収めたデーヴィッド・ボイズ弁護士である（註2）。

口頭弁論からわずか三〇時間後の一二月一二日午後一〇時、最高裁はブッシュ対ゴア事件の判決を下した。大統領選挙の帰趨がかかっていたとはいえ、異例のスピードである。配布された判決文は総計六五ページ、「パーキュリアム」と呼ばれる無記名の法廷意見、同意意見が一つ、そして反対意見が四つ、合わせて六つの意見からなっていた。複雑で、ちょっと目を通しただけではどちらが勝ったかわからない。ブッシュ候補が自陣営のロイヤーに電話をかけ、いったい勝ったのか負けたのかと尋ねると、ロイヤーがすぐにはわからないと答えたと伝えられている。

まず無記名ではあるものの、主としてケネディー判事が書いたパーキュリアム判決は、州最高裁が新たに命じたアンダーヴォートの数え直しは、憲法修正第一四条が定める法の平等な保護の原則に反するゆえに違憲だと判示する。憲法第二条一節二項は、大統領選挙人の選定方法を各州に任せている。しかし州がいったん州民の投票によって選挙人を選ぶと決めた以上、投じられた票は平等に扱わねばならない。

ところが州最高裁はアンダーヴォート票のすべてを手作業で数えなおし、「投票者の意図」が明らかな場合には有効票として認めるよう指示した。この基準はあいまいで役に立たない。実際これまでの再集計でも、数える人によって有効票と認めるかどうかが異なった例がある。ある郡では集計委員会の三人がそれぞれ違った基準で有効票の判断をしていた。再集計の途中で基準を変更した郡もある。またアンダーヴォートのみ数えなおすのなら、穴が二つ以上空いていたため無効となったいわゆるオーバーヴォートはどうするのか。そちらにも投票者の意図が読み取れる票があるかもしれず、それを確認しないのは平等でない。したがって州最高裁の再集計基準は、憲法修正第一四条の法の平等保護条項に反し違憲である。パーキュリアム意見には、七人の判事がその全部または一部に同意した。

次にレンクイスト首席判事が著した同意意見にはスカリア判事とトマス判事が参加した。選挙人任命の方法は州議会が定めると規定する憲法第二条一節二項に従い、フロリダ州法は今回の選挙以前に、集計結果の公式認定、プロテストやコンテストなどについて、細かく手続きを定めていた。しかし州最高裁はこうした規定を無視して公式認定を差し止め、集計結果提出期限を延長した。そしてあいまいな有効票の認定基準を新たに設定した。こうしたルールの中途変更は州議会の定めたルールを無視し、大統領選挙に関して州議会が有する連邦憲法上の権限を侵害するものである。また同様の規定を設ける合衆国法典第三篇五条にも反する。同意意見はこう述べた。

パーキュリアム意見に従って、最高裁は本事件を再び州最高裁に差し戻す。ただし判決が下された一二月一二日は、州が選定した選挙人を連邦議会が無条件で受け入れる期限として連邦法が定める日である。したがってパーキュリアム意見に参加した七人のうち、レンクイスト、スカリア、トマス、ケネディー、オコナーの五判事が、もうこれ以上再集計を行う時間はないと判断、再集計を打ち切るよう命じた。

一方、四人の判事がそれぞれ反対意見を著した。もっとも強く多数意見に反対したのはスティーブンズ判事とギンズバーグ判事である。本事件で問われているのは州法の解釈である。州法の最終的な解釈権は州の最高裁判所にある。州最高裁の判決内容に問題があり、その構成に党派色が強いとしても、連邦憲法と連邦法に違反したわけではない。したがって連邦最高裁は介入すべきでない。州のことは州に任せるという（保守派判事が平素唱える）州権主義に反する。二人はこう主張した。スティーブンズ判事は自身の反対意見に、「今回の大統領選挙で誰が勝ったかを正確に知ることは永久にできないかもしれないが、敗者は明らかだ。それは法による統治の公平な保護者であるべき、裁判官に対する国民の信頼である」と、最後に付けくわえた。

パーキュリアム意見に参加したスーター判事とブライヤー判事も、五人の判事が再集計の打ち切りを命じたことについての反対意見を著した。もし一二月一二日以降も再集計が続き、最終的にゴア候補の得票数がブッシュ候補の得票数を上回った場合、フロリダ州に二つの選挙人団が生まれる可能性があった。一二日までに決着がつかない場合、共和党が多数を占めるフロリダ州議会は独自に選挙人を選ぶ予定であったからである。連邦法はその場合、どちらの選挙人団が正統かは連邦議会が決定すると定めている。もしフロリダ州の投票結果を決めるプロセスが連邦議会にまで持ちこまれれば、さらなる混乱が生じていただろう。しかし、大統領の選定は基本的に政治的な過程である。連邦最高裁が多数決によって大統領選挙の結果を決めるよりも、議会で政治的に決定したほうが国民は納得したのではないか。そう論じた。

どんなに最高裁の判決が複雑でも、判決文をよく読めばわかることが一つだけあった。判決に従ってこの再集計が打ち切られた瞬間、一一月二六日に行われたハリス長官の公式認定が確定する。これによりゴア候補逆転勝利の可能性はなくなった。翌日一三日、ゴア候補は最高裁の判決内容には同意できないが決定には従うとの声明を発表し、敗北を認めた。その一時間後、ブッシュ候補はテキサス州議会下院の議場で勝利宣言を行う。

最終的にブッシュ候補が獲得した二五人のフロリダ州選挙人は、一二月一八日、州都タラハシーでブッシュ候補にそろって投票した。他州の州都でも同じ日同じように投票が行われ、投票結果を記した証書が連邦議会上院議長、つまりゴア副大統領あてに送られる。明けて二〇〇一年一月六日、下院本会議場で上下両院の議員が見守るなか、ゴア上院議長の指揮のもと開票が行われ、二七一票を獲得したブッシュ候補が正式に第四三代大統領に選出された。

ブッシュ対ゴア事件判決の意義

二〇〇〇年の大統領選挙の結果には多くの疑問や批判が呈された。もっとも素朴な疑問は、ブッシュより多くの票を獲得したゴアがなぜ負けたのかというものである。たしかに得票総数ではゴアが約五一〇〇万、ブッシュが約五〇四六万で、四六万（得票総数の約〇・四パーセント）の差がついた。それでもブッシュが勝ったのは、憲法が定める各州への選挙人配分システムのためである。

憲法第二条一節二項は、各州大統領選挙人の数を同州選出連邦下院議員の数に連邦上院議員の数である二を足したものと定めている（これにコロンビア特別区に配分された三票が加えられる）。この仕組みは一七八七年の憲法制定会議で憲法草案が承認されて以来変わっていない。下院議員は州の人口にもとづいて定員数を決めるが、上院議員の数は州の人口にかかわらず二人と決まっているから、各州へ配分される選挙人の割合は州の人口比と厳密には一致しない。またフロリダのように人口の多い（したがって配分された選挙人の数が多い）主要な州で勝てば、当該州の選挙人の票をすべて得るので、得票総数で劣っても選挙人獲得総数でまさり当選する可能性がある。ただし歴史上得票総数で劣りながら選挙に勝った例は、一八二四年、一八七六年、一八八八年、二〇〇〇年、そして二〇一六年の五回の選挙しかない（註3）。

この可能性をなくすためには、憲法を改正して選挙人制度を廃止し、国民による直接投票にすればいい。実際一九六九年から一九七〇年にかけて、選挙人制度を廃止し直接選挙に置き換える憲法修正案が連邦議会に提出され、上下両院の司法委員会を通過したものの、本会議で三分の二の賛成が得られずに終わっている。二〇〇〇年の選挙後も同様の主張があったが、憲法改正には至っていない。この選挙人制度を廃止すれば、連邦制をとるアメリカ合衆国の国のかたちが根本から変わることになり、州政府の独立性がそこなわれる。そう信じる人が多く、憲法改正は実現しそうにない。

同様に、選挙人の選定方法や投票に使用される機械、手続きが州によって（さらには同じ州内でも郡によって）異なり統一されていないことが問題とされた。これも憲法が選挙人の選定方法は州議会が定めると規定しているからである。全国共通のシステムで大統領選挙を行うよう義務づけるにはやはり憲法改正が必要であり、この面でも連邦政府の規正を強めて州の自主性をそこなうことに国民は慎重である。

またフロリダ州での再集計を通じて、そもそも選挙実施の末端に多くの問題があり、それに対処する州法や規則もあいまいであることがわかった。おそらく他州でも同じ状況であろう。通常は多少の数えまちがいなどがあっても得票数の差が大きくて問題にならないが、二〇〇〇年にはあまりの僅差であったため、こうした問題が噴き出した。選挙で国民の意思を問うのが民主主義の基盤というが、たとえば二候補の得票差がわずか一票だとしたら、一票多く獲得した候補が国民の意思を体現すると言えるのか。選挙結果の正統性はどこにあるのか。二〇〇〇年の大統領選挙はそうした問題も提起した。

最後に、選挙の結果を確定するにあたって、司法がどこまで介入すべきかという問題がある。

二〇〇〇年の大統領選挙には州と連邦と両方のレベルで司法がかかわった。州最高裁の二度の判決が党派的であると感じた人は多い。それに合衆国大統領選挙の結果を、五〇州の一つに過ぎない州の裁判所が決めていいのかという疑問が強かった。しかしアメリカの連邦制のもとで、州法の最終的解釈は州最高裁に任されている。そこへ連邦最高裁が介入し、いささか疑問の残る連邦憲法と連邦法の解釈にもとづいて州最高裁の決定をくつがえし選挙の結果を決めてしまった。それは許されるのか。最高裁の判事に党派性はまったくなかったのか。憲法理論に関する難しい議論は別として、そうした批判はゴアの支持者だけでなく、保守派の憲法学者からも表明された。

この批判に対しては、最高裁のパーキュリアム意見そのものが次のように弁明している。

「司法権の行使が無制限になされるべきでないことを、当法廷の構成員であるわれわれほど深く認識している者はいない。（中略）しかし選挙の当事者たちが訴えを提起してきた以上、当法廷の判断に委ねられた連邦法と憲法上の問題を解決するのは、われわれが避けて通ることのできない責任である」

これに対しブライヤー判事は、自らの反対意見の最後に二〇世紀前半の有名なブランダイス最高裁判事のことばを引いて、「当法廷が行うもっとも重要なことは、行わないことである」と反論した。

ただしそうは言っても、国内の二つの大きな勢力が、暴力ではなくあくまでも司法手続きを踏んで選挙の結果を決めたことには、やはり意味があったと思われる。選挙結果がはっきりしないと、すぐに軍が出動したり反対候補が逮捕されたり、暗殺されたりする国は、今日でも多い。批判はあっても手続きに従って勝者が決まった。敗れた候補者もしぶしぶ認めた。憲法上はそれが最大の意義かもしれない。

こうして二〇〇〇年一二月一二日、アメリカの大統領が史上初めて合衆国最高裁によって選ばれた。翌年一月二〇日の就任式まで、すでに一カ月を切っていた。

第22章　ブッシュ新大統領の試練

ブッシュ新大統領の就任

二〇〇一年一月二〇日、ワシントンの合衆国議事堂前でジョージ・W・ブッシュが第四三代大統領に就任した。レンクイスト連邦最高裁首席判事の前で憲法の規定どおりの宣誓をすませた新大統領は、恒例の就任演説を行う。大統領は最高裁判所の判決によって、ようやく決着した大統領選挙をふりかえり、「今皆さんが目にした平穏な権力の委譲は、歴史的に見れば稀なできごとであるけれど、我が国においてはごく当たり前である。(中略) 精一杯選挙戦を戦いながら、最後には潔く敗北を認めたゴア副大統領に感謝する」と述べ、政権交代の正統性を強調し、党派の対立を乗り越えようと呼びかけた。

ブッシュ大統領はさらに、歴史上アメリカが時に間違いを犯したことを認めながらも、礼節、勇気、思いやり、品格といった、アメリカの理念を実現するために必要な徳について、また政府の責任と市民の役割について訴えた。そして最後に、「われわれ（アメリカ国民）は全員が長い物語の一部を担っている。物語の著者ではないのでその結末を知ることはないが、互いにベストを尽くし、それぞれの責務を果たし、たゆむことなく、大きな目的のために、この物語を続ける」と締めくくった。

このとき、八カ月後にテロリストによる大規模な攻撃が起こり、この物語が大きな転機を迎えるとは、大統領を含め誰一人として予想していなかった。

ブッシュ政権の出発

もし九・一一という大規模な同時多発テロ事件が発生しなかったら、ブッシュ（息子）大統領は四年間もしくは八年間の任期中、どのような仕事をしただろうか。

ブッシュ新大統領がモデルとしていたのは、父親のブッシュ第四一代大統領ではなく、むしろその前のレーガン大統領、そして大恐慌以前のカルビン・クーリッジ大統領であったようだ。二人とも堅実な保守主義者であり、重要な方針は自ら決定するけれども細かいことは部下に任せるタイプであった。

こうしたブッシュ新政権への評価は、最初からはっきり二つに分かれていた。共和党支持者は、清新なブッシュ大統領が有能な部下に支えられ、アイゼンハワーやレーガンのように、品格のある着実な、そしてリーダーシップを発揮する内政や外交を展開すると期待した。

それに対して民主党支持の人々は最初からブッシュは頭が悪い大統領だと信じており、特に選挙の結果当然大統領になるべきであったゴア副大統領が、最高裁の判決によってその権利を不法に奪われたという意識が強かった。

クリントン政権の末期に引きつづいて経済は安定しており、アメリカは平和であった。ブッシュ対ゴア事件の判決以降、最高裁も比較的静かである。九・一一事件が起こる前夜まで、トップニュースは行方不明になった連邦議会インターンの若い女性が、ある下院議員と不倫関係にあったという事件である。下院議員は彼女の失踪に関係しているのか。何か知っているのか。このニュースに全米が大騒ぎしていた。

だが、九・一一事件が起きた瞬間、こうしたニュースはすべて吹き飛んでしまう。

九・一一事件と大統領の対応

二〇〇一年九月一一日朝、イスラム過激主義者のテロリストがジェット旅客機四機をハイジャックし、そのうちの二機がニューヨークの世界貿易センタービル、一機がワシントン郊外の国防総省に突っこみ、残る一機が乗客の抵抗に遭いペンシルヴェニア州の野原に墜落した。事件は全米のみならず、全世界を震撼させる。アメリカ史のなかでも、大恐慌が始まった一九二九年の暗黒の火曜日、一九四一年の真珠湾攻撃、一九六三年のケネディー大統領の暗殺に匹敵する、あるいはそれ以上に衝撃的な事件であった。アメリカ本土が敵から直接本格的に攻撃されたのは、米英戦争のさなかの一八一四年にイギリス軍が上陸し、ワシントンのホワイトハウスや議事堂などを焼き討ちした以外にない。真珠湾のあるハワイは攻撃当時アメリカの領土に過ぎず、まだ州に昇格していなかった。

　事件後、全国民が注目したのは、大統領がこの未曾有の大事件にどう対応するかであった。国家的危機への対応は、大統領のもっとも重要な仕事である。平時の大統領はなかなか思い通りにものごとを進められないが、国の存亡にかかわるような大きな危機の際には憲法上ほとんど無制限に近い権限を一時的に与えられ、必要かつ実行可能なあらゆる措置をただちにとることが期待される。同時に国民を精神的に支え、団結させる役割も果たす。

　九月一一日当日、フロリダ州の小学校を訪問中にテロ攻撃の第一報を受けたブッシュ大統領は、危険を避けるためにすぐ大統領専用機で離陸する。その夜ホワイトハウスへ戻り、全米の国民へテレビで語りかけた。政府がテロリストの攻撃に対して全力で対処していることを報告し、「テロリストはアメリカ最大のビルを倒せるが、この国のよって立つ基盤には触ることもできない。テロリストは鋼鉄さえ破壊できるが、アメリカ国民の鉄のごとき固い決意は微動だにしない」と述べた。

　一四日にはニューヨークへ飛び、世界貿易センタービル崩落の現場を訪れる。瓦礫の山の上に立って、ハンドマイクを使い即興で演説した。おそらく音質が悪くて聞き取りにくかったのだろう。「ジョージ、よく聞こえない」と救助隊の一人から野次が飛ぶ。すると大統領は、こう応答した。

「君の声はよく聞こえるよ。いや、世界中の人々が、みなさんの声を聞いている。ビルを崩落させた者たちも、間もなくわれわれすべての声を聞くことになる」（註４）。

危機が国民を団結させたのか、ブッシュ大統領が国民を団結させたのか、ブッシュ大統領の支持率は九・一一事件の直後、史上最高の九〇パーセントにまで跳ね上がる。

アフガニスタン戦争

ブッシュ大統領はアメリカをさらなるテロから守り、テロリストとその背後にいるアルカーイダに対して断固たる措置をとることを誓う。九月一二日、テロリストの攻撃を戦争行為とみなすと宣言。一四日には緊急事態を宣言した。これを支持し具体的な行動に法的な裏づけを与えるために、連邦議会は同日、上下両院で合同決議案を圧倒的多数で可決し、一八日にブッシュ大統領の署名を得て、「軍事力行使許可法」が発効した。下院は賛成四二〇、反対一、棄権一〇。上院は賛成九八、反対〇、棄権二の票決であった。同法は「九・一一のテロ攻撃を計画し、許可し、実行し、あるいは援助したと大統領が認める、国家、団体、あるいは個人に対して、すべての必要かつ適切な軍事力を用いる権限」を大統領に与えた。また、「アメリカ合衆国に対するそのような国家、団体、個人による将来の国際的テロ攻撃を防ぐために、そのような団体もしくは個人をかくまう国家、団体、個人」に対しても軍事行動を行う権限を付与した。決議前文は、「九・一一事件は合衆国と合衆国市民に対する攻撃であり、合衆国による自衛権行使ならびに国内国外での合衆国市民の防衛を必要かつ正当化するものである」と宣言する。

この決議にもとづいて、ブッシュ政権はテロリストに対する軍事行動を検討しはじめる。そして一〇月七日、米軍は有志連合に加わったイギリスはじめ他国の軍隊とともに、ウサマ・ビン・

ラーディンを含むアルカーイダのテロリストをかくまうアフガニスタンのタリバン政権攻撃を開始。NATOのメンバーである同盟各国は、テロリストに対する武力行使をアメリカの個別自衛権行使としてとらえ、同機構の歴史上初めて集団的自衛権を発動してアフガニスタン攻撃を武力その他によって支援した。この結果、アフガニスタンのタリバン政権は倒れ、カブールを含む都市部を脱出する。議会からほぼ無制限の武力行使権限を与えられたブッシュ政権の対テロ作戦は、ひとまず成功を収めた。

第23章　戦争と憲法

戦争権限と憲法

外国との戦争など国家存亡にかかわる危機の際、大統領はどこまで制約を受けずに行動できるのか。この問題は、アメリカ憲法史の古くて新しい問題である。国の独立と安全はもちろん確保せねばならないが、同時に国民の自由など基本的な権利をできるかぎり守らねばならない。両者はしばしば両立が難しい。

合衆国憲法の起草者もそのことをよく理解していた。そこで、憲法は戦争にかかわる権限を連邦政府に集中させたうえで、連邦議会と大統領の両方に配分した。

最初に憲法は、第一条八節一二項で「陸軍を招集し支援する」権限、同一三項で「海軍を創設し維持する」権限、さらに同一四項で、「陸海戦力の統率と規制に関する規則を制定する」権限を、議会に与えた。これによって連邦陸海軍の創設が可能となった。

同時に、憲法は陸海軍の指揮統率権を大統領に与えた。まず第二条一節一項が、執行権は大統領に属すると定める。また同三節には、大統領には法律が忠実に執行されるようにする責任があり、軍人を含む合衆国のすべての官僚を任命する権限があるとする。大統領は議会が制定した法律を執行する唯一の機関であり、戦争と軍隊に関しても同様である。さらに第二条二節は、大統領が陸海軍ならびに連邦軍に編入された各州民兵の最高指揮官であると定める。陸海空軍および海兵隊の四軍を統率するアメリカ合衆国大統領の強大な権限は、この規定にもとづく。

このように憲法は、議会と大統領の両方に戦争権限を与え、マディソンが唱えたいわゆる抑制と均衡の原則がこの権限の行使にもあてはまるようにした。ただし両者の戦争権限がどのように分けられ重なっているのかは、文言上必ずしも明らかでない。議会に与えられた戦争権限が個別具体的であるのに対して、大統領に与えられた戦争権限は広範であいまいであるため、議会が法律を制定していなくても、あるいは議会の決定に反しても、自分は独自の戦争権限にもとづいて武力行使ができると大統領がしばしば主張する根拠は、この点にある。

同様に『ザ・フェデラリスト』の第二三篇で、アレクサンダー・ハミルトンも国家防衛のために必要な権限は、「何らの制限なしに与えられるべきである。というのは、国家存亡の危機について、その範囲や種類をあらかじめ予測し定義することは不可能であり、かつまた危機を克服するに必要と思われる手段について、そのしかるべき範囲や種類をあらかじめ予測し定義しておくことは不可能だからである」と述べている（註5）。

しかし同時にハミルトンは、第八篇で率直に、外敵からの脅威が自由を圧迫する傾向を認める。

「自由への熱烈たる愛情も、（外からの脅威に対抗する）必要性に道を譲ってしまう。戦争にともなう無残な人命の喪失や財産の破壊、継続する危険に対処するための絶え間ない努力と警戒は、そこからの平安と安全を得るために、自由をもっとも愛する国民さえをも、社会的政治的権利を奪いかねない体制に依存させてしまう。より安全であるために、人々は自由を失う危険を冒すのをついにいとわなくなる」（註6）。

ハミルトンが予言したとおり、アメリカの歴史において危機的状況が生起するたびに、安全の確保と自由の維持のあいだでどのようにバランスを取るかが、憲法上の大きな問題となった。たとえば南北戦争が始まると、リンカーン大統領は議会の許可を得ないまま南部港湾の封鎖、民兵の動員、徴兵の開始、人身保護令状の停止など、一方的な措置を次々に講じる。奴隷解放宣言も、大統領の戦争権限にもとづいて行われた（註7）。

第一次大戦下のウィルソン大統領、第二次大戦時のローズヴェルト大統領も同様である。二人ともリンカーン大統領以上に、議会からの授権の有無にかかわらず、さまざまな政策を実施した。そしてリンカーン大統領による非戦闘地域での軍事法廷における民間人の裁判、ローズヴェルト政権下での日系米人強制収容など、平時であれば重大な人権侵害にあたるような行為が、有事における大統領の広範な戦争権限によって正当化された（註8）。

第二次世界大戦後も武力紛争が起こるたびに、大統領の戦争権限がどこまで認められるかが問題になる。たとえば、朝鮮戦争のさなか、トルーマン政権は全米鉄鋼労働組合によるストライキが戦争遂行の重大な支障になると判断し、大統領の戦争権限にもとづいて国内のすべての製鉄所を一時的に国有化し、ストを中止させ生産を続けさせた。最高裁はヤングスタウン鉄工所対ソイヤー事件の判決で、トルーマンのこの措置を、戦場から遠く離れたアメリカ本土では正当化できないとの理由で違憲とし、大統領の戦争権限は決して無制限でないことを示した。

一九六四年のトンキン湾事件の際、議会は広範な武力行使権限をジョンソン大統領に両院合同決議で与えた。その後、この決議がベトナムへの大規模な軍事介入拡大の根拠として使われたのを後悔した議会は、一九七三年に戦争権限法をやはり上下両院の合同決議で可決し、議会の同意を得ていない大統領による武力行使の権限と範囲を著しく制限した（註9）。歴代政権は、この決議を大統領が本来有する戦争権限をしばるもので強制力がないとの立場を維持する。他方で一九九一年の湾岸戦争開戦の際には、ブッシュ（父）大統領があえて議会による授権を求め、国連安保理決議の可決によって国際社会の理解も得て、イラクに対する武力行使に正統性を与えた例もある。

テロとの戦い――目的と手段

九・一一事件後のブッシュ政権にとって最大の課題は、アメリカ国民をいかに大規模テロ攻撃から守るかであった。二〇〇一年九月一一日の攻撃を未然に防げず国民の命を守れなかったのは、明らかに政権の失策である。二度とこのようなことは許さない。武力行使を含むあらゆる手段を用いる。ブッシュ政権は大統領以下、すべてその決意で固まっていた。九月一八日連邦議会上下両院が「軍事力行使許可法」を可決したとき、国民の反対はほとんどなかった。

九・一一事件への反省をこめて、この他にも新しい政策が矢継ぎ早に実行される。まず国防政策の根本的見直しが行われ、いわゆる先制攻撃のドクトリンが構築され発表された(註10)。国内治安体制の根本的見直しも行われ、移民局、税関、沿岸警備隊、シークレットサービス、FEMA(連邦危機管理庁)など、これまでばらばらであった国民の安全にかかわる省庁を一つに統合する国土安全省が発足する。また二〇〇一年一〇月二六日には、議会両院の圧倒的多数で可決された(上院で反対票を投じたのは一人)合衆国愛国者法は、国内でのテロ事件発生を防ぐために治安当局の情報収集権限を大幅に拡大した。なかでも、テロ容疑者による電話やメールでの交信を盗聴する大きな裁量権が与えられた(註11)。

こうしたブッシュ政権の一連のテロ対策は、この頃はまだ大きな批判を受けない。九・一一事件の衝撃が大きすぎて、政権の大幅な権限強化はある程度仕方ないと感じられていたようだ。

イラク戦争

二〇〇一年一一月、アフガニスタンのタリバン政権が倒れたあと、ブッシュ政権の次の目標は大量破壊兵器の開発・隠匿と国際テロの支援を強く疑われたイラクの脅威への対応であった。一九九一年の湾岸戦争敗北後も、フセイン政権はその独裁体制と軍隊を維持して、国連による大量破壊兵器査察の要求をたびたび拒否し、あるいは妨害しつづけた。国連安保理事会は、イラクへ最後のチャンスを与えるとして、二〇〇二年一一月に全面的武装解除と無条件査察ならびに情報提供を求める決議一四四一を可決した。これをイラクが受け入れ、国連チームによる査察が行われたが、イラク側の非協力、疑問点の多い情報提出などによって、大量破壊兵器廃棄の決定的証拠は得られなかった。

しびれを切らしたブッシュ政権は武力行使によるフセイン政権打倒へ傾く。二〇〇二年一〇月一六日には、イラクへの武力行使を許可する新しい議会上下両院の合同決議が可決され発効した。下院が二九七対一三三、上院が七七対二三の票決である。依然としてブッシュ政権の政策への支持は強かったが、武力行使への反対も増えつつあった。

ヨーロッパをはじめ世界各国で戦争反対の声が高まるなか、英国のトニー・ブレア首相や日本の小泉純一郎総理の強い進言もあって、アメリカはイラクに対する武力行使を容認する湾岸戦争のときと同様の決議可決を国連安保理事会に求めた。しかし、ドイツ、フランスを中心とする強い抵抗によって最終的に断念、アメリカは安保理の決議なしでの開戦を決意する。アメリカの最後通牒をフセイン政権が拒否するや、二〇〇三年三月一九日、アメリカ軍は英軍など有志連合の軍隊とともに全面攻撃を開始した。イラクに侵攻した米軍は短期間でバグダッドを制圧、サダム・フセインは逃亡を余儀なくされる。二〇〇三年五月一日、ブッシュ大統領は航空母艦エイブラハム・リンカーンに着艦し、イラク戦争での勝利宣言を行った。演説を行う大統領の背後の艦橋には「任務完了（MISSION ACCOMPLISHED）」という大きな横断幕がかかっていた。

勝利宣言を行ったものの、サダム政権崩壊後にアメリカが取り組んだイラク再建の試みは、なかなかうまく進まない。アメリカ軍による占領統治は機能せず、開戦の最大の理由であったサダム政権が隠匿したとされる大量破壊兵器は、結局最後まで見つからなかった。アメリカ軍の駐留が長引き、アメリカ軍や有志連合軍の兵士だけでなく、イラク人の死者と負傷者が増大するなかで、一体アメリカは何のためにイラクで戦争をしたのかという疑問の声が上がる。

ヨーロッパをはじめ世界中で、いわゆる「ブッシュの戦争」への批判がさらに高まる。世界中のブッシュ政権批判、アラブ世界やヨーロッパ諸国での反米の嵐に、アメリカ国民は当惑し、悩みを深めた。

そうしたなか、民主主義や人権を掲げて戦ったアメリカの戦争の正統性を疑わせるスキャンダルが発生する。二〇〇四年四月二八日、アメリカ三大テレビネットワークの一つであるCBS放送が報じた、バグダッド郊外のアブグレーブ刑務所での捕虜虐待である。裸で鎖につながれたイラク人の捕虜が、ピラミッドのように無理矢理重ねられ、それをアメリカ人兵士が楽しんでいるかのような写真。紙のフードをかぶせられて台の上に立たされ、体に電気コードを巻かれた捕虜の写真。動かしようのないこれらの証拠は、アメリカ人の良心を深く傷つけた。

安全と自由のバランス

イラク人捕虜虐待とならんで問題となったのは、二〇〇二年一月に始まったキューバにあるアメリカ海軍グアンタナモ基地におけるテロ容疑者の無期限の拘束と尋問である。アフガニスタン戦争開始以来、アメリカ軍は同国や隣のパキスタンなどで捕らえた、アルカーイダやタリバンに属しテロリストであると疑われる大勢の戦闘員をグアンタナモ基地に移送し、厳重な警戒のもと、外部とは切り離された施設に隔離収監する。その数総計約六四〇人。なかにはアメリカ国内で逮捕された者、アメリカ国籍の者もいた。

これらのテロリスト容疑者をアメリカ国内の軍刑務所に送れば、その取り扱いをめぐって国際法、憲法、法律上のさまざまな問題が生じる。また、彼らを米国本土で収監することはテロリストの報復を招く恐れがあり、アメリカ国民にとって危険性が高い。同時にヨーロッパなど同盟諸国のアメリカ軍基地に置くことも、条約上、国際法上の問題が発生する恐れがあった。

そこでブッシュ政権は、拘束したテロリスト容疑者が通常の犯罪被疑者や戦争捕虜が有する手続的および実体的権利を有さない不法な敵性戦闘員であるという立場をとり、グアンタナモ海軍基地の刑務所に収監して軍の管理下に置いた。同基地は一九世紀末の米西戦争の結果、一九〇三年以来キューバ政府からアメリカが租借しつづける土地であり（租借の有効性を認めないキューバ政府は地代を一切受け取らず、土地の返還を求めて抗議を続けてきた）、アメリカ軍の管理下にありながら主権はキューバ政府にあるため、アメリカ連邦司法の管轄権が及ばない。ブッシュ政権のロイヤーたちはそう解釈した。テロリスト容疑者を拘束しておくには、都合がよい。しかも、容疑者の尋問が自由にできた。どのような方法で尋問を行っているかも、外からはまったくわからない。

グアンタナモ海軍基地へのテロリスト容疑者の収監と処遇に対しては、ヨーロッパ各国や国連などから強い非難の声が上がり、国内でも問題になった。原則として戦争中捕らえられた敵の軍人は戦争捕虜としてジュネーブ条約により一定の権利を与えられ、虐待や拷問は許されない。しかしグアンタナモのテロリスト容疑者たちは自分の罪状を知らされず、弁護士の助力を得られず、法廷で自らの主張をなすことが許されなかった。人権を重んじイラクやアフガニスタンの民主化を説くアメリカが、グアンタナモに収監されたテロリスト容疑者にまったく法的権利を与えないまま無期限に拘禁していてよいのか。人権の重大な侵害はないだろうか。それでも政権はこの政策を変えようとはしない。軍の責任で行うテロリスト拘禁について、議会ができることはほとんどなかった。

しかしそこは、訴訟の国アメリカである。二〇〇二年初頭、グアンタナモで拘禁されているデイヴィッド・ヒックスというオーストラリア国籍のテロ容疑者が家族に一通の手紙を書いて窮状を訴え、その家族がニューヨークの人権団体に助けを求めた。そしてこの団体の弁護士がワシントンの連邦地裁に人身保護令状の発出を求め、訴えを起こす。同じような訴えが他の囚人からも次々に提起され、二〇〇三年になって最高裁がこれを取り上げた。こうしてブッシュ政権の対テロ政策の一部が、初めて最高裁による審査を受けることになる。

ラスール対ブッシュ事件

最高裁は二〇〇四年六月二八日にグアンタナモ関連の判決を三つ下した。このうちラスール対ブッシュ事件は、グアンタナモに収監されたイギリス国籍二人、ヒックスを含むオーストラリア国籍二人、クウェート国籍一二人のテロ容疑者が、人身保護令状（writ of habeas corpus）の発出を求め、それぞれコロンビア特別区の連邦地裁に提訴したものである。地裁と連邦控訴裁が請願を却下したあと、最高裁が取り上げ審理した（註12）。

上告人は全員アフガニスタンおよびパキスタンでの米軍とタリバンの戦闘中、アメリカ軍に捕らえられグアンタナモに送られた。しかしいずれも米軍と戦ったこと、テロ行為を行ったことを否定していた。そして罪状を知らされず、弁護士に相談する機会も聴聞の機会も与えられずにグアンタナモへ収監されつづけるのは、合衆国憲法、国際法、関係条約に違反するとして、人身保護令状の発出を求めた。

人身保護令状はもともとイギリスで発展し、アメリカでも採用された被疑者の権利保護制度の一つである。アメリカ合衆国憲法にも明記されている。王や政府によって身柄を拘束された者は、裁判所にこの令状を請願し身柄の釈放を求めることができる。裁判所は令状（writ）によって官憲に拘束されている者の身柄を法廷に移すよう命じ（habeas corpus はもともとラテン語で「身柄はあなたのもの」を意味する）、拘束の理由と必要性について官憲側が十分な説明ができない、あるいは違法性がある場合には釈放を命じることができる。この制度によって不当なそして根拠のない人身の拘束が防がれるようになった。

合衆国政府は、一四人の訴えを審理する管轄権が連邦司法にはないと主張し、ただちに訴えを却下するよう最高裁に求めた。九・一一事件の際、ハイジャックされペンタゴンに突っこんだ旅客機に乗りあわせた妻が命を失ったオルソン訟務長官は、最高裁での口頭弁論で、外国で捕らえられ外国に収監された外国人に対して連邦司法は管轄権を有さない、それに合衆国はいまテロリストとの戦争という非常事態にあると主張した。

これに対し、最高裁は六対三で下級審の判決をくつがえし、連邦裁判所には上告人による人身保護令状発出の請願に対する管轄権があるとして、この事件を地裁に差し戻した。法廷意見を著したスティーブンズ判事は、英米における人身保護令状の発展の歴史と裁判所の先例を詳しく分析し、被疑者が拘束されている場所を政府が「実効支配」していれば、その場所に対し国家主権を有さなくても、裁判所には人身保護令状を発出するための管轄権がある。たしかにグアンタナモの主権はキューバに属するが、アメリカ軍は同基地を完全に実効支配している。したがって収監されている者たちは、その国籍にかかわらず連邦司法に人身保護令状発出を求め、拘束が違憲であり違法であるという自分たちの言い分を法廷で申し立てる権利がある。こう判示した。

ハムディ対ラムズフェルド事件

二つ目はハムディ対ラムズフェルド事件の判決である。原告のヤッサ・エッサー・ハムディもアフガニスタンでの戦闘中に米軍に捕らえられ、グアンタナモに二〇〇二年一月に収監された。しかし、翌月彼がアメリカ国籍であることが判明し、最初はヴァージニア州ノーフォーク、のちにサウスカロライナ州チャールストンにある海軍の刑務所に収監された。二〇〇二年六月、ハムディの父親が息子の無期限の監禁は憲法修正第五条デュープロセス条項が与える権利を侵害しているとして、ヴァージニアの連邦地裁に人身保護令状の発出を請願する。

これに対し、政権の弁護士は、ハムディは違法な敵性戦闘員であり、アメリカ国籍であるかどうかを問わず憲法上あるいはその他の根拠にもとづく権利の主張はできない、ハムディの拘留は大統領にテロとの戦いにおいてすべて必要かつ適切な手段の行使を認める二〇〇一年九月の軍事力行使許可法によって正当化される、と主張した。

この事件を取り上げた最高裁は、八対一の票決でハムディの主張を一部認め、ハムディが中立的な審査を受ける権利があるとした。多数意見を著したオコナー判事は、ブッシュ政権が軍事力行使許可法にもとづきハムディを敵性戦闘員として拘束し、グアンタナモなどに収監する権限を有することを認める。しかしだからといって、ハムディは憲法修正第五条が保障する憲法上の権利を完全に奪われるわけではない。最低限の権利行使は認めるべきである。そして中立の立場に立つ審査機関で自らの主張を行い釈放を求める機会を与えねばならない。こう述べた。

これに対し、スカリア判事は反対意見を著す。同判事はラスール事件（容疑者は全員外国人）の反対意見では、外国でアメリカ軍が拘束した外国人の敵性戦闘員による人身保護令状請願を審査する権限を連邦裁判所は有さないと述べた。しかしハムディ事件（容疑者はアメリカ市民）の反対意見では、政権には軍事力行使許可法にもとづきアメリカ市民を敵性戦闘員としてグアンタナモに拘禁する権限がないとして法廷意見を批判した。敵に荷担し合衆国を攻撃する自国民には反逆罪を適用して裁くと、憲法は明確に規定しているからである。この反対意見には、ラスール事件の法廷意見を著したスティーブンズ判事が加わった。ブッシュ政権に近いスカリア判事は、容疑者が外国人であるかないかを区別し、アメリカ市民である場合にはブッシュ政権のグアンタナモ政策を正当化できないと、断言した。

なお三つ目のラムズフェルド対パディヤ事件判決で最高裁は、訴訟手続上の理由で原告の申立てを退けた（註13）。

グアンタナモ軍事委員会の創設

最高裁の三つの判決は少しずつ事実背景と法律上の争点が異なり複雑であるが、最高裁の多数は少なくとも一つの点について一致していた。それは九・一一事件を皮切りに始まったテロとの戦いという危機の状況にあっても、それに対処するため政権へ与えられた権限は無制限ではなく、たとえテロリストであると疑われる被疑者が外国人であり軍の管理下にあっても、最低限の憲法上の権利保障は与えられねばならないということである。

これらの判決を受け、ブッシュ政権はグアンタナモ海軍基地におけるテロリスト容疑者の処遇について再検討を強いられる。特にハムディ事件判決を受け、敵性戦闘員であるかどうかを改めて審査する新しい軍事委員会をグアンタナモ基地に創設した。

軍が占領した敵地などで、軍事裁判所の一種である軍事委員会（Military Commission）を行政措置として臨時に創設し、アメリカ軍人が敵の戦争犯罪人などを裁く例は、過去にもあった。たとえば一九四五年九月、日本が敗れたあとフィリピンで米軍に降伏した山下奉文大将を戦犯として裁き、死刑を宣告したのは、フィリピンに設けられたアメリカ軍の軍事委員会である。ただし特殊な状況における軍事裁判であるため、証拠の採用、審査の方法などは、一般裁判所の訴訟手続きほど厳密ではない。山下大将が合衆国最高裁に人身保護令状を求めた山下事件判決では、それが問題にされたが、結局最高裁は山下大将の請願を却下している。

ハムダン対ラムズフェルド事件

最高裁はしかし、新たに設置された軍事委員会での審査で十分とは考えなかった。二〇〇六年六月二九日、ハムダン対ラムズフェルド事件の判決を下し、グアンタナモの軍事委員会は議会が制定した法律にもとづいておらず、アメリカ軍事裁判統一法典と一九四九年に調印された四つのジュネーブ条約に違反すると判示した。判決は五対三で、法廷意見を著したのはラスール事件と同じくスティーブンズ判事である。

判決の論旨は非常に複雑であるが、一言でいえば最高裁はまたもや、ブッシュ政権のグアンタナモへのテロリスト容疑者収容政策にノーをつきつけた。特に、テロリスト容疑者は正規の軍人ではない、敵性戦闘員であるので戦時国際法の適用を受けない、というブッシュ政権の見解を否定し戦時捕虜の取り扱いを定めるジュネーブ条約が適用されると判断したのは、画期的であった。

これに対し、スカリア、トマス、そして新しくブッシュ大統領が任命したアリート判事（第25章参照）がそれぞれ反対意見を著す。スカリア判事は特に、不法な敵性戦闘員にジュネーブ条約が適用されるという法廷意見の解釈を、詳細に検討し批判している。

ちなみにハムダンはアルカーイダの最高指導者であったウサマ・ビン・ラーディンのドライバー兼ボディーガードをしていた人物で、アフガン戦争中地元の民兵に捕らえられて米軍の手に渡され、グアンタナモへ収容された。彼は最高裁の判決をよく理解しなかったが、祖国では一個人が国防長官に裁判で勝つことなどありえないと、たいそう喜んだという。

ブーメディエン対ブッシュ事件

ラスール事件、ハムダン事件の判決で、最高裁がグアンタナモで収監されているテロリスト容疑者の権利を認めるのを見て、今度は議会が介入する。議会の多数を占める共和党保守派は、二〇〇六年一〇月、二〇〇六年軍事委員会法を可決し、グアンタナモに収監されたテロリスト容疑者審査のための新しい軍事委員会創設を命じた。同法は、法律制定の時点で敵性戦闘員であると認定されている容疑者が、通常の連邦裁判所に人身保護令状発出を求めて訴訟を提起するのを禁じる。グアンタナモでの軍によるテロリスト容疑者の処遇に関して司法の関与をなるべく制限し、最高裁が求める手続要件を満たしたうえで軍事司法の手で対処しようという試みであった。しかし最高裁はこれも認めなかった。

二〇〇八年六月一二日、最高裁はブーメディエン対ブッシュ事件の判決を五対四で下す。法廷意見を著したケネディー判事は、二〇〇六年軍事委員会法がテロリスト容疑者の人身保護令状請願を中断するのは憲法に反する、グアンタナモはキューバ領土であるけれども、収監された容疑者たちは憲法上の人権保障に関してアメリカ本土の連邦裁判所で同じ扱いを受けるべきであると判断した。

ハムダン事件とブーメディエン事件の最高裁判決については、批判も多い。国家の安全に関して、行政府と立法府が定めた方針に最高裁がここまで干渉していいのか。法廷意見の国際法や憲法の解釈は正しいのか。専門家のあいだで議論が続く。しかしイラク戦争の長期化と予期しない結果に疲れきっていた多くの国民にとって、テロの脅威を認めながらもテロリスト容疑者の権利を最大限尊重する最高裁の判決は、アメリカの司法に対する信頼を増したかもしれない。

ブーメディエン事件判決を受けたオバマ新政権のもとで、議会は二〇〇九年軍事委員会法を可決し、テロリスト容疑者に二〇〇六年法よりも大きな手続保護を与えた。人身保護令状は彼らが連邦司法に救済を求める主たる手段として確立する。オバマ大統領は選挙中、グアンタナモ収容所の閉鎖を公約し、就任後それを実行しようとした。ところがテロリスト容疑者をアメリカ本土に移す計画が住民の強い反対にあって、任期中ついに実現しなかった。実際、グアンタナモから敵性戦闘員ではないとの判断がなされて釈放されたテロリスト容疑者が、再びテロ行為に従事した例が数多くあることが、しだいに明らかになる。オバマ政権は、グアンタナモに収監されているテロリスト容疑者の取り扱いに苦慮しながら、アフガニスタン、パキスタン、イエメンなどでテロリスト組織と戦いつづけた。

ハミルトンが、『ザ・フェデラリスト』第八篇で述べたように、外敵からの脅威に十分対処しようとすれば、基本的人権保護の原則とぶつかる。「より安全であるために、人々は自由を失う危険を冒す」。安全と自由のバランスを危機の時代にどう取るか。グアンタナモにおけるテロリスト容疑者の処遇をめぐる論争はその具体的な例であるが、同時にそうした論争が連邦の立法・行政・司法の三権を巻きこんで司法の場で堂々となされるのも、アメリカの特徴かもしれない。

第24章　レンクイスト・コートのたそがれ

変わらない最高裁判事の顔ぶれ

テロとの戦いから、ブッシュ大統領（息子）と司法の関係に目を転じると、この政権の第一期目は連邦最高裁の人事にまったく動きがなかった。四年のあいだ連邦最高裁の判事が一人も引退せず死去もしなかったからである。クリントン政権の第二期にも欠員が出なかったので、クリントン大統領が第一期半ばの一九九四年にスティーブン・ブライヤー判事を任命して以来、最高裁の判事の顔ぶれはブッシュ政権第二期に入った二〇〇五年まで一一年間変わらなかった。長い最高裁の歴史でも、このようなことは稀である。

就任日時の古い順に、レンクイスト首席判事、スティーブンズ、オコナー、スカリア、ケネディー、スーター、トマス、ギンズバーグ、ブライヤーの各判事という九人からなる最高裁判事の構成に変化はなかったものの、一部判事の憲法観と判決の傾向は、この一一年間で微妙に変化した。九人のうち、クリントン大統領が任命したギンズバーグとブライヤー判事を除けば、すべて共和党大統領が任命した判事である。保守的な最高裁をめざしての人事であったが、そうはならなかった。

九人のうち、民主党系のギンズバーグ判事とブライヤー判事は一貫して進歩的な傾向を示した。スティーブンズ判事とスーター判事も任命した共和党大統領の期待に反し、進歩的な判断を示しつづけた。反対に保守的な憲法思想で知られるレンクイスト、スカリア、トマスの三人の判事は、予想通りもっぱら保守的な判断を示す。したがって保守と進歩の意見が割れる難しい事件は、最後に残る二人、すなわち中道派のオコナー判事とケネディー判事の投票次第で決まることが多かった。

この二人は特に二〇〇一年以後、問題によってより進歩的な立場をとるようになる。その結果最高裁は、宗教や生命、性行動や死など、人々の価値観に深くかかわる問題について従前どおりの比較的進歩的な判決を下しつづけた。司法の保守化を唱えて当選したにもかかわらず、ブッシュ大統領（息子）はその第一期目、このような傾向をもつ最高裁について結局何もできなかった。ただしブッシュ政権第一期に最高裁が下した判決を分野ごとに見ると、そこにはこれまでの判例を踏襲する傾向とともに、新しい考え方の萌芽らしきものが見られる。

妊娠中絶の権利

一九九二年のケーシー事件判決で、女性が妊娠中絶を行う憲法上の権利を守った最高裁は、二〇〇〇年になって改めてこの問題を取り上げる。スタンバーグ対カーハート事件の判決である。ブッシュ大統領就任前に下されたものだが、進歩的な司法を非難する保守派の運動家が一九七〇年代以来もっとも重視してきた妊娠中絶の問題に、最高裁が久しぶりに判断を示した。

問題となったのは、妊娠後期中絶あるいは部分出産中絶と呼ばれる中絶方法を禁止するネブラスカ州の法律である。部分出産中絶とは、胎児が母親の胎内でかなり大きくなり通常の方法では中絶ができない、あるいは中絶による母体への危険が増すと医師が判断したときに、胎児の足を引っ張って首まで母体外に出し、子宮内に残った胎児の頭蓋に穴を開け、吸引カテーテルで脳を吸い出して頭蓋をつぶし、死んだ胎児を除去する方法である。こうした妊娠中絶が行われていることが広く知られるようになり、多くの州がこれを禁止する法律を制定した。しかし、それが女性の中絶の権利を否定するものだとして、部分出産中絶を専門に行うカーハートという医師がネブラスカ州知事を相手どり、訴訟を提起した。

最高裁は二〇〇〇年に五対四の票で、この法律を違憲と判断する。法廷意見を著したのはブライヤー判事である。ケーシー事件判決は、妊娠中絶を望む女性に「不当な負担」を課す法律は違憲であるとの法理を確立した。妊娠した女性に起訴や刑罰を恐れさせ妊娠中絶を選びにくくさせるこの法律は、まさに「不当な負担」を課すものであって違憲であると述べる。ケーシー事件判決で多数意見執筆者の一人としてロー事件判決がくつがえるのを防いだオコナー判事も、同意意見を著した。女性の健康を維持するためには、そのような方法を探ることも許されるという例外をネブラスカ州法が設けていない以上、部分出産中絶禁止法は違憲であるとの判断を示す。

ケーシー事件判決でオコナー判事、スーター判事と共に多数意見を著し、ロー事件判決を守ったケネディー判事は、本事件では反対意見を著した。ケーシー事件判決のもとでは、一定の妊娠期間が過ぎたあと胎児は憲法上の独自の生きる権利を有しており、このような妊娠後期の中絶はそうした胎児の権利を奪ってしまう。それを防ぐために制定された部分出産中絶禁止法は合憲である。それがケネディー判事の主張である。

そもそも憲法上の妊娠中絶権の存在を認めないレンクイスト首席判事、スカリア判事、トマス判事の三人は、この極端な中絶方法を禁じる法律は当然合憲であるとの立場をとって、それぞれ反対意見を著した。スカリア判事は、「不当な負担」という基準はあいまいであり、判事個人の主観によって左右されるので客観的基準とはなりえないと、ケーシー事件判決のときと同じ主張を繰り返した。

同性愛の権利

スタンバーグ事件判決では、部分出産中絶禁止法の合憲性をめぐって保守の側に立ったケネディー判事だが、その三年後、同性愛の問題についての事件で、それまでの判決をくつがえす非常に進歩的な法廷意見を著す。二〇〇三年のローレンス対テキサス事件判決である。

アメリカの多くの州には、同性愛を許されない性行為として禁止する法律が昔からあった。もともとキリスト教は同性愛を罪として禁止しており、こうした法律はキリスト教の伝統に深く根ざすアメリカ社会の一般的な道徳観を反映したものである。しかし同性愛者にしてみれば、異性間の性行為は正常と認めながら同性の者のあいだの性行為を禁じる法律は、許しがたい差別であり基本的な人権の侵害である。ゲイライトと呼ばれる同性愛者の権利確立をめざす運動家たちは、同性愛行為を禁じる州法を違憲とする判決を期待して、多くの訴訟を提起し、闘ってきた。

実はローレンス事件判決が下される一七年前の一九八六年、最高裁はバワーズ対ハードウィック事件判決で、同性愛行為を禁止する州法を合憲とする判決を下していた。ジョージア州の警察官トーリックは逮捕状執行のために訪れた本事件原告のアパートで、同性愛行為中の原告ハードウィックとその相手に偶然遭遇し、同州反ソドミー法違反容疑で二人をその場で逮捕する。ソドミーというのは男女間の通常の性交以外の性行為の総称で、同法は男女間でも同性間でも、たとえ同意のうえであっても、口と肛門を使う性行為を禁止していた。検察は二人を起訴猶予としたが、ハードウィックは本法を違憲と宣言するように求め、州司法長官のバワーズを相手どって訴訟を提起する。この事件を最高裁が取り上げた。

最高裁は五対四の票で、ジョージア州の反ソドミー法を合憲と判断した。原告ハードウィックは、どのような性行為であろうと同意のうえでプライベートに行う憲法上の権利を個人は有すると主張する。同性愛を行う権利は、グリズウォルド事件判決やロー事件判決が認めた、いわゆる「プライバシーの権利」の一部として憲法が保護するのだと言うが、それは間違っている、同性愛者が口や肛門で行う性行為は、「プライバシーの権利」に含まれない。そのような権利は、アメリカ合衆国の歴史や伝統に深く根ざしていないし、秩序ある自由という基本的な考え方に含まれるものでもない。多数意見を著したホワイト判事はそう論じた。法廷意見には首席判事になる前のレンクイスト判事とオコナー判事が加わった。

ローレンス事件の事実関係は、一九八六年のバワーズ事件のそれとよく似ている。男が一人暴れているとの通報を受け、原告ローレンスのアパートに到着したテキサス州の警察官数人が室内に入ると、同性愛行為中の原告とその相手を発見する。抵抗する二人は同州の反ソドミー法違反容疑で逮捕され、有罪の判決を受ける。原告はこの法律が憲法違反だと主張して新たに訴訟を提起し、最高裁がこれを取り上げた。

バワーズ事件のときと異なり、最高裁は六対三の票決でテキサス州の反ソドミー法を違憲と判断する。法廷意見を著したケネディー判事は、同性愛行為をする権利はプライバシーの権利とは認められないとしたバワーズ事件判決は間違っている。成年の男女が誰にも強制されず、同意のうえ自宅で、自分たちが選ぶかたちで性行為を行う自由は、憲法修正第一四条の含意する実体的デュープロセスの考え方によって保護されるべき根本的な権利である。それは個人の尊厳にかかわる自己決定の権利であり、よほどの理由がないかぎり政府はこれを侵すことはできない。しかも、かつて同性愛行為を犯罪ととらえていた州も次第に同性愛を認めるようになりつつある。バワーズ事件のときに同性愛行為を禁止していた州が二五（コロンビア特別区を含む）あったのに、今は一三しかない。それにもかかわらず、同性愛者を差別し、同性愛行為を明確に禁止するテキサス州法は許されない。したがって最高裁は本テキサス州法を違憲とし、バワーズ事件判決を明確にくつがえす。こう宣言した。

カトリックの家庭に生まれ、キリスト教徒としての倫理観をもつケネディー判事が、同性愛行為の権利を憲法が保障するプライバシーの権利としてとらえテキサス州法を違憲としたことに多くの人が驚いた。二〇〇〇年以前のケネディー判事では到底ありえない、きわめて進歩的な立場を取ったからである。そして彼の心境変化の理由を詮索した。

テキサス州法が違憲であると信じる根拠として、ケネディー判事は、ヨーロッパ人権裁判所が人権に関するヨーロッパ条約にもとづき、英国の北アイルランド反ソドミー法を無効とした一九八一年のダジョン対連合王国事件判決を挙げ、近代のヨーロッパ文明はソドミーを禁止しているとの保守派の主張を退けた。同法はローレンス事件で問題となったテキサス州法とほぼ同じ内容であった。ローレンス事件判決はグリズウォルド事件判決で初めて示されたプライバシーの権利の考え方が、ロー事件判決で妊娠中絶の権利に発展し、ケーシー事件判決によって維持された流れを汲むものである。しかしそれが同性愛の権利にまで拡大されるにあたって外国の判例が参考にされたのが、これまでにない新しい動きであった。

この判決によって、全米一三州に残っていた反ソドミー法はすべて無効になった。反対意見を著したスカリア判事は、本法廷意見はゲイライトの立場に与する法律家に特有のリベラルな文化のなかから生まれたものであり、最高裁は現代アメリカの文化戦争の一翼をになうことになったと嘆いたが、最高裁の多数意見をくつがえすことはできなかった。

未成年者の死刑

二〇〇〇年代に入ってケネディー判事が示しはじめた思想的にも憲法解釈上も進歩的な傾向は、

未成年の犯罪者を死刑に処する州法は違憲であるという、二〇〇五年のローパー対シモンズ事件判決にも色濃く表れる。死刑の合憲性については長年最高裁で争われてきたが、この判決は未成年者を死刑に処するのは合憲だとした一九八九年のスタンフォード対ケンタッキー事件の判例をくつがえすものであった。

スタンフォード事件判決で最高裁は、犯行当時一七歳であったスタンフォードを死刑に処すのを可能とするケンタッキー州の法律が憲法違反であるとは言えないと、五対四の票決で判示した。法廷意見を著したスカリア判事は、死刑制度を維持する三七州のうちで一八歳未満の少年を死刑にできるかどうかについての合意はなく、したがってその判断は各州の議会に任せるべきであり、最高裁が一律に判断すべきでない。こう説明した。

ローパー事件では、当時一七歳であった被告のシモンズが、彼よりもさらに若い仲間一人と予め計画を立てて民家へ強盗に押し入り、その家の住人を縛り目隠しして、近隣の川へ投げこんで溺死させた。この事実関係にはまったく疑いの余地がなく、州地裁が死刑判決を下した。しかし原告は控訴し、ミズーリ州最高裁が違憲判決を下す。これを州が連邦最高裁に上告した。

最高裁は五対四で、事件当時一八歳以下であったシモンズを死刑に処することを許すミズーリ法は、「残酷で異常な刑罰」を禁ずる憲法修正第八条に違反すると判断する。法廷意見を著したケネディー判事は、一八歳未満の少年を死刑に処するのは人倫に反しているとの新しい合意がアメリカ国内に生まれつつあること、そして一八歳未満の者を死刑にする国家が世界にほとんどないことを、違憲判決の理由にした。

反対意見を著したスカリア判事は、法廷意見の言う「国民の合意」がまだないこと、死刑の合憲性は憲法修正第八条の制定当時、制定者が何を「残酷で異様な刑罰」と理解したかで判断すべきであり判事の主観で判断すべきでないこと、さらに外国の法律は憲法判断の基準にならず、都合のいい外国法の規定のみを取り上げるのは判事の主観を正当化するだけであると述べる。たとえば妊娠中絶の権利を憲法上認める国はごく少数でアメリカは例外に属するが、だからといって最高裁は妊娠中絶の権利を否定しないではないか。スカリア判事はこう主張した。

なお、オコナー判事もこの事件では反対票を投じ、別途反対意見を著す。

憲法解釈と外国法

最高裁が判決を下すにあたって外国の法律や判例を引くようになったのは、二〇〇〇年代に入ってからの新しい傾向である。前述のとおり、同性愛や死刑などの難しい判決で、法廷意見は外国の例をたびたび参考にするようになった。その傾向は特にケネディー判事やブライヤー判事、そして時にオコナー判事に見られる。

これら三人の判事は、最高裁の休廷期間中たびたび外遊をすることで知られている。ケネディー判事は一九六五年から八八年まで教授をつとめたカリフォルニア州パシフィック大学のロースクールがオーストリアのザルツブルグで開くサマースクールで、最高裁判事になってからも毎夏教えている。同地で開かれる国際会議にも頻繁に出席する。ブライヤー判事の夫人はイギリス貴族出身の女性で、夫妻ともフランス語に堪能でありヨーロッパの文化に通じている。オコナー判事も海外へ精力的に出かけるのが常だった。

これらの判事はヨーロッパの判事や知識人に知己が多く、ブッシュ政権の一極主義への批判がヨーロッパで高まるのを肌で感じて、心を痛めたらしい。アメリカより進歩的な傾向が強いヨーロッパの判事や知識人との対話から大きな影響を受けたことは、想像に難くない。アメリカが自由や民主主義を世界に広めようとするなら、アメリカもまた世界の考え方を取り入れるべきではないか。そうした思想が、彼らの判決に反映されたと考える人は多い。

アファーマティブ・アクション

この他にも、人種少数派を雇用や入学に関して優遇するアファーマティブ・アクションや、宗教と政府をなるべく離してお互いの影響を排除する政教分離のあり方など、伝統的に保守派と進歩派が真っ向から対立する憲法問題で、最高裁はそれまでの憲法解釈を踏襲する（したがって進歩的傾向を守る）重要な判決を下している。

アファーマティブ・アクションは、トマス最高裁判事任命に関連して第12章で述べたとおり、少数民族、特に黒人に対する人種差別是正をめざす制度の一つである。アメリカの黒人は二〇世紀後半に入って、ようやく制度的な差別から解放された。最高裁の判決、行政府の実力行使、議会による公民権法制定などの画期的な判決や政策によって、一九七〇年代までに機会の平等はまがりなりにも確保される。しかし制度的な差別がなくなっても黒人の雇用や生活の水準はなかなか向上せず、機会の平等だけでなく結果の平等を求める声が強まった。

アファーマティブ・アクションは、こうした要求に応えるために導入された制度である。たとえば大学の入学者選抜を入学希望者の高校の成績である全国統一試験の点数だけで決定すると、それまで教育の機会に恵まれてこなかったマイノリティは不利であり、なかなか合格できない。そこで一定の優先枠を設け、成績が合格点に足りなくても入学させる。その結果、黒人やヒスパニックなどの大学出身者が増えれば、やがて彼らは優遇措置なしでも白人と互角に競争できるようになるだろう。この措置は、それまでの一時的なものだと考えられていた。

ところが導入から二〇年以上経っても、アファーマティブ・アクションはなくならず、ある意味で、この制度は既得権益化してしまう。しかもこの制度がなくなれば、黒人やヒスパニック系学生の合格率が顕著に低下するのは明白であった。最大の問題は、入学を許される黒人やヒスパニックの受験者よりも学業成績がよい白人が、しばしば入学できないということである。これこそ不当な人種差別ではないか。アファーマティブ・アクションは法の平等保護を定める憲法修正第一四条や一九六四年公民権法に違反する。保守派はこう主張してアファーマティブ・アクションの廃止を強く唱え、逆差別を訴える多くの訴訟が提起された。

連邦最高裁判所は、一九七八年のカリフォルニア大学理事会対バッキー事件判決で、アファーマティブ・アクションの合憲性について玉虫色の判断を示す。法廷意見を著したパウエル判事は、同大学デーヴィス校の医学部が入学定員一〇〇人のうち一六人の固定枠を黒人などのマイノリティに割り当てるのは違憲である。しかし人種を入学者選考の際に考慮すべき要素の一つとするのは、大学の多様性を確保するという政府の重要な目的達成に必要であるため、合憲であるとした。

前者の判断に保守派の判事四人が賛成したため、デーヴィス校のアファーマティブ・アクションは違憲無効となった。しかし後者の判断に進歩派の判事四人が賛成したため、どのような基準ならば許されるかはあいまいなまま、制度としてのアファーマティブ・アクションは生き残ることになる。

バッキー事件判決が下されたあとも、保守派はアファーマティブ・アクションの完全な廃止を求めて運動を続けた。カリフォルニア州など、公立学校におけるアファーマティブ・アクションを州民投票による州憲法の改正によって禁止する州もある。アファーマティブ・アクションの合憲性を問う訴訟も引きつづき提起され、その一部が最高裁で検討されたが、バッキー事件判決をくつがえすには至らなかった。

こうした背景のもと、最高裁は二〇〇三年のグラッター対ボリンジャー事件で、ミシガン大学ロースクールのアファーマティブ・アクション・プログラムを五対四の票決で合憲と判断した。多数意見を著したオコナー判事は、同プログラムが入学者を選考するにあたって人種を一つの要素として考慮するのは許されると判示した。これはバッキー事件判決のパウエル判事による法廷意見をほぼ踏襲したものである。人種によって異なる扱いをする法律は厳格にその合憲性を審査せねばならないが、教育の現場における多様性の確立はきわめて重要な州の政策目標である。特定の人種だけを優遇するのは憲法上許されないが、多様性実現のために人種を含むさまざまな要素を入学許可の決定のために考慮するのは許される。こう述べた。

ただし同日下されたグラッツ対ボリンジャー事件判決では、同じミシガン大学の学部が入学者選考に用いるアファーマティブ・アクション・プログラムを六対三で違憲と判断した。レンクイスト首席判事が著した法廷意見は、グラッター事件で合憲とされたロースクールのプログラムとは異なり、学部のプログラムでは黒人、ヒスパニック、アメリカ先住民出身者など特定の人種の応募者に自動的に加点し合格者の選考を行っている。これはバッキー事件で違憲とされた予め設定する割当枠（クオータ）に近く、許容されないと述べた。

バッキー事件判決ではパウエル判事が、アファーマティブ・アクションは本来好ましいものでないとして、このような制度は二五年ほど経てば必要なくなることを期待すると記している。しかしアファーマティブ・アクションは三〇年経ってもなくならず、廃止すべきだという声が高まっていた。グラッツ事件判決では実際に学部のプログラムが違憲とされる。けれどもグラッター事件ではオコナー判事とブライヤー判事がロースクールのプログラムを合憲とする側に立ったので、アファーマティブ・アクションは生き残った（註14）。オコナー判事も、四半世紀後にこのプログラムが廃止されることを期待すると記したが、どうなるかはわからない。

政教分離

一方、政教分離に関する分野でも、これまでの判決をおおむね踏襲しながら相異なる結論に達した二つの判決を、二〇〇五年、同じ日に下している。ヴァン・オーデン対ペリー事件判決およびマクリーリー郡対アメリカ自由人権協会ケンタッキー支部事件判決で、いずれも政府の施設でのモーゼの十戒の展示が、憲法修正第一条の定める政教分離の原則に反するかを争った。

第9章ならびに第27章で述べたとおり、保守派と進歩派は長年にわたって政府と宗教の関係のあり方について司法の場で争ってきた。たとえば公立学校における宗教活動や教育、特に学校での祈祷が、憲法修正第一条の国教樹立禁止条項（政教分離原則）に違反するどうかが訴訟を通じて何度も争われ、最高裁が判断を示している。これとは別に、政府が所有・監督する建物や土地で宗教的な展示や装飾を行うのが政教分離原則に反するかどうかを争った一連の事件判決がある。ヴァン・オーデン事件判決とマクリーリー郡事件判決は、後者の代表的なものである。

国教樹立禁止条項の解釈に関しては、かねてから最高裁の判事のあいだで二つの異なる立場がある。一つは、政府と宗教が関係を結ぶのはさまざまな問題を引き起こすので基本的に好ましくない、できるかぎり両者を厳格に分離する必要があるというもの。この見方に立てば、政府は宗教的目的を有する行為を一切してはならないことになる。二つ目は、この条項を制定した人々は政府が特定の宗教を人々に押しつけたり圧迫したりするのを防ごうとしたのであって、宗教そのものを避けたのではない、むしろ宗教を大事にするのはアメリカの長い伝統であるというもの。この見方に立てば、伝統にもとづいた政府の宗教的慣習などは、むしろ許容されるべきである。

最高裁は、ヴァン・オーデン事件では後者の立場に立った。モーゼの十戒を彫りこんだ民間寄贈の石碑を州議会議事堂を囲む州所有の広場に、テキサス州が四〇年にわたって他の記念物と一緒に展示してきたのは、長い歴史と伝統にもとづくものであり、なんら政教分離原則に反しないとの判決を五対四で下す。しかしマクリーリー郡事件では前者の立場に立った。ケンタッキー州の郡裁判所の内部に十戒を彫りこんだ石碑のみを展示するのは違憲だとの判決を、同じく五対四で下す。展示の目的が宗教的であって許されないというのである。それでも二つの事件で異なる結果が出たのは、ブライヤー判事が証拠を検討してヴァン・オーデン事件判決では合憲、マクリーリー郡事件では違憲と判断したためである。同じ十戒の展示でもこのように結果が異なり、何が合憲で、何が違憲なのか、わかりにくい。

ブッシュ大統領第一期にほぼ対応する時期のレンクイスト・コートは、他にもさまざまな判決を下した。必ずしも保守的あるいは進歩的といった一貫した傾向があるわけではない。問題によって、あるいは判事によって、結果は異なる。しかし全体としては、ロー対ウェード事件に代表される一九七〇年代のリベラルな判決をくつがえすことを保守派が期待したレンクイスト・コートは、その最後の約五年間、比較的進歩的な判決を維持しつづけた。

その一方で、一一年間一人もメンバーが入れ替わらなかったために、最高裁はややマンネリ化しつつあったかもしれない。また首席判事をはじめ、一部の判事が自分自身や家族の健康問題を抱えていた。最高裁は、新しい時代を迎える時期にきていた。

第25章　ブッシュ第二期と首席判事の交代

第二期ブッシュ政権のはじまり

ジョージ・W・ブッシュ大統領は二〇〇四年一一月の大統領選挙で再選された。予備選挙を勝ち抜いて、民主党候補に指名されたのは、ベトナム戦争の従軍経験をもつジム・ケリー上院議員である。大統領選挙の最大の争点はもちろんテロとの戦いであり、ケリー候補はブッシュ政権によるアフガニスタンとイラクでの戦争と復興・民主化の失敗を強く批判した。しかし両国の情勢は混沌としており先が見えなかったものの、アメリカ国民は戦時にあって現職大統領の続投を望んだ（註15）。

この大統領は、八年にわたる任期を通じテロとの戦いに明け、テロとの戦いに暮れた感がある。テロとの戦いだけでなく、内政や外交上の他の問題にも取りくんだものの（註16）、ブッシュ大統領はアメリカが衝撃的なテロ攻撃を受け、それに対応してアフガニスタンとイラクで戦争に突入し、戦争が長引いて大勢の人が死に、国民が苦悩したという一連の事実と、今でも固く結びついて記憶されている。ラムズフェルド国防長官が述べたとおり、「リンカーンと並んで、史上もっとも難しい仕事をした大統領の一人」であることは、たしかであろう。

第二期になってもイラク情勢はなかなか好転せず、ブッシュ大統領の支持率は次第に低下する。二〇〇五年のハリケーン・カトリーナ来襲により引き起こされたニューオーリンズでの大災害では、連邦政府関係機関の対応の不足と遅れを非難され、政権の大きな痛手となる。二〇〇六年の中間選挙で共和党は、上下両院の多数を明け渡す大敗を喫した。二〇〇七年末には住宅ローンの焦げつきをきっかけにアメリカ経済が深刻な不況に突入し、翌二〇〇八年九月にはリーマンショックという未曾有の世界的金融危機に襲われた。大量の公的資金が金融市場に投入され、ブッシュ大統領は共和党らしからぬ政策実行を余儀なくされる。ブッシュ政権はこの危機を解決できぬまま、オバマ政権に対応を引きついだ。

レンクイスト首席判事、患う

この時期の最高裁に目を向けると、一九九四年以来メンバーが一人も替わらなかった合衆国最高裁に、二〇〇四年の秋、一〇年ぶりに変化の兆しが見られた。一〇月四日に新しい開廷期を迎えてから三週間後、レンクイスト首席判事が甲状腺癌を患っており一一月一日まで休む、と最高裁の広報部が発表する。しかしその日になっても同判事は法廷に戻らず、放射線と抗癌剤による治療を受けるとの声明を改めて自ら発した。首席判事の不在中、スティーブンズ判事が代理をつとめる。人々は病状を心配すると同時に、近く引退を表明するのではないかと噂した。

翌二〇〇五年一月二〇日、再選されたブッシュ大統領第二期目の就任式が行われる。ひどく寒い日であった。憲法が規定する大統領の就任宣誓は、最高裁の首席判事が司式するのが長年のならわしである。しかしレンクイスト判事は癌を患って公衆の面前に顔を見せていない。この寒さでは出てこないだろう。誰もがそう思った。

ところが宣誓のときがくるや、顔色の悪い首席判事が杖をつき、おぼつかない足取りで正面に現れる。判事は首をマフラーで巻いていたが、気道に穴を開けてつないだ呼吸のための管の端が首から出ているのが見える。かすれてはいるが、はっきりとした声で宣誓の文言を読み上げ、ブッシュ大統領に繰り返させると、おめでとうと一言いって大統領と握手を交わしたあと、就任演説を待たずに姿を消した。本来華やかな就任式に一瞬粛然とした空気が流れた。

オコナー判事の引退表明

レンクイスト首席判事の引退時期や後任について、さまざまな臆測が流れた。しかし治療の結果体調をややもちなおして三月から法廷に戻った首席判事は、同年の開廷期最終日である六月二七日に引退を表明しなかった。事態はむしろ意外な方向に展開する。二〇〇五年七月一日、オコナー判事が、後任判事の決定後すみやかに引退するとの意思を、大統領に手紙で伝えたのである。

オコナー判事はこのとき七五歳。健康にはまったく問題がなかった。しかし夫のジョン・オコナー氏がアルツハイマー病を患っており、症状が悪化しつつあった。周囲の状況が徐々にわからなくなる夫を一人家に残しておけず、オコナー判事は毎日最高裁へ連れてきて執務室のソファーに座らせていた。

二〇〇五年の半ばまでにオコナー氏の症状はかなり進行し、一人でふらふらと彷徨するようになる。判事は最高裁の仕事を愛していた。合衆国史上初めての女性最高裁判事として世界中で有名であったし、中道派判事として最高裁の判決の行方に大きな影響も与えていた。できれば辞めたくない。しかし重病にもかかわらずレンクイスト判事は辞めず、あと一年ぐらいは続けたいと言っている。夫の病状からして一年は待てない。それなら自分が先に辞めるしかない。そう考えて、オコナー判事はついに引退を決意する。仕事よりも夫の看病を優先させた。

後任判事を選ぶには

そもそも最高裁判事任命の機会はなかなかめぐってこないものである。ブッシュ大統領も第一期にはまったくチャンスがなかった。それでもブッシュ・ホワイトハウスのチームは、二〇〇一年に政権が発足して以来、最高裁を含む連邦裁判所判事候補の検討を重ねていた。連邦控訴裁判事の人事も重要であり、こちらはしばしば任命の機会がある。将来最高裁判事の候補になりうる人物を確保しておく意味合いもある。次回は正真正銘保守派の判事、すなわちロー事件判決を否定する最高裁判事を任命したい。それが彼らの究極の目標である。

レンクイスト首席判事の癌が明らかになると、ブッシュ政権のロイヤーたちはがぜん活気づく。遅かれ早かれ、大統領は新しい最高裁判事を指名し、首席判事を決めねばなるまい。ブッシュ大統領は、選挙運動中から「憲法を厳格に解釈し、司法の役割に徹し、特定の社会政策実現のために判決を下さない」判事を望むとたびたび述べていた。しかし、それ以上はっきりした憲法観、司法観を持ち合わせているわけではなさそうであった。「ショート・リスト」と呼ばれる、もっとも有望な候補のリスト作成は、ホワイトハウスのロイヤーたちに任せる。

彼らは法律家として能力が高く、同時に保守的な司法観の持ち主を探した。いかに能力が高くてもこの条件を満たさなければ、福音派のキリスト教団体など政権を支える保守層の支持が得られず、指名そのものができない。フォード大統領が任命したスティーブンズ判事、ブッシュ(父)大統領が任命したスーター判事のように、就任したあとに進歩的な判決を下すようになる判事はなんとしてでも避けたい。

また、いったん指名されたあとに議会上院で同意が得やすいかどうかも考慮された。当時上院での議員数は共和党が五五、民主党が四四、民主党と共同歩調をとる無所属が一と、共和党が多数を占めていたが、民主党にはフィリバスターと呼ばれる判事候補の承認を無期限に遅らせ、任命を断念させようとする選択肢があった。それによって、判事候補の審議を遅らせるさまざまな手段に訴えるのである。実際、二〇〇一年にブッシュ大統領がホンジュラス生まれのミゲル・エストラダを将来の最高裁判事候補含みでコロンビア特別区の連邦控訴裁判所判事に指名した際、共和党が上院の多数を占めていたにもかかわらず、民主党議員たちは二八カ月に及ぶフィリバスターによって、この保守派の有望なヒスパニック系のロイヤーの任命をついに阻止した。

フィリバスターをやめさせるには、一九七五年に変更された上院のルール上、六〇票の賛成が必要である。両党はこの問題をめぐって激しく対立したが、二〇〇五年五月末、超党派の上院議員一四人が集まり、「判事候補のフィリバスターは特段の事情がある以外は行わない」という妥協案に合意した。「特段の事情」が何かは、はっきりしない。しかしかつて上院の同意が得られなかったボーク判事のように、極端な保守的司法思想の持ち主である最高裁判事候補に対しては、「特段の事情」にあたるとして民主党議員がフィリバスターで抵抗する可能性があった。その後もフィリバスターとそのやめさせ方については議論が続く。

ブッシュ大統領はさらに、判事候補の多様性を重視した。共和党の支持基盤拡大という政治的目的達成のためである。特にブッシュ政権はヒスパニック系アメリカ人の支持獲得に熱心であった。大統領はテキサス出身であることもあり、スペイン語に堪能である。民主党に先んじてヒスパニック系最初の最高裁判事を任命したい。ブッシュ大統領はそう願っていた。

大統領、ロバーツ判事を指名

最後の点については、実は絶好の候補がいた。司法長官のアルベルト・ゴンザレスである。メキシコ系移民の貧しい家庭に生まれたゴンザレスはテキサスで育ち、高校を卒業して空軍の兵士としてつとめたあと、ライス大学からハーバード大学のロースクールへ進む。一九八二年の卒業後、ヒューストンの有名な法律事務所で働いた。一九九四年、当時のブッシュ州知事が彼を法務顧問として起用、州内務長官を経て一九九九年、テキサス州最高裁の判事に任命する。二〇〇一年、大統領としてワシントンに乗りこむ際にゴンザレスを伴い、第一期にはホワイトハウスの法律顧問、第二期の始まりに司法長官へ任命した。いずれもヒスパニック系として初めての起用であった。政権の保守的司法観を代表する人物であるだけでなく、大統領と個人的に親しく、理想的な最高裁判事候補だと思われた。

ところがこともあろうに、保守派から強い反対が出た。テキサス州最高裁判事のときに妊娠中絶に寛容な判決を一度下しているというのである。それにゴンザレスには、憲法解釈についての見解を明らかにする論文や記事がなかった。大統領が気に入っているとはいえ、彼らはゴンザレスがスーター判事のように、連邦最高裁への任命後、中道派あるいは進歩派の判事に変容するのを恐れた。このためゴンザレスはショート・リストに載らなかった。

レンクイスト判事の辞任が近いとの判断のもと、二〇〇五年五月にショート・リストの五人がワシントンへ呼ばれた。そして一人ずつチェイニー副大統領、ゴンザレス司法長官その他から面接を受ける。さらにオコナー判事が引退を表明して間もなくの二〇〇五年七月一五日、五人はブッシュ大統領の面接を受けた。大統領は五人のなかでも特に、ジョン・ロバーツ候補と気があったらしい。中西部で育った人特有の気どらない謙虚な人柄が大統領に好印象を与えた。

ロバーツは、ロイヤーとしてこれ以上望めないと思われるようなすばらしい経歴をもつ人物である。一九五五年に生まれ、ハーバード大学の学部を最優等、ロースクールを準最優等の成績で卒業する。リベラル派が依然優勢であった一九七〇年代の大学で、保守的な思想をもちながら誰からも好かれた。卒業後はニューヨークを本拠とする第二巡回区連邦控訴裁判所の高名なフレンドリー判事と、連邦最高裁レンクイスト首席判事の助手をつとめる。レーガン政権の司法長官特別補佐となり、続けてホワイトハウス法務部に勤務。ワシントンの法律事務所で働いたあと、ブッシュ（父）大統領政権下の訟務長官のオフィスで次席をつとめた。当時まだ三七歳であったにもかかわらずロバーツの名声は高く、一九九二年、同大統領は彼をコロンビア特別区の連邦控訴裁判所の判事に指名する。しかしこのときは議会上院の民主党議員の反対を受け、同意が得られなかった。その後およそ一〇年間、法律事務所に所属して三九回も最高裁判事の前で口頭弁論を行い、さらにロイヤーとしての名をあげる。一方でクリントン大統領のスキャンダル調査など、政治的論争にはかかわらなかった。このロバーツを、ブッシュ（息子）大統領が再び同じ控訴裁判事に指名し、二〇〇三年上院が満場一致で同意する。将来の最高裁判事候補と目されての人事であった。

政権の内外にロバーツの保守思想について多少の疑念をもつ者はいたものの、大統領の面接と同じ七月一五日にコロンビア特別区の連邦控訴裁が下したテロリスト容疑者に関するハムダン事件判決で、ロバーツ判事が政権の立場を支持する意見を著したとわかると、保守派の疑いも氷解した。七月一九日、大統領はロバーツに電話をかけて最高裁判事就任を要請。その日の夜、ロバーツ夫妻と二人の子供をホワイトハウスに招き、当分引退する意思のないレンクイスト首席判事ではなく、オコナー判事の後任としてロバーツ判事を指名すると発表した。上院司法委員会での公聴会は、九月六日開始と決まる。

ロバーツ首席判事の任命

ブッシュ第二期の最高裁人事は、政権が直面したその他の問題もからみあい、さまざまなドラマに事欠かない。オコナー判事が引退を表明したのに対し、病身のレンクイスト首席判事は最高裁に留まった。なんとかあと一年くらいは首席判事の仕事を続けたい。それは病と闘う覚悟そのものだったのであろう。秋にはかつて自分の助手をつとめたロバーツ判事を最高裁に迎えることを、楽しみにしていた。判事とその元助手が最高裁で同じベンチに座るのは、歴史上かつて例がなかった。しかし夏のあいだ、レンクイスト判事の病状はさらに悪化し、二〇〇五年九月三日、ヴァージニアの自宅で息を引き取った。ロバーツの公聴会開始予定日の三日前である。

レンクイスト首席判事の死去は、大統領に新しい決断を迫ることになった。今回の選定作業は、そもそも同判事の後任を検討するために始まったものである。ところがレンクイスト判事の病状がいくぶん回復し辞める気配がなかったので、ロバーツ判事は先に引退を表明したオコナー判事の後任として指名された。それなのに公聴会が始まる直前、当のレンクイスト判事が亡くなってしまう。この事態を受けて、大統領はまだ引退していないオコナー判事の後任を任命する前に、後任の首席判事を誰にするか、早急に決定せねばならなくなった。

首席判事の任命には二つのやり方がある。一つは最高裁内部から選ぶ道、もう一つは外部から選ぶ道である。たとえば一九八六年にバーガー最高裁首席判事が引退を表明したときには、レーガン大統領は前者を選んで今回亡くなったレンクイスト判事を任命した。そしてバーガー首席判事の辞任とレンクイスト判事の昇任によって生まれた欠員は、スカリア判事の任命で埋めた。このやり方だと、首席判事任命と新判事任命との二回別々に、議会上院の同意を得ねばならない。

実はレンクイスト判事の死去以前から、首席判事を現職判事のなかから選ぶ動きがあった。特にチェイニー副大統領は、友人でもあるスカリア判事の昇進を推していた。保守的司法観の持ち主として、また最高裁判事としての経験と年次において、妥当な人選である。ただユーモアにはあふれているものの、他判事の判決内容をときに反対意見のなかで強い言葉で批判するなど攻撃的なこの人の性格ゆえに、ほかの判事をまとめて首席判事としてうまくやっていけるかどうかわからなかった。

後者の道を取れば上院の同意は一回で済む。しかし新判事にとって最高裁判事の仕事をこなすだけでも大変なのに、いきなり首席判事として最高裁のマネジメントもこなすのは、相当負担が大きい。それでもバーガー首席判事は連邦控訴裁判事から、その前任のウォレン首席判事はカリフォルニア州知事から、直接首席判事となっていた。

ブッシュ大統領の決断は、単純かつ迅速であった。新しい首席判事を外部から選び、指名し、議会の同意を得るには、多くの時間と人的資源を要する。最高裁内部から首席判事を選べば、もう一人新しい判事を選ばねばならない。一方、オコナー判事の後任としてのロバーツ判事の指名は、すでに圧倒的な好感をもって国民から受け止められていた。これから始まる上院司法委員会の公聴会もうまくいくだろう。上院本会議の同意もすぐ得られるだろう。それならもともとレンクイスト首席判事の後任として検討された彼を、レンクイスト判事の後任として首席判事にすればいい。能力の高いこの人ならつとまる。オコナー判事は後任が決定するまで最高裁判事として留まると言っている。彼女にはしばらく待ってもらおう。

当時、第二期のブッシュ政権はイラク戦争の泥沼化、ハリケーン・カトリーナがもたらした混乱と甚大な被害など、多くの深刻な政治問題を抱えていた。大統領の支持率は顕著に下がっており、最高裁の人事でこれ以上問題を抱えたくない。ロバーツ判事なら、その心配はしなくてすむ。

レンクイスト首席判事の死からわずか二日後の九月五日、大統領はロバーツ判事を後任の首席判事に指名すると発表する。この決定を受けて、ロバーツ判事の公聴会の開始は急遽九月一二日まで延期された。上院司法委員会は、ロバーツ判事が最高裁の新判事としてだけでなく、首席判事としても適任であるかどうかについて審議することになった。

ブッシュ大統領の予想したとおり、ロバーツ判事の公聴会での証言は、見事であった。難しい質問には言質を与えなかったが、真摯に答え、笑みを絶やさない。まったくメモを見ないで、憲法の歴史や判例についてすらすらと答える。九月二二日、司法委員会は一三対五でロバーツ任命への同意を本会議に勧告する。一週間後の九月二九日、上院本会議は七八対二二で就任に同意を与えた。同日ホワイトハウスで宣誓を行い、第一七代の首席判事が誕生する。

マイヤー法律顧問の指名と撤回

ロバーツ首席判事の就任によって、一一年ぶりで最高裁に新しい判事が就任した。同時にほぼ一九年ぶりに首席判事が交代した。レンクイスト・コートがロバーツ・コートに変わったのである。五〇歳という首席判事の年齢からして、ロバーツ・コートは三〇年ほど継続する可能性が十分ある。最高裁判事に四〇代後半から五〇代前半の比較的若い判事を任命するのは、近年の傾向である。自分が任命した判事には長くつとめてほしい、自らの任期のあとも影響力を及ぼしたいと願うのは、左右を問わず大統領の共通の願いらしい。

しかし、最高裁の人事がこれですべて片づいたわけではない。本来はロバーツ判事と交代するはずだったオコナー判事の後任がまだ決まっていなかった。わざわざ問題を複雑にする必要はないと考える政権は、ロバーツ判事が議会上院の同意を得るまで、この問題を先延ばしにしていた。しかしロバーツ判事が就任した今、いよいよ決めねばならない。

オコナー判事後任の選定にあたって、大統領の関心はおそらく二つあった。一つは、当時困難な政治問題を多数抱え、議会民主党との関係が難しいなかで、次の最高裁人事もなるべくスムーズに運びたい。もう一つは、できれば女性判事を指名したい。どちらも最高裁判事のロイヤーとしての能力や司法観より、政治的な計算にもとづくものである。もともと女性の支持率が低い共和党の大統領としては、女性判事の任命は魅力的な選択肢である。レーガン大統領がオコナー判事を指名したのも、それが理由であった。ローラ大統領夫人も女性判事の任命を期待すると公の場で話しており、オコナー判事はロバーツ首席判事の任命を喜んだものの、「女性でないことだけが残念ね」とコメントしていた。

問題は、最高裁判事としてふさわしい保守派の女性ロイヤーが、依然としてなかなか見つからないことである。保守的な女性判事がいなかったわけではないが、主張が過激すぎて議会民主党の抵抗が必至であったり、最高裁判事の職をつとめるには能力の点で疑問があったりする。レーガン大統領も女性判事任命をめざした際、人選に苦労した。幸いオコナー判事は最高裁判事を立派につとめるだけのロイヤーとしての能力と見識、そして華やかさがあった。国民から圧倒的な支持を受け、この人事は政治的に大成功であったが、彼女の最高裁判事指名は一種の賭けでもあった。ブッシュ大統領も同じ問題に直面した。

検討を重ねた結果、ブッシュ大統領が選んだのはホワイトハウス法律顧問のハリエット・エラン・マイヤーである。一〇月三日、大統領は彼女をともなってホワイトハウスで記者団の前に立ち、マイヤーの指名を発表する。一九四五年生まれのマイヤーはテキサス州ダラスの出身で、大学学部在学中に父を亡くし、奨学金を得てサザン・メソジスト大学のロースクールを卒業。連邦地裁判事の助手をつとめたあと地元の法律事務所へ就職し、訴訟専門のロイヤーとして二〇年間働く。この間、ある訴訟でテキサス州知事になる前のブッシュの代理人をつとめ、彼の目にとまった。ブッシュが大統領に就任すると同時にワシントンへ移り、ホワイトハウスのスタッフとして働く。第二期のはじめ、司法長官に昇進したゴンザレスの後任としてホワイトハウス法律顧問に任命された。福音派の教会に属する熱心なクリスチャンで、保守的な思想をもち、大統領の信任も厚い。しかもロバーツ判事任命の過程で、民主党の上院院内総務であるハリー・リード議員からも信頼されていた。議会の公聴会は問題なく通るだろう。何よりも、彼女は女性であった。

ところが、この人事は発表直後に壁にぶつかる。保守派の支持層が一斉に強い異議を唱えた。彼女がそれまで憲法訴訟をあつかったことや憲法に関する論文を書いたことがなく、その憲法観がまったく不明であったのが反対の理由である。最高裁判事になったとたんにマイヤーが進歩的な判事に豹変するのを、保守派の有力者は何よりも恐れた。民主党の議員たちが彼女に強く異議を唱えないことも、彼らの不安をあおった。そのうえ、マイヤーが公聴会に向けて根回しのために訪問した上院司法委員会の議員たちも、あまりよい印象を受けなかった。最高裁判事になるには経験不足である。保守派の共和党支持層と上院議員の支持がなかなか得られず、情勢は次第に悪化する。あくまでも大統領に忠誠を誓うマイヤーは、悩んだ末に、一〇月二六日、大統領へ電話をかけて指名を取り下げるよう要請し、受け入れられた。こうしてオコナー判事の後任選びは、振り出しに戻る。

アリート判事の任命

マイヤーの指名撤回はブッシュ政権にとってマイナスであったが、大統領の対応は素早かった。四日後の二〇〇五年一〇月三一日、大統領は第三巡回区連邦控訴裁判所のサミュエル・アリート判事をオコナー判事の後任に指名する。レンクイスト首席判事の後任候補のショート・リストにもともと載っていた人物である。

アリート判事はロバーツ判事と同様、将来の最高裁判事として申し分のない経歴を有していた。一九五〇年ニュージャージー州で生まれ、プリンストン大学からイェール大学ロースクールに進み、優秀な成績で卒業。最高裁判事の助手にはならなかったものの、レーガン政権で訟務長官のオフィス、また司法省の法律顧問室（ＯＬＣ）で働き、ロイヤーとしての腕を磨いた。一九八七年にはニュージャージー州で連邦検事に任命され、組織暴力などの事件を手がける。一九九〇年にはわずか四〇歳で、ブッシュ（父）大統領からニュージャージー州を管轄する第三巡回区連邦控訴裁判所判事に任命された。

アリートは学生時代から一貫した保守思想の持ち主である。レーガン政権下でOLCへの異動を申請するレターのなかで、彼は明確にロー事件判決をくつがえすべきだと述べている。一九九一年には、のちに最高裁が上告を取り上げるケーシー事件の控訴裁での審理に加わり、妊娠中絶を望む女性に一定の義務と制限を課すニュージャージー州の法律をすべて合憲とした。三人の判事のうちでただ一人、同法の中絶実施前に夫への通知を義務づける部分も、合憲だと判示する。一九九二年のケーシー事件最高裁判決では、オコナー判事がこの部分を違憲として法廷意見に加わり、ロー事件判決はくつがえらなかった。そのアリート判事がオコナー判事の後任に指名されたのは皮肉である。オコナー判事は自分の後任にアリートが指名されたことを、あまり喜ばなかったと伝えられる。

上院司法委員会での公聴会は、二〇〇六年一月九日に開始された。アリートはロバーツ判事に比べて保守的な憲法観が明確であり、その記録も残っていた。またロバーツ判事ほど弁舌がさわやかでなかった。司法委員会の民主党議員たちは、一戦交えようと手ぐすね引いて待っていた。アリートの証言はスムーズではなかったが、民主党の議員も効果的な質問ができなかった。ロー事件判決を明確に否定した文書について質問されると、自分自身が過去に行った解釈には拘束されないと述べてかわす。そしてロー事件判決についての現在の立場を尋ねられると、他の憲法問題と同じく、何にもとらわれず丁寧に分析すると述べるにとどめ、明らかにしない。エドワード・ケネディー議員が意地悪な質問を繰り返した翌日、共和党の議員がケネディーの質問の仕方を非難し、「あんな言われなき質問を、傍聴しているご家族がずっと聞かねばならないのは遺憾です」と同情の意を示した。その瞬間、アリート夫人が突然泣き出して公聴会の部屋を退出する。この場面は全米に中継され、アリート判事とその家族は大いに同情をかった。

結局、司法委員会は一月二四日に一〇対八でアリート判事の最高裁判事承認勧告を可決する。一月三一日、上院本会議は五八対四二で、アリート判事の就任に同意を与えた。判事は同日宣誓を行い、就任する。こうして二〇〇四年一〇月のレンクイスト首席判事の病気、二〇〇五年七月のオコナー判事引退表明を皮切りに始まった一連の最高裁人事をめぐるドラマは、ようやく終わる。

第26章　ロバーツ・コートの出発

ロバーツ・コート始まる

二〇〇五年九月二九日、ジョン・ロバーツはホワイトハウスのイーストルームで、就任式を行った。スティーブンズ判事の司式のもと、夫人が支える聖書の上に手をおき憲法第六条が定める宣誓を行って、第一七代の合衆国最高裁判所首席判事となる。かたわらには任命者であるブッシュ（息子）大統領が立った。一〇月三日に二〇〇五年の開廷期が始まると、早速仕事に取りかかる。同年九月三日にレンクイスト判事が死去してから二六日後、ロバーツ・コートが発足した。

最高裁首席判事の任命は大統領にとって非常に重要な仕事である。首席判事は公式また非公式に大きな権限を有し、影響力を行使できる。そもそも滅多に任命の機会がない。本書が取り扱う一九八一年から二〇一七年までのあいだに、首席判事は二回交代しただけである。司法の保守化を望む保守派にとって、共和党の大統領が再び首席判事を任命する機会を得たことは、幸運であった。

五〇歳での首席判事就任は最高裁史上三番目に若いが、五〇歳前後での最高裁判事就任は珍しくない。一九世紀前半に数々の重要な判決を下したジョセフ・ストーリー判事は史上最年少の三二歳で、現職のトマス判事も四三歳で就任した。定年のない最高裁判事は、健康に恵まれれば三〇年間は活躍できる。法律の実務家、思想家として後世に大きな影響を残し、名文家でもあったオリバー・ウェンデル・ホームズ・ジュニア判事は六一歳で就任したにもかかわらず、一九三二年に引退したとき、あと二カ月で九一歳になるところであった（註17）。

ロバーツ首席判事就任から四カ月後の二〇〇六年一月三一日、今度はサミュエル・アリート判事がホワイトハウスのイーストルームで就任宣誓を行い、史上一一〇人目の最高裁判事として就任する。司式を行ったロバーツ首席判事より年上であるが、五五歳の就任は比較的若い。判事のかたわらには夫人と、成年の息子、娘が立ち、反対側にブッシュ大統領が立った。前年七月一日引退を表明したオコナー判事は約七カ月待たされて、ようやく退任した。

アリート判事の就任により、ブッシュ大統領が指名した二人の判事がそろった。一九年続いたレンクイスト・コートと交代したロバーツ・コートが、どのように最高裁を運営し、どのような判決を下すのか。人々は大きな関心を抱いた。

最高裁の運営に関しては、ロバーツ首席判事は前任者のスタイルをほとんど変えていない。誰からも好かれるロバーツ判事はレンクイスト判事と同様、司法観の相違にかかわらず、すべての判事に丁寧に接し、会議では等しく発言の機会を与えた。ロバーツ判事自身、首席判事に就任するにあたって、憲法の文言と前例に従い必要最小限の範囲でなるべく全員一致の判決を下す、政治的な判断は避けると述べていた。今日に至るまで、首席判事としての評判はすこぶるよい。

実際、ロバーツ首席判事就任後最初の最高裁開廷期（二〇〇五年一〇月初旬から翌二〇〇六年六月末）には、最高裁の九人の判事が意見を異にする政治的影響の大きな判決はほとんどなかった。例外は二〇〇六年六月に五対三で下されたハムダン対ラムズフェルド事件判決であるが、ロバーツ判事は前年控訴裁でこの事件を担当し判決に加わったので、最高裁では審理にも判決にも加わっていない。

ロバーツ首席判事が初めて法廷意見を著したのは、二〇〇六年三月に下されたラムズフェルド対学問・高等教育機関の権利を守るフォーラム事件判決であった。この判決は、キャンパスにおける軍の採用活動を許可しない大学への連邦補助金支出を禁止する連邦法を合憲とする。八対〇の全員一致であり（最高裁判事に就任したばかりで本件の審理に参加していないアリート判事は判決に加わらなかった）、ロバーツ首席判事の公約が実現された判決であった。この背景にはクリントン政権が決定した軍における同性愛者の処遇に関する政策がある。

クリントン大統領は就任直後、同性愛者の採用を軍に認めさせようと試みて大反対に遭う。そして結局、採用の際に同性愛者であるかどうかを軍は訊かないし、採用後も本人がそのことを公表しないかぎり問題にしないという、いわゆる「訊くな、言うな（Don't ask, don't tell）」政策を一九九四年に採用した。これに対し全米のロースクールは、軍が公然たる同性愛者を任用しないのは性的傾向を理由とする不当な差別にあたるとして、軍（ならびに同様の方針を有する私企業）

の人事担当者がロースクールを訪れて学生の採用活動を行うのを拒否する。怒った共和党保守派の議員たちが大学の学部や大学院、ロースクールなどがキャンパスでの軍の採用活動を拒否する場合、当該大学全体への連邦政府補助金供与を禁止する「ソロモン修正」と呼ばれる法律を一九九六年に制定して対抗した。ロースクール側はこれを言論の自由を保障する憲法修正第一条違反だとして、二〇〇三年に連邦地区裁判所へ訴訟を提起する。

ロバーツ首席判事は、ソロモン修正は軍の採用活動拒否という行為に財政的負担を課したのであって、ロースクールにおける言論を制限あるいは禁止したわけではない。連邦政府から補助金を受け取らなければ、軍の採用活動を許すか許さないかはロースクール側の自由である。連邦政府は合理的な範囲で、補助金の支払いに条件を課すことができる。そう判示した。全員一致の判決であって、憲法解釈上特に保守的な結論というわけではない。ただし大学キャンパスで軍の採用活動を認めるかどうかについては、進歩的な大学と軍のあいだで長年対立があり、保守派はこの判決を大いに歓迎した。

この開廷期に最高裁が取り上げた事件には、手続的、技術的なものが多く、ニュースになるような内容の判決は少ない。そのせいもあって初年度のロバーツ・コートは一つにまとまりやすく、波乱がなかった。

保守的なロバーツ・コート

けれども同時にロバーツ判事が保守的な司法観の持ち主であることは、予想されていたとはいえ就任から日が経つにつれ明らかになる。ロバーツ・コート二年目には、最高裁が左右に割れる判決が多く下された。二〇〇七年四月に下されたゴンザレス対カーハート事件判決は、その典型的な例である。

第24章で述べたとおり、最高裁は二〇〇〇年のスタンバーグ対カーハート事件判決で部分出産中絶を禁止するネブラスカ州法を違憲とした。翌二〇〇一年にブッシュ政権が発足すると、スタンバーグ事件判決に反発する連邦議会共和党の議員が、ネブラスカ州法とほとんど内容が変わらない二〇〇三年部分出産中絶禁止法を制定し、今度は連邦法で妊娠後期中絶を禁止する。これに対しスタンバーグ事件の原告カーハート医師が、この連邦法も違憲だと主張し、司法長官などを相手どって再び訴訟を提起する。連邦地区裁判所と連邦控訴裁判所は同法を違憲としたものの、最高裁は五対四の票決で下級審の判断をくつがえし、合憲と判断した。これがゴンザレス事件の判決である。

法廷意見はケネディー判事が著した。同判事は、オコナー判事、スーター判事とともに下したケーシー事件判決の多数意見の著者である。三人一緒に、ロー事件判決が確立した女性が有する憲法上の中絶の権利を守った。しかし部分出産中絶に関してはケネディー判事は他の二人と袂をわかち、女性の中絶の権利よりも胎児の生きる権利を重んじる。この考え方にもとづきスタンバーグ事件判決では反対意見を著し、州は部分出産中絶を禁止する権限を有するとの立場を取った。ゴンザレス事件では、連邦政府にも同じ権利があるとした。

スタンバーグ事件で違憲判決、ゴンザレス事件では合憲判決と二つの判決がまるで逆の結果となったのは、部分出産中絶を合憲としたオコナー判事が二〇〇六年に最高裁を去り、部分出産中絶禁止を違憲と考えるアリート判事に交代したためである。最高裁は、わずか六年で部分出産中絶の合憲性について先例をくつがえした。判事が一人変わるだけで、最高裁の判断はこれだけ変わる。ケネディー判事の法廷意見には、スカリア、トマス、ロバーツ、アリート判事が加わった。もしオコナー判事がいれば、当該連邦法は違憲とされただろう。同法にはオコナー判事がケーシー事件判決やスタンバーグ事件判決で重視した、女性の健康を守るためにはそのような手段も許されうるという適用除外条項がなかった。

ゴンザレス事件判決は、中絶に関する最高裁の立場を大きく変えた。ただし法廷意見はロー事件判決をくつがえすとは明言しなかった。トマス判事の同意意見は、その点を不服としている。それでもプロライフの運動家にとっては、ケーシー事件判決で敗れて以来ほぼ一〇年ぶりの快挙であった。

保守派と進歩派が正面から対立する政治的影響の大きな判決は、この時期ほかにもあった。なかでも二〇〇八年六月、最高裁はコロンビア特別区対ヘラー事件判決で、憲法修正第二条は武器の保持を憲法上の個人の権利と定めるものであり、未登録の拳銃保持を禁止するコロンビア特別区の法律は違憲だという判断を五対四の票決で明らかにした。さらに最高裁は二〇一〇年のマクドナルド対シカゴ事件の判決で、この権利が憲法修正第一四条を通じて州にも適用されるという判断を示す。

憲法修正第二条は、人々が武器を保持・携行する権利を保障している。憲法発効後、最初に制定された一〇の修正条項（権利章典）の一つであるので、もっとも古く確立された基本的な権利の一部である。しかしこの条項が正確に何を意味するのか、その解釈をめぐっては長年のあいだ論争が続いた。

修正第二条は「よく統制のとれた民兵は自由な州の安全にとって必要であり、武器を保持し携行する人々の権利は侵してはならない（A well regulated Militia, being necessary to the security of a free State, the right of the people to keep and bear Arms, shall not be infringed.）」と規定する。問題は、「よく統制のとれた民兵は自由な州の安全にとって必要である」という前半部分と、「武器を保持し携行する人々の権利は侵してはならない」という後半部分との関係が、よくわからないことである。

多くの学者はそれまで、前半部分の文言を根拠に、武器保持・携行の権利が絶対的な個人の権利ではなく、あくまで民兵として行使を許される権利だと解釈してきた。銃規制に熱心な人々は、この解釈を支持する。それに対して一部の学者が前半部分は当然のことを述べただけであり後半部を制限するものではない、武器保持・携行の権利は言論の自由、信教の自由などと同様、個人が有する基本的な権利であるとの解釈を示しはじめる。銃規制に反対する政治勢力は、こちらの解釈を歓迎し、反対の根拠として修正第二条の規定を重視する。一方、最高裁はなぜかこれまで、修正第二条の意味するところについて一度もその解釈を示したことがなかった。

ヘラー事件で法廷意見を著したスカリア判事は、修正第二条の文言と制定当時の記録を詳細に検討した結果、同条の民兵に関する前半部分は後半の権利規定をなんら制限するものではなく、武器を保持・携行する権利は個人の基本的権利であると述べる。憲法制定に反対する反連邦派と呼ばれる勢力は、新憲法のもとで創設される連邦政府が人々から武器を取り上げ、各州の民兵を無力化し、連邦常備軍がこれに取って代わることを恐れた。

これに対し、憲法制定に賛成する連邦派の指導者たちは、修正第二条の制定によって人々の武器保持・携行の権利を議会が侵害しないことを明確にして、州の民兵の地位に変化がないことを保障した。この経緯からして、修正第二条の民兵に関する規定は、人々が有する武器保持・携行の権利を制限し条件づけるものではない。スカリア判事は他にも歴史的な記録を挙げて、この権利が個人の正当防衛の権利にもとづく基本的なものであることを示す。もちろんだからといって、修正第二条が犯罪者や精神障害者の銃器保持、学校、政府の建物など特定の場所への銃器持ちこみ、銃器販売に関する条件や資格の設定など、規制のすべてを否定するわけではない。しかしコロンビア特別区の法律は、家庭での拳銃保持を全面的に禁止し正当防衛の権利を制限するゆえに、修正第二条が禁じる武器保持・携行の権利を侵すものであると、説明した。

修正第二条のもとでの武器保持・携行の権利は民兵としての権利に過ぎないという解釈を最高裁が確認するのを恐れて、ガンコントロールに反対しつづける全米ライフル協会は、ヘラー事件の原告に訴えを取り下げるよう圧力をかけたという。しかしスカリア判事の法廷意見は、拳銃の保持・携行を個人の基本的権利として認めるものであった。スカリア判事の意見が法廷意見になったのは、ケネディー判事が加わって多数を構成したからである。ケネディー判事の一票が結果を左右する現象は、この事件でも繰り返された。

こうしてロバーツ首席判事のもとで、最高裁の判決は保守化の傾向を明らかに見せはじめた。共和党保守派にとってロバーツとアリートの新しい最高裁判事二名の任命は、第二期ブッシュ政権の大きな成果だったといえよう。

逆にこの事態は、進歩派に大きな危機感を抱かせる。時の大統領はブッシュである。この状況で進歩派の判事がもう一人欠ければ、保守派の優位は決定的になる。ブッシュ政権第二期が始まった二〇〇五年、スティーブンズ判事はすでに八五歳とかなり高齢であり、ギンズバーグ判事はまだ七二歳であったが一度癌で体調を崩している。スーター判事も、ときどき辞めたいともらしていた。三人ともブッシュ政権中は退く気がなかったが、次の大統領選挙以降はわからない。共和党の新大統領が選ばれれば、さらなる保守派判事の任命をめざすだろう。二〇〇八年の大統領選挙で誰が勝つか。リベラル派にとっては、きわめて切実な問題であった。

第V部　Yes, we can!——オバマ時代

第27章　オバマ大統領就任と最高裁の変化

オバマ大統領の就任

二〇〇八年一一月の選挙で第四四代アメリカ合衆国大統領に選ばれたのは、バラク・オバマ連邦議会上院議員である。ケニア出身の父と英国系アメリカ人の母のあいだにハワイで生まれたオバマは、アメリカ合衆国史上初めての黒人大統領であった。

イリノイ州選出で上院議員一期目のオバマが二〇〇七年二月に大統領選挙への出馬を表明したとき、彼が翌年の大統領選挙で当選すると予測した人は少なかった。民主党の大統領予備選挙にはあらゆる人が立候補するが、その多くが途中で脱落する。オバマもそうなるだろうというのが、大方の見方であった。そもそも黒人大統領の誕生は時期尚早だという意見が大半であった。

ところが、出馬表明当時まだ四五歳のこの若い政治家は予想に反して多くの支持を集め、二〇〇八年一月から始まった民主党の予備選挙を生き残り、最有力と思われたヒラリー・クリントン候補と互角に戦う。そして同年六月初旬、ついに民主党全国大会での大統領候補指名を確実にした。さらに同年一一月の大統領選挙では、共和党のジョン・マッケイン候補を破る。得票総数はオバマの五二・九パーセントに対しマッケインが四五・七パーセント、選挙人獲得数はオバマが三六五、マッケインが一七三で、堂々たる勝利であった（註1）。

オバマ大統領の当選に、アメリカ中が熱狂した。一番喜んだのは黒人であるが、進歩派の白人も八年ぶりの民主党政権の誕生と、初の黒人大統領に興奮していた。共和党支持者でさえ、比較的温かな反応を見せた。彼らにしてみれば負けたことは悔しいし進歩派大統領の出現は心配であったが、黒人の大統領を選んで国政を任せる度量がこの国の民主主義にはあり、人種差別に苦しんだアメリカもここまで来た。そう感じていたようである。

就任式が行われた二〇〇九年一月二〇日、すべてが凍りつくような厳寒の朝、宿泊先である迎賓館ブレアハウスを出たオバマ夫妻はホワイトハウス前の教会で礼拝に出席したあと、車列を連ねて門をくぐり、ホワイトハウスの正面につけた。待機していたブッシュ夫妻がオバマ夫妻を温かく迎え、慣例に従ってホワイトハウスでティーをふるまう。八年間の任期を終えて、ブッシュ大統領はまもなく退陣しようとしている。まだ四七歳のオバマ上院議員が、これから新しい大統領に就任する。政治信条や政策上は激しく対立する二大政党の新旧の大統領のあいだで、暴力ではなく憲法の規定に従い、平穏に権力の委譲が行われる。実況中継を行うテレビカメラはホワイトハウスの静かな情景を通じて、そのことを示していた。

それからしばらくして、オバマは合衆国議事堂西側の野外に設けられた式場に姿を現す。ロバーツ最高裁首席判事の司式のもとでリンカーンの用いた聖書に手を置いて宣誓を行い、同日正午をもって大統領に就任した。続いて就任演説を行ったオバマ新大統領は、中東で続く戦争、リーマンショックに端を発した厳しい経済状況という危機を前に、国民の団結、責任、和解、建国以来の理念、何よりも前へ進む勇気を強調した。そして独立戦争のさなか、英軍を相手に苦戦を強いられ独立失敗の可能性が高まる一七七六年一二月末、デラウェア川を渡って反撃に転じようとする革命軍の最高司令官ジョージ・ワシントン将軍が兵士たちに送ったトマス・ペインの文章を紹介した。

「将来の世代に伝えようではないか。厳しい冬のさなか、希望と勇気以外なにも頼るべきものがなかったとき、われわれはそれぞれの町で、また国全体で、共通の脅威に立ち向かい、一つになって戦ったことを」

史上初の黒人大統領であったにもかかわらず、オバマは奴隷所有者であったジョージ・ワシントンの勇気に言及してアメリカ建国以来の理念を国民に思い起こさせ、現下の危機を克服し、人種や思想の相違を乗り越えて一つのアメリカを築こうと訴えた。この若い大統領への期待は高かった。

オバマへの期待と失望

それから八年後の二〇一七年、政治信条、性格、振る舞い、趣味、なにもかもオバマ大統領とは対照的なトランプ大統領が就任するのを目の当たりにして、一体オバマの時代はなんだったのかという思いを、多くのアメリカ人が抱いている。二〇〇八年にあれほどオバマの大統領就任に熱狂し、四年後再び大統領に選んだアメリカ国民はどこへ行ったのか。あの熱狂は何であったのか。八年のあいだに何が起こったのか。

ごく最近終了したばかりのオバマ政権について評価を下すのは、まだ早い。オバマ政権の功罪については、これからもさまざまな議論がなされるであろう。ただ常識的にいえば、オバマは大統領として最高でも最低でもなかった。アメリカ経済は危機を脱し、そこそこの回復と成長を達成した。ドッド＝フランク・ウォール街改革・消費者保護法という大恐慌以来もっとも包括的な金融制度改革をもたらす法律を提案し、議会がこれを制定した。失業率は低下し、株価も上昇した。歴代の政権が試みて成功しなかった医療保険制度改革に真っ向から取り組み、まがりなりにも「オバマケア」と呼ばれる国民皆保険に近い制度を実現した。アメリカ社会は多様性を増し、黒人や女性、その他の少数派が政府や民間の役職につくことが当たり前になった。大統領を含め、オバマ政権の黒人や女性の閣僚を、厳しく批判しても誰もなんとも思わない。そのこと自体が大きな変化だろう。テロとの戦いは続き、リビアやアフガニスタン、パキスタン、イラクなどで武力を行使したものの、オバマ大統領は外国での戦争に一度も大規模な地上軍を送らなかった。何よりその点が、アフガニスタンとイラクでの戦争に深入りしすぎたブッシュ政権と異なる。

しかし同時に、二〇〇八年、“Yes, we can!” というスローガンを唱え、戦争やテロのない世界、人種対立の消滅、経済成長と所得格差の是正といった大きな変化の実現を信じたオバマ支持者の楽観的な期待は、ほとんどかなえられなかった。それどころか、国外ではイスラム国の出現など中東の情勢が混迷を深め、テロの脅威が高まり、ロシアや中国との関係は緊張を増す。国内では警察の強圧的な取り締まりに反発する貧しい黒人などによる暴動が多発し、保守派と進歩派の対立が激化して政治は機能せず、景気はよくなっても安定した仕事は増えず、国民の欲求不満は高まる。大統領選挙中、リンカーンの演説をしばしば引用して一つのアメリカという建国以来の理念をしきりに説いたオバマ大統領も、リンカーンの理想を次第に語らなくなった。そしてオバマ時代にアメリカ社会のなかで取り残され、自分たちの立場に既成の政治家は誰も注意を払わないと強く感じる中西部を中心とした白人労働者階級の危機感と怒りが高まり、ついにトランプ大統領の誕生を生む。何が変化したのかはまだ判然としないが、たしかにアメリカは変化した。そしてその変化は、オバマ候補が描いた変化とは別のものであった。

オバマ大統領の司法観

オバマ政権の功罪を論じるのは、本書のテーマではない。だが、二〇〇九年から二〇一七年までの八年間、最高裁を中心とする司法とこの政権は時に激しく対立し、時にその判決に助けられ、いくつかの興味深いドラマを展開した。最高裁はいつにも増して、アメリカの政治に大きな影響を及ぼした。

そもそも大統領候補としてのオバマが脚光を浴びはじめたときに注目されたのは、彼がハーバード・ロースクール出身のロイヤーであり、シカゴ大学で憲法を教えていたことである。オバマ自身、大統領になってからそのことを強調している。しかもロースクールでは、成績上位の学生が編集にあたる「ハーバード・ローリビュー」という権威ある法律雑誌の編集長を、黒人として初めてつとめた（註2）。若き日のオバマは、このとき初めて全国的注目を浴びる。

これほど優秀な学生は、学者になって一流ロースクールで教えたり、裁判官や司法省のロイヤーになったり、あるいは有力法律事務所で働くといった法曹のエリートをめざす者が多い。ゆくゆくは最高裁の判事になることを夢見る者もいる。オバマも在学中は著名な進歩的憲法学者のローレンス・トライブに目をかけられ、彼の研究助手をつとめている。しかしオバマは、そうした典型的な法曹の道にほとんど興味がなかったようである。トライブには学者の道を勧められたが、とりわけ注目を浴びるような論文を書いていない。在学中にシカゴの有名な法律事務所でインターンとして働き、同事務所の若きロイヤーでオバマの指導役をつとめた妻ミシェルに出会って、後に結婚した。しかし卒業後は同法律事務所に就職せず、法曹のエリートコースである連邦控訴裁判所や最高裁での助手のポジションも求めなかった。その後、シカゴ大学で教えないかと誘われたときにも、望めば得られた専任教員の道を選ばず、講師に留まる。

一九八三年にコロンビア大学の学部を卒業してから一九八八年にハーバード・ロースクールに進学するまでの五年間、オバマはニューヨークとシカゴで市民運動の活動家として活躍していた。ロースクール卒業後も、典型的な法曹の道を歩まず、公民権法のロイヤーとしてシカゴの黒人地区で貧しい人々のために働く。オバマは法律家として社会に貢献するより、政治家として活躍したいと最初から考えていたようである。そもそも、学問的に厳密な特定の司法観を持ち合わせていないように見える。

ソトマヨール判事の任命

そんなオバマ大統領に、就任早々新しい最高裁判事を任命する機会が訪れた。就任からわずか三カ月後の二〇〇九年四月末、スーター判事の引退が明らかになったのである。これまでも本書でたびたび指摘したとおり、政権交代は最高裁の人事に影響がない。司法の独立を保障するために、憲法は連邦裁判所判事の任期を終身と定め、判事が自発的に引退するか実際に任務遂行が不可能にならないかぎり、大統領も議会上院もその人事に介入できない。ただし、自分に近い思想をもつ大統領の就任を機会に、引退を表明する判事はこれまでもいた。スーター判事の引退はそれにあたる。

スーター判事はかねてから引退を希望していた。共和党のブッシュ（父）大統領に任命されたにもかかわらず、彼は就任以来穏健な進歩派としての立場を維持してきた。地味な性格で派手なことを嫌うこの判事は、二〇〇〇年のブッシュ対ゴア事件で、最高裁が実質上大統領選挙の当選者を決定するという、きわめて政治的な判決を下したことに失望していたと言われる。ケーシー事件判決でともに妊娠中絶の権利を守ったオコナー判事が二〇〇六年に引退して、保守派がさらに勢いを増す最高裁に嫌気がさしていた。そのため、オバマ大統領が就任し他の判事が引退しないのを見届けてから、その年の開廷期が終わりしだい引退する意思を固めた。民主党の大統領が進歩派の判事を新たに任命するのを、期待したのである。こうして新大統領に、最高裁判事を指名するチャンスが回ってきた。

有力な後任候補として注目を浴びたのは、ソニア・ソトマヨール第二巡回区連邦控訴裁判所判事である。ソトマヨールは一九五四年、ニューヨーク市のブロンクスでプエルトリコ系移民の家庭に生まれた。九歳のときに父親を亡くし、母親に育てられる。当時のブロンクスは犯罪の多い、決して安全ではない地区である。しかし成績がよかった彼女は奨学金を得てプリンストン大学に進み、最優等の成績で卒業、イェール大学ロースクールへ進学した。卒業後はニューヨーク州の検事をつとめたのち、法律事務所で働く。一九九二年、ニューヨーク州選出のモイニハン上院議員とダーマト上院議員の推薦により、ブッシュ（父）大統領からニューヨーク州南部地区連邦地区裁判所判事に指名され、連邦議会上院から全員一致で同意を得て就任した。一九九七年にクリントン大統領からニューヨーク州を管轄する第二巡回区連邦控訴裁判所判事に指名されたときには、上院司法委員会の公聴会と本会議で共和党議員の抵抗を受けたが、最終的には大差で同意を得て就任する。

オバマ政権は、将来の最高裁判事候補として早くからソトマヨール判事に目をつけていたらしい。対抗候補がいなかったわけではないが、ヒスパニック系の最高裁判事任命は政治的にきわめて魅力的である。しかも女性である。民主党も共和党も、人口が増加するヒスパニック系市民からの支持を重要視している。ブッシュ政権がミゲル・エストラダを将来の最高裁判事候補の可能性をも視野に入れてコロンビア特別区の連邦控訴裁判所判事に指名したのも、また一時ゴンザレス司法長官を最高裁判事の有力な候補として検討したのも、同じ理由による。

二〇〇九年五月二五日、大統領は正式に彼女に指名の意思を伝え、翌日発表した。議会上院司法委員会の公聴会では、野党共和党委員の執拗な質問を受ける。彼らは特に、一九九一年カリフォルニア大学バークレー校ロースクールで行われた講演での、「苦労を重ねた賢明なヒスパニックの女性は、そうした苦労を知らない白人男性より、よりよい判断ができると思う」というソトマヨールの発言を問題にした。人種差別だというのである。しかし司法委員会は一六対八で彼女を承認し、上院本会議も八月六日に六八対三一で同意を与えた。民主党員は全員賛成し、共和党議員九人も賛成の票を投じる。

八月八日、ロバーツ首席判事の司式により宣誓を行ったソトマヨールは、史上一一一人目、女性で三人目、そして何よりヒスパニック系で初めての最高裁判事に就任した。

ケイガン判事の任命

オバマ大統領は、さらに一年後、もう一人の最高裁判事を指名する機会を得る。二〇一〇年四月九日、最高裁最長老のスティーブンズ判事が、六月末の最高裁閉廷の翌日に引退する旨を表明したからである。同判事はあと一一日で九〇歳になろうとしているにもかかわらず、すこぶる元気であったが、民主党政権誕生を機に、さすがにもう辞めどきだと考えたのであろう。九〇歳での引退は史上二番目の高齢、三四年半ものあいだ最高裁判事をつとめたのは史上三番目の長さである。

オバマ政権は再び後任の選定にとりかかる。何人かの候補のなかで、もっとも有力とみなされたのが、オバマ政権で訟務長官をつとめるエレナ・ケイガンであった。

ケイガンは一九六〇年にニューヨークのユダヤ人家庭に生まれた。両親ともロシアからアメリカへ移り住んだ移民の子である。プリンストン大学に進学し最優等の成績で卒業。大学から奨学金をもらってオックスフォード大学へ留学し、修士号を取得した。帰国後ハーバード・ロースクールへ進学し、一九八六年に準最優等で卒業する。コロンビア特別区巡回区連邦控訴裁判所アブナー・ミクバ判事の助手となり、さらにサーグッド・マーシャル最高裁判事の助手をつとめた。ワシントンの著名な法律事務所で働いたあとシカゴ大学ロースクールで教え、一九九六年にクリントン政権のホワイトハウスにロイヤーとして加わる。一九九九年、クリントン大統領は彼女をコロンビア特別区の連邦控訴裁判所判事に指名したが、上院の同意を得られなかった。政権を去ったあとハーバード・ロースクールで教職につき、二〇〇三年にはロースクールのディーンに選ばれる。二〇〇七年にはローレンス・サマーズの後任としてハーバード大学学長候補の最終リストに残ったものの、選ばれなかった。

二〇〇九年のオバマ政権発足にともない、彼女は女性として初めての訟務長官に任命された。訟訴長官は司法省で長官と副長官の次に高位の役職で、最高裁で政府を代表して弁論を行う役割を果たす。このポジションにはかつてマーシャル判事など、後に最高裁判事になった人が数人、任命されている。

スティーブンズ判事の引退表明を受け、複数の有力候補を検討した末に、オバマ大統領は二〇一〇年五月一〇日に、同じ政権で働いていてよく知っていたケイガンを最高裁判事に指名する。上院司法委員会の公聴会は六月二八日に始まった。共和党の委員は、彼女がハーバード・ロースクールのディーンとして軍の同性愛者に関する政策（Don't ask, don't tell）を強く非難し、軍の採用担当者をキャンパスから締めだした責任者でありながら、訟務長官としてこの政策を守る立場にあることを問題にした。最高裁判事としてはどのような立場をとるのかと迫ったが、彼女はこの質問に答えるのを巧みに避ける。公聴会は三日間続いたが、承認を左右するような大きな問題は見つからない。彼女のロイヤーとしての資質には、非の打ち所がなかった。

七月二〇日、上院司法委員会は一三対六の投票で本会議に彼女の就任に同意するよう勧告、連邦上院本会議は八月五日、六三対三七で同意を与えた。投票はほぼ党派でわかれたが、五人の共和党議員が賛成票を投じた。ケイガンは八月七日にロバーツ首席判事の司式のもと、最高裁の会議室で宣誓を行い正式に就任する。同年一〇月、新しい開廷期が始まるとともに、判事としての仕事を始めた。こうして就任時五〇歳になったばかりの若い最高裁判事が誕生した。

第28章　オバマ大統領と最高裁の対立

大統領就任宣誓をめぐる憲法問題

就任後あまり時をおかず、オバマ大統領は二人の女性を最高裁判事に任命して、最高裁の人事で幸先のよいスタートを飾った。ただしスーター判事とスティーブンズ判事はどちらも個性が強く彼らの引退は一つの時代の終わりを意味したが、二人と交代したのがやはり進歩派の判事であったため、最高裁の勢力バランスはそれほど大きく変化しなかった。基本的にはロバーツ、スカリア、トマス、アリートが保守派判事、ギンズバーグ、ブライヤー、ソトマヨール、ケイガンが進歩派判事、ケネディー判事が中道派という構成である。

むしろブッシュ政権下で、穏健な中道派のオコナー判事から保守派としての立場が明確なアリート判事に交代した分だけ、最高裁は二〇〇六年以来保守の傾向をさらに強めていた。したがって、進歩的な政策を推し進めるオバマ政権と保守的なロバーツ・コートという構図は、二人の女性判事が新しく就任しても変わらない。それにケイガン判事任命以後、オバマ大統領には三人目の最高裁判事を任命する機会が、任期中ついに訪れなかった。オバマ大統領は退任までずっと、この九人からなる最高裁と対峙することになる。

オバマ大統領が憲法の問題をめぐって、最高裁判事と文字通り初めて向き合ったのは、二〇〇九年一月二〇日の就任式の最中である。就任式が始まると、ロバーツ首席判事が中央に進み、オバマと向かい合って立った。そして憲法が規定する宣誓の文言を自分が述べたあと繰り返すように、と指示する。初代大統領ワシントンの就任式以来の伝統行事である。

ロバーツ首席判事は抜群の記憶力で知られている。最高裁の判事の前で顧客や政府の代理人として口頭弁論をするときでさえ、何ももたず完璧な受け答えをするので有名であった。ところが首席判事が宣誓式を始めてすぐ、思いがけないことが起こった。ロバーツ判事が、"I, Barak Hussein Obama, do solemnly swear" と述べ終わる前に、オバマが復唱しようとしたのである。オバマは首席判事がどこで切るかを予め知らされていなかった。ロバーツがまだ発言しているのに気づいたオバマは、いったん止まって、ロバーツ判事が最初の文言を言い終わってから、改めて復唱した。

突然大統領に遮られて、ロバーツは混乱したようである。続けて宣誓の文言を述べたのだが、間違えてしまう。"President of the United States" と言うべきところを、なんと "President to the United States" と述べた。"of" が "to" になっている。間違いに気づいたオバマがそれを正して復唱しようとしたとき、ロバーツが言い直してまた一つ単語を抜かしてしまう。混乱したオバマは復唱するが、さらに語順を間違えた。

その後は何も間違いがないまま、ロバーツが宣誓の文言の残りを述べ、オバマが復唱して終わる。けれども多くの人がこのやりとりに気がつき、マスコミは早速このエピソードを報じた。新大統領の報道官は、宣誓にはなんら問題がないと強調する。実際、そうだったのかもしれない。

しかし大統領のロイヤーは受けとめ方が違った。彼らは大統領が直面するあらゆる憲法上・法律上のリスクを検討するのを仕事としている。就任宣誓の間違いが、大統領就任の正統性に関して多少とも疑いを残すのではないか、就任早々政治論争に発展するのではないか、と恐れた。

一九三三年に制定された憲法修正第二〇条は、大統領ならびに副大統領の任期は一月二〇日正午に終了し、「後任者の任期はそのときに始まる」と、明確に規定している。この修正条項以前には大統領の就任式は三月に行われていたのだが、修正第二〇条はこれを一月に早めるとともに、任期の終わりと始まりの時点を定めた。これを見るかぎり、就任時の宣誓がなくても、新大統領の任期は自動的に始まると解釈できる。

ところがもともと憲法第二条一節八項が、大統領は「その職務遂行に先立ち」、次のように、すなわちその次に書かれた文言通りに、宣誓をしなければならないと規定している。原文は“[H]e shall take the following Oath”であり、“shall”はこの行為が義務であることを示すので、宣誓をしないかぎり就任が完結しないという解釈がなりたつ。この規定と修正第二〇条の関係は、実は必ずしも明確ではない。

大統領のロイヤーたちは、修正第二〇条の規定があるかぎりオバマ大統領の就任には問題がないと考えつつも、万が一を心配した。そして就任式当日の午後、オバマ側近と相談した結果、念のため就任宣誓をもう一度行うことが決まる。ホワイトハウスの要請にロバーツ首席判事は快く応じた。翌二一日の夕方、帰宅する途中でロバーツ判事はホワイトハウスに立ち寄り、少数の補佐官と記者の見守るなか、もう一度宣誓を行った。オバマ大統領は、「今度はゆっくりやりましょう」と言ったと伝えられるが、多少いやみに聞こえたかもしれない。

こうしてハーバード・ロースクールを卒業した二権の長は、初めて一緒に仕事をした。国家の大問題ではなかったものの、発足したばかりのオバマ政権と最高裁とのデリケートな関係を暗示させるできごとであった。

選挙とカネと最高裁

オバマ政権の八年間、保守派と進歩派は政治的に重大な問題を、最高裁の場で訴訟を通じてしばしば激しく争った。その筆頭が、選挙資金に関する連邦法の一部規定の合憲性を争った、シティズンズ・ユナイテッド対連邦選挙委員会事件の判決である。判決は二〇一〇年一月二一日に下されたが、最高裁は五対四の票決で、選挙の際に企業や組合が費やす選挙関連の支出を制限する同規定を、言論の自由原則を理由に違憲と判断した。

選挙と金の関係はアメリカでも古くから問題にされてきたが、これには二つの側面がある。一つは見返りと腐敗の関係である。直接の見返りを求め特定の候補者に献金するのは、政治を腐敗させ、代議制民主主義が機能する前提を崩す危険がある。もう一つは選挙結果のひずみ

（distortion）である。選挙には金がかかる。大量のテレビコマーシャルを放映することで支持者を獲得しようとする現代のアメリカの選挙では、資金が多ければ多いほど選挙を有利に戦える。大企業や組合などから献金を得られる候補は有利で、資金に乏しい候補は太刀打ちできない。政策の善し悪しではなく資金量の多寡によって選挙の結果が決まるのは、民主主義の基本に反する。選挙資金規正の背景には、こうした考え方がある（註3）。

二〇世紀を通じて選挙資金の問題が複雑になるにつれ、これを規制するために数々の連邦法や州法が制定される。一九七一年の連邦選挙運動法と、ウォーターゲート事件後の政治倫理意識の高まりから一九七一年法を改正した一九七四年法が、現在の政治資金規正の基本モデルとなった。もっぱら選挙資金規正の任にあたる連邦選挙委員会は、後者によって独立行政委員会の一つとして創設されたものである。最近では、共和党のマッケイン上院議員と民主党のファインゴールド上院議員が共同で法案を提出し、二〇〇二年に超党派選挙運動改革法が共和党保守派の抵抗を押しきって制定された。この法律は、一九七一年法をさらに改正し、これまでの法律では取り締まりの対象にならなかった選挙関連の支出を制限するようになった。

シティズンズ・ユナイテッド事件で争われたのは、営利・非営利を問わず、企業や労働組合が独自の資金を用いて特定の候補に言及しながら政策メッセージを発信する広告を規制する、超党派選挙運動改革法二〇三条の規定である。この条項は、一般放送、ケーブルテレビ、衛星放送などで政策メッセージを流すことを、大統領や議員の予備選挙投票日の三〇日前と本選挙投票日の六〇日前から、それぞれ投票終了まで禁止する。投票日直前のこうした広告は候補者の選択に大きな影響を与えかねず、公平な選挙を妨げるというのが、制定の理由である。

二〇三条の対象になるのは、たとえばある上院議員候補者が妊娠中絶の権利を唱えて胎児の権利を無視していると訴えるテレビコマーシャルである。特定候補の支持を直接訴えるものではないが、メッセージの中身からして候補者のどちらを応援しているかは明らかである。本規定が誕生するまでは、こうした政策メッセージの放映を含め選挙運動展開のための資金として企業や組合が候補者に献金することは厳しく制限されていたのに対し、企業や組合が自らの意思で独自の資金を用いて政策メッセージを流すために費やす金額には一切制限がなかった。

この訴訟を提起したシティズンズ・ユナイテッドは、保守系の政策メッセージを盛りこんだコマーシャルやドキュメンタリーを制作・放映する保守系の非営利法人である。同社は主に個人からの寄付で資金をまかなっていた。二〇〇八年の大統領選挙が始まる前に、同社は当時民主党の大統領候補に指名される可能性が高いと目されていたヒラリー・クリントンを批判する九〇分のドキュメンタリーを制作し、この番組と番組の宣伝を、予備選挙に先立ってビデオ・オンデマンドで放映する計画をたてた（註4）。

しかしこのドキュメンタリーは、二〇三条が適用される特定候補に関連する政策メッセージにあたると連邦選挙委員会が判断すれば、選挙前には放映できない。そこで同社は、同放映が同規定に抵触しない旨の裁判所の判断（宣言判決）を求めて、連邦地区裁判所で訴えを起こした。同社はその根拠として、そもそも同規定が憲法修正第一条の保障する言論の自由の原則に違反すると主張した。

政治資金の規正が言論の自由を妨げるという保守派の主張は、新しいものではない。そもそも言論はことばによるものばかりではなく、行為によってメッセージを発することもある。これをシンボリック・スピーチという。たとえば国旗を燃やす行為は表現そのものであって、そのメッセージの内容を理由に禁止することは修正第一条に違反するとした既出のテキサス対ジョンソン事件判決は、シンボリック・スピーチを扱った典型的な例である。この論理に従えば、特定の候補を応援するために献金や支出を行うのは、まさに政治的なスピーチに他ならない。

最高裁はすでに一九七六年のバックリー対ヴァレオ事件の判決で、選挙の際に自分が支持する候補のために金銭を使うのは表現行為であると認め、そのうえで一九七四年に改正された一九七一年選挙運動法の規定のうち、候補者本人への直接の政治献金の額に上限を認める規定は汚職防止の必要性などから許されるとしたものの、候補者支持のためになされるそれ以外の金銭の支出制限は言論の自由の侵害として違憲であり、認めないと判示した。選挙のための金銭支出は言論の一種であることが、この判決によって憲法の解釈として定着している。

シティズンズ・ユナイテッド事件の主要な争点は、選挙に関連する金銭の支出がスピーチの一種だとしたら、言論の自由の原則は個人だけでなく企業や組合などの法人にもあてはまるのかというものである。原告は、二〇三条が、投票日直前における特定候補に関する言論活動を、個人には許しながら企業や組合に対して禁止しているのは、スピーカーによってスピーチを制限することであり、違憲だと主張した。

法廷意見を著したケネディー判事はこの主張を認め、企業や組合も個人と同じ言論の自由を有しており、その制限は許されないとの判断を示す。先例は、修正第一条が個人にも法人にも等しく適用されることを示している。それに企業や組合は個人の集まりであって、意見や思想をもたない抽象的な存在ではない。憲法は同じ修正第一条で、言論の自由だけでなく出版の自由（freedom of press）を認めており、これは複数の人が集合して言論を行うことを保障していることに他ならない。法人であるか個人であるかによって言論を禁止するかどうかを決めることは、スピーカーが誰かによって言論の自由が保障されるかどうかを判断するもので、許されない。おおむねこのように説明して、超党派選挙運動改革法の二〇三条を違憲とした。法廷意見には、ロバーツ首席判事、スカリア判事、トマス判事、アリート判事の四人が加わった。

これに対し二〇三条が合憲との観点から反対意見を著したのは、引退表明前のスティーブンズ判事である。反対意見にはスーター、ブライヤー、ソトマヨールの三判事が加わった。法廷意見に強い異議を唱えるために、スティーブンズ判事は九〇ページに及ぶ反対意見の一部を法廷で読み上げ、法廷意見の主張に一つひとつ反論した。

たとえば、そもそも修正第一条の制定者は、言論の自由を保障したとき、もっぱら個人による表現しか考えていなかった。法人に言論の自由を保障するのは、制定者の意図ではなかった。また原告の活動が憲法で保護されるべきスピーチであるとしても、投票日直前のみ企業や組合による政策メッセージ発信のための金銭支出を禁止するのは、先例が認めている言論を行う時間、場所、その方法に条件を課すものであり、言論そのものの禁止ではない。そもそも選挙が金銭に左右されるのは民主主義の根幹を脅かすものであり、特に大企業による選挙運動への多額の支出は、たとえ特定の候補者に支払われるものではなくても選挙結果に大きく影響する。直接の見返りを望んでいなくても、応援した候補が勝利すれば企業や組合の人々は少なくとも現職の議員や大統領と優先的に会え、話を聞いてもらえる。こうしたことから汚職の恐れも拭えない。無制限の資金を選挙に投入することを大企業に許すのは、民主主義にとって危険である。スティーブンズ判事はそう述べた。

オバマ大統領の最高裁批判

政治とカネの問題は、アメリカの保守派と進歩派のあいだで真っ向から意見のわかれる政治問題である。個人の献金と公的な選挙資金に頼りがちな民主党の政治家は、大企業による政治献金や選挙資金の支出を特に嫌う。近年組合の組織率が低下し、組合から多額の政治資金提供が望めないため、大企業の献金に制限をかけないかぎり民主党の候補は共和党の候補と戦う際不利だと信じているようだ。それに対し、大企業からの献金や政治資金の支出に頼る共和党の政治家は、もともと政府による規制一般を好まないという自由主義的な信条もあり、献金の禁止や政治資金支出の制限を嫌がる。

シティズンズ・ユナイテッド事件の判決は、政治資金規正に熱心な二〇〇二年超党派選挙運動改革法の提案者の一人であったマッケイン上院議員などを例外として共和党保守派からは歓迎されたが、民主党の政治家からは強い反発を受けた。判決が下った二〇一〇年一月二〇日は、たまたまオバマ大統領が連邦議会で上下両院の議員に向かって一般教書演説を行う六日前であった。

大統領がこの判決について演説で何か述べるかどうか。ホワイトハウスの主要補佐官のあいだで議論された。

一般論としては、大統領は最高裁の憲法判断を軽々しく批判するべきではない。憲法の解釈は主として連邦裁判所、特に最高裁判所の仕事であって、大統領も議会もそれに従うという、建国初期以来の建前があるからである。しかし歴史上、大統領が憲法を独自で解釈し、最高裁の判決に反対し不服を述べたことは、これまでにもたびたびある。もっとも有名なのはニューディール関係の法律を違憲と判断しつづけた最高裁を厳しく糾弾し、七〇歳以上の判事が引退しないなら新しい判事を任命し現職判事を無力化すると公然と脅かした、フランクリン・ローズヴェルト大統領である。同様にレーガン以来、妊娠中絶の憲法上の権利を認めたロー事件判決を、共和党の歴代大統領は批判しつづけた。それでもなお、大統領が下されたばかりの最高裁判決を表立って批判するのは、異例である。

それにもかかわらずオバマ大統領の補佐官たちは、大統領は一般教書演説でシティズンズ・ユナイテッド事件判決を批判すべきだと進言した。彼らは最高裁の判決がよほど心外であったのだろう。文言についての検討がなされたあと、スピーチの草稿には同判決への言及が盛りこまれた。一月二六日、連邦議会下院本会議場に現れたオバマ大統領は満場の拍手で迎えられる。そして演説を始めてまもなく、原稿にはない「三権分立の原則への敬意はもちろん払うものの」と述べて、シティズンズ・ユナイテッド事件判決への批判を始める。

「最高裁は先週これまでの先例をくつがえす判決を下し、その結果、外国企業を含むあらゆる利益団体が、選挙の際に好きなだけ金を使えるようになったと理解している」

「この国でもっとも強大な利益団体の金の力、いやもっと深刻なことに外国企業の資金力によって、アメリカの選挙の結果が左右されるべきだと、私は思わない」

民主党の議員は立ち上がって大きな拍手を送り、共和党の議員たちはそれを黙って見ていた。しかし議場には、それも大統領のすぐ目の前に、恒例によって一般教書演説に招かれた最高裁の判事が数人座っていた。最前列ではロバーツ首席判事ならびにケネディー、ギンズバーグ、ブライヤーの各判事が、その一列後ろではアリート判事とソトマヨール判事が、大統領の演説を聴いていた。右隣にはオバマ政権の閣僚たちが陣取り、背後には上院の民主党指導者たちがいる。大統領の最高裁批判と民主党議員たちの拍手を、判事たちは黙って聴いていなければならない。居心地がよかったとは思えない。

演説の草稿は予めメディアに渡されていたので、テレビの中継カメラは最高裁判事たちの表情を映し出す。そしてオバマが「外国企業」も「制限なしに」選挙の際に金を使えると述べたとき、たまたまカメラはアリート判事が首を横に振り、「それは間違っている（Not true）」とつぶやく様子を大きく映し出した。（アリート判事の声は聞こえなかったが、口の動きでわかったらしい）。この場面はその日のニュースで、繰り返し報道された。

外国企業の選挙関連支出に関するオバマ大統領の発言は、判決の内容として厳密には正しくない。シティズンズ・ユナイテッド事件の法廷意見で、ケネディー判事は、「外国人や外国法人がこの国の政治過程に影響を与えるのを防ぐ必要があるかどうかについて、本判決では判断しない」と、明言している。ただしそれは二〇三条の解釈上議論の余地があるということでもあり、オバマは「と理解している」と述べて断定を避けていた。いずれにしても、連邦議会議場で一般教書演説を行う大統領が、最高裁判事たちの面前で最高裁の判決を真っ向から批判し、それに対し判事の一人が大統領の発言にその場で異議を唱えるというのは、これまでにない光景であった（註5）。

こうしてオバマ政権と最高裁保守派判事のあいだの溝が深いことが、誰の目にも明らかになった。この年、二〇一〇年一一月の中間選挙では、下院で共和党が六四議席を増やし、二〇〇六年に失った多数を取り戻す。共和党は上院でも五議席増やし、多数は取り返せなかったものの勢力がより拮抗する結果となる。オバマ政権は議会保守派の攻勢に対処せねばならなかったが、このあと意外なことに、多くの問題で意見の合わないロバーツ・コートから強力な援護射撃を受ける。

オバマケアの行方

オバマ大統領が在任中もっとも力を注いだ政策は、疑いなく医療保険制度の改革である。日本やヨーロッパ各国と異なり、アメリカには政府が運営する医療保険制度はない。公的健康保険は低所得者を対象とするメディケイドと老齢者を対象とするメディケアしかなく、それ以外の国民は雇用者が福利厚生の一部として医療保険を提供しないかぎり、なんらかのかたちで保険会社から医療保険を直接購入するのが基本である。ただしこの制度では医療保険に加入しない、あるいは加入できない多数の国民が存在することになる（註6）。

アメリカの医療制度と健康保険の問題は非常に複雑であり、簡単には説明しにくい。しかし大きな問題があることは確かであり、歴代の政権は共和党も含め医療保険制度の改革に何度も取り組んできた。もっとも有名なのはクリントン政権のもとでのヒラリー夫人を中心とする改革の努力であるが、結局、改革法制定に失敗した。その経験を踏まえて医療保険制度改革を選挙戦の際に公約として打ち出し、就任後真正面から取り組んだのが、オバマ大統領である。政権が議会民主党の指導者と協力して提出した法案は、複雑な交渉と数々の修正を経て最終的に二〇〇九年一一月に上院で可決され、翌年の二〇一〇年三月に下院も通過、三月二三日にオバマ大統領が署名をして発効した。これが患者保護及び医療費負担適正化法（Patient-Protection and Affordable Care Act)、通称ACA、あるいはオバマケアである。この法律のもと、新しい医療保険制度は準備期間を経て、二〇一四年一月一日から運用が始まった。

オバマケアに対しては、共和党保守派を中心に当初から猛烈な反対があった。彼らは法案通過を阻止しようとあらゆる努力をした。保険業界や保守派の知事をいただく州政府も反対に回った。オバマ政権と議会民主党は、それを乗り切ってACAの制定にこぎつける。オバマ大統領はそのために相当無理をして、その後の対議会関係に禍根を残したとも言われる。制定後も保守派は、オバマケアの廃止をめざして運動を続けた。

オバマケアの内容は多岐に渡る。ただしその核心は医療保険未加入者に保険への加入を義務づけ、加入しない者には罰金を課すという仕組みを設けた条項である。オバマケアは、日本のように政府が強制的に国民から保険料を徴収して医療費の過半を負担する官のシステムではない。医療保険を提供するのはあくまでも民間の保険会社である。民間企業による保険提供を前提として国民皆保険を実現しようとすれば、保険加入を強制するしかない。しかし、大きな政府を嫌い連邦政府による規制強化を嫌う保守派から見れば、保険加入を強制するのは個人の決定に政府が介入することを意味し、根本的に同意できない。だからこそ保守派はこの加入強制条項にもっとも強く反対した。他にもさまざまな反対理由はあるけれども、思想的にはそれが一番の理由であろう。

サベリウス事件判決

保守派はオバマケアへの反対運動を議会だけでなく、司法の場にも持ちこんだ。オバマケアのいくつかの条項が憲法違反だとして、数十の訴訟が連邦地区裁判所に提起される。地区裁の判決は連邦控訴裁判所に控訴され、ついに合衆国最高裁がこれを取り上げる。口頭弁論がなされ、二〇一二年六月二八日、最高裁が独立企業全国連合対サベリウス事件の判決を下した。前年の一〇月に始まり六月末日で終わる開廷期最終日の前日である。最高裁のメンバー構成からして、オバマケアは違憲との判決を予想する向きが多かったにもかかわらず、判決は五対四でACA全体を合憲とするものであった。

サベリウス事件判決の法廷意見を著したのは、ロバーツ首席判事である。憲法上最大の争点は、加入強制条項の合憲性であった。政権側のロイヤーは、議会が同規定を制定する権限は憲法第一条八節三項のいわゆる通商条項にもとづいており、合憲であると主張する。通商条項は連邦議会に、外国との通商、インディアン諸部族との通商、ならびに州と州のあいだの通商（州際通商）を規制する権限を与えている。第16章ですでに述べたとおり、ニューディール期以降、通商条項の解釈は次第に拡大され、規制の対象は州際通商そのものだけでなく、州際通商に「相当の（substantial）」影響を与える行為にまで拡げられた。これによって通商条項にもとづく連邦政府の規制権限は一挙に拡大し、規制される行為と州際通商のあいだに何らかの関連性があれば、ほぼすべて規制できるようになった。工場労働者の最低賃金、最長労働時間、職場環境、さらには黒人旅行者の差別などが、その例である。

ただし最高裁は一九九五年のロペズ事件判決で、学校とその近辺での銃器所持を通商条項にもとづいて禁止する連邦法を違憲とした。教育の場への銃器の持ちこみは大きな問題であるとしても、それが間接的にでも州際通商に影響を及ぼす行為であるとは、考えにくい。したがって通商条項にもとづく規制は許されないというのが、その理由である。通商条項にもとづく連邦政府の規制権は無制限ではない。最高裁の保守派判事はこう判断して、連邦政府の規制権限には限界があると釘を刺した。

こうした通商条項解釈の歴史をたどったうえでオバマケア法の加入強制条項を見るとき、医療保険に加入しないことが、州際通商に「相当の」影響を与えると言えるのだろうか。法廷意見はこの問いにノーと答える。これまで通商条項のもとで連邦政府が規制してきたのは、州際通商になんらかの影響を与える「行為」である。ロペズ事件で違憲とされた規制でさえ、その対象は銃器の所持という「行為」であった。しかし保険に加入しないのは、「行為」ではない。保険の販売や購入、医療の提供が州際通商にあたるとしても、保険に加入しないことがそうした州際通商に影響を与えるからといって加入を強制できるとすれば、たとえばブロッコリを買わない者に対して、それがブロッコリの州際通商に「相当の」影響を与えるという理由で、連邦政府は強制的にブロッコリを買わせることさえできるようになる。その結果、連邦政府の規制の範囲になんら制限がなくなる。それは連邦制度と制限された政府という憲法の根本的仕組みを否定するものであり、憲法制定者の意図ではない。したがってオバマケアのうち加入強制条項は通商条項のもとで違憲である。ロバーツ判事はそう結論づけ、スカリア、トマス、アリートの保守系三判事と中道派のケネディー判事がこの結論に同意した。

しかし、通商条項のもとでACAの保険加入強制条項を違憲と判示したロバーツ首席判事は、同時に意外な見解を披露する。加入強制条項は、同じく憲法第一条八節一項が連邦政府に与える徴税権のもとで正当化できる。したがって加入強制条項は合憲である。そう判断したのである。

加入強制条項は、健康保険未加入者が保険に加入しない場合、低所得者などの例外を除き、罰金を支払わねばならないと定めている。この罰金は所得税と同時に内国歳入庁（国税庁）に支払うことになっており、連邦税の一部とも考えうる。そもそも司法は議会の多数が制定した法律をみだりに違憲とすべきではない。たとえ憲法のある条項（この場合には通商条項）のもとで当該法による規制を正当化できず、違憲と判断しうるとしても、憲法の別の条項で規制を正当化しうると解釈する余地があるのであれば、合憲と判断すべきである。首席判事はこう説明した。

ロバーツ首席判事は、加入強制条項による規制が徴税権の行使であると強く主張しているのではない。そういう解釈も可能である、したがって合憲とすべきであると述べている。これはある意味、消極的な合憲判断である。法廷意見のこの部分には、進歩派の判事ギンズバーグ、ブライヤー、ソトマヨール、ケイガンの四人が賛成し、ロバーツ首席判事と合わせて五票となり、オバマケア法の核心部分をなす加入強制条項は五対四の僅差で合憲とされた。

ロバーツ首席判事が保守派の判事四人と袂をわかち、なぜ徴税権によって加入強制条項を合憲としたのかについては諸説ある。もちろん本人は判決文以外に自己の決定の理由を説明しないし、する義務がない。保守的な憲法観によれば、判事の仕事は判決の政治的影響を考えることなく、憲法をその条文と条文の意味についての制定者の理解と意図をもとに正しく解釈することにある。加入強制条項はとても通商条項のもとで合憲とは解釈できず、違憲と判断するのが妥当である。しかも加入強制条項はオバマケアの核心部分であるため、スカリア判事らはオバマケア全体を違憲無効にすべきだと考えていた。ロバーツ首席判事も、加入強制条項が通商条項で合憲と言えないことには異論がなかった。

しかしこの法律には、医療保険改革に資する憲法上問題のない条項がいくつも含まれている。議会多数の賛成を得てようやく制定された同法を、加入強制条項が違憲だという理由だけで、その全体を無効にしていいのだろうか。首席判事は悩んだようだ。国民のあいだでその是非について大きく意見が分かれるオバマケアを五対四の僅差で最高裁が葬ってしまうのは、最高裁そのものの権威にも傷をつける。首席判事として他の判事にはない責任の重さを感じ、ロバーツ判事は合憲判決に傾いた。そういう説明が一般的である。

こうしてオバマ政権がもっとも重視した健康保険制度改革は、最高裁のオバマケア合憲判決によって生きながらえ正統性を増した。反対派はオバマケアの廃止をあきらめなかったが、少なくとも司法の舞台での決着はついた。この判決を可能にしたのが、オバマ大統領が敵視した保守派最高裁判事の代表であるロバーツ首席判事であったのは皮肉である。

ロバーツ首席判事の率いる最高裁では、判事の構成が保守派四、進歩派四、中道派一であることから、保守派と進歩派が大きく意見を異にする事件での判決は五対四で決まることが多い。誰か一人でも意見を変えれば、判決は逆の結果になる。その典型がオバマケア事件判決であった。他の判事四人とともに（中道派のケネディー判事もこの事件では違憲の立場を取った）、審理の途中まで違憲判決を下すことに傾いていたロバーツ首席判事自身が最終的に考えを変え、徴税権を根拠に用いてオバマケアを合憲とした。この番狂わせは保守派の政治家や判事に厳しく批判されたものの、五対四の票決は変わらず、オバマケア反対派は何もできなかった。

第29章　オバマ政権第二期と最高裁

オバマ大統領の再選

オバマ大統領は二〇一二年の選挙で再選を果たした。民主党の大統領候補は最初からオバマ大統領の再出馬で決まっていたが、共和党は大勢の候補が予備選挙に打って出たものの、結局元マサチューセッツ州知事のミット・ロムニーが党候補に指名された。一一月の本選挙でオバマは得票総数の五一・一パーセント、ロムニーは四七・二パーセントを獲得、選挙人獲得数ではオバマが三三二、ロムニーが二〇六で、再選を果たす。ただしロムニーは二四の州で勝利し、二六州とコロンビア特別区を獲得したオバマに迫っており、オバマには二〇〇八年のような圧倒的な勢いはなかった。なお民主党は上院選挙で二議席増やし過半数を維持したものの、下院選挙では八議席増やしながら、二〇一〇年の中間選挙で失った多数は奪い返せなかった。

第二期に入ってもオバマは淡々と大統領としての仕事を続けたが、第一期とはそのスタイルが少し変わったように思われる。議会における党派対立は激しさを増し、なかなかオバマ政権の政策を実現する法案は可決されなかった。共和党の側ではティーパーティーのような保守強硬派の影響力が増したため、穏健な共和党員がオバマ政権と妥協すると次の選挙で候補者に指名されないおそれがあり、超党派の協力を得ることが難しかった。これに反発する民主党サイドでは、逆に進歩派の影響が強くなる。議会が機能しない理由を、オバマ大統領は議会共和党の硬直した姿勢に求め、共和党は大統領の議会無視を非難した。理由のいかんはともかく、国民のワシントンに対する信頼感は左右を問わず顕著に低下した。

こうした政治的行きづまりのなかで、オバマ大統領は議会にあまり頼らずに政策を実行する傾向を示す。もともと政治家との取引は苦手で、オバマ大統領は議会指導者とつきあわない。十分な根回しをせずにものごとを決めるという批判が民主党の議員のあいだにもあったが、第二期は特にその傾向が強くなった。外交政策でも国内政策でも、オバマは法律制定が難しいときには行政命令でものごとを進めるようになる。たとえばイスラム国への攻撃を、オバマ大統領は議会の承認を得ずに行った。不法移民の子供にアメリカへ残ることを許す政策転換も、既存の法律の執行という建前で行う。また二〇一六年にオバマ大統領が批准した気候変動に関するパリ協定は、議会による批准もしくは承認を必要としない行政協定であるとの立場をとり、議会にはからなかった（註7）。さらにウィキリークスによる米外交公電の暴露により、行政府が広範な盗聴行動を、議会の承認も裁判所の許可もなく国内外で行っていたことが明らかになる。ドイツのメルケル首相など、日本を含む同盟国の首脳や高官が対象になっていたという。オバマ政権以前からの問題とはいえ、オバマに限らず大統領が法律の制定や裁判所の許可なしでこうした施策をどこまで実行できるかは、今日の重要な憲法問題の一つである。

こうして第一期には、選挙戦で訴えた「一つのアメリカ」実現をめざし、共和党との妥協を模索したオバマ大統領は、第二期にはほぼそれをあきらめ、より伝統的な進歩派の政策目標を掲げるようになる。その一つが同性愛やLGBT（レズビアン［女性同性愛者］、ゲイ［男性同性愛者］、バイセクシュアル［両性愛者］、トランスジェンダー［生物学的性と性自認の異なる人］）の問題であり、オバマ大統領は特に同性婚の合法化を支持する立場を明白にした。この間、同性婚に関する憲法訴訟が提起され、上告を受けた最高裁がオバマ第二期に判断を示すことになる。

同性愛・同性婚と最高裁

第24章で述べたとおり、キリスト教の影響が強いアメリカでは、もともと同性愛は神の教えに背き社会的に好ましくないものと捉えられてきた。最高裁も、同性愛者の権利を憲法上認めることに慎重であった。一九八六年のバワーズ対ハードウィック事件判決では、同性愛を含む非正常な性行為（ソドミー）を禁止するジョージア州法を合憲としている。

バワーズ事件判決以後、最高裁は一九九六年のローマー対エヴァンズ事件の判決でコロラド州の州民投票によって同性愛者に州政府が特別の保護を与えてはならないと定めた州憲法の改正を違憲とするものの、私的な団体であるボーイスカウトによる同性愛者の排除は憲法修正第一四条の平等保護条項に反せず合憲であるとの全米ボーイスカウト連盟対デール事件判決を二〇〇〇年に下すなど、同性愛者の権利はなかなか認められなかった。しかし二〇〇三年、最高裁はローレンス対テキサス事件判決でバワーズ事件判決をくつがえす。

同判決は、同性愛を個人の基本的権利の一つと認めた点で画期的であった。もはや同性愛行為は犯罪ではない。公の場での同性愛者の差別は許されない。同性愛に対する世間一般の見方が寛容になるなか、同性愛者の権利拡大をめざす運動は次の大きな目標として同性婚の合法化をめざす。愛し合う二人の個人が異性同士なら結婚が認められ、あらゆる法的な保護を受けるのに、同性同士の者は結婚ができない。これは不当な差別である。こうした主張に耳を傾け、同性の者同士の結婚を許さないのは不当な差別にあたる可能性が高いと最初に認めたのは、ハワイ州の最高裁である。一九九三年のベアー対ルイン事件判決で、同性婚を禁止するハワイ州法が州憲法に違反する疑いが強いと判断して、この事件を下級審に差し戻した。

連邦婚姻防衛法（Federal Defense of Marrige Act：ＤＯＭＡ）は、ハワイ州最高裁のこの判決がきっかけとなって一九九六年に制定されたものである。同性婚に反対する勢力は、ハワイ州最高裁の判決が同州における同性婚の合法化につながることを恐れた。また合衆国憲法第四条一節の規定により、一つの州で許可された結婚は原則的に他州でもその効力を認められるので、いったんハワイ州で同性婚が合法化されれば、同性婚はハワイ以外の四九州にも広がりかねない。さらに州法で合法とされる同性婚を連邦法上どう取り扱うかが問題となる。

こうした事態を防止するため、連邦議会にＤＯＭＡの法案が提出された。同法案第二条は、いかなる州も他州で許可された同性婚の効力を自州で認める義務がなく、第三条は、連邦法のもとで「結婚」とは夫としての男性と妻としての女性の法的な結びつきのみを意味する、と規定した。一九九六年七月に下院が三四二対六七の票で可決、賛成票のうち二二四が共和党議員、一一八が民主党議員によるものであった。さらに同年九月に上院が八五対一四の票で可決する。共和党の上院議員は全員、民主党の上院議員もその多数が賛成票を投じた。この結果を見ると、当時は共和党、民主党を問わずまだまだ同性婚に対する抵抗感が強かったことがわかる。

クリントン大統領はDOMA法案の可決に対し拒否権を行使することを考えたものの、圧倒的な票差で可決されたため拒否権を行使しても三分の二の賛成でくつがえされると判断し、同法案に署名した。これによって、個別の州が同性婚を認めても他州がそれを認める義務がないこと、連邦法上は同性婚が合法な結婚とみなされないことが、連邦法で定められた。

同性婚の合法化を求める勢力と、合法化に反対する勢力の対立は、その後ますます激しくなる。二〇〇三年にローレンス事件判決が下されたあとは、特に各州で合法化の運動が活発化した。州最高裁が同性のカップルには結婚する権利があるとアメリカで初めて判断した二〇〇三年のグッドリッジ対公衆衛生局事件判決を受け、二〇〇四年にはマサチューセッツ州がアメリカで初めて、世界でも六番目に、同性カップルに結婚許可証を発行する。その後各州で、同性婚を認めるあるいは禁止する裁判所の判決、議会の制定法、住民投票による州憲法改正が相次ぎ、同性婚は全国的な政治問題となる。二〇〇三年には同性婚を禁止する合衆国憲法修正案が議会に提出されたが、上院下院のいずれでも国民への提案に必要な三分の二の賛成を得られなかった。二〇一二年五月には、オバマ大統領が同性婚を支持すると歴代の政権で初めて公に発表する。

各州でのさまざまな動きの結果、全米で同性婚を認める州と認めない州が混在することになった。こうした状況下で、ある州で認められた同性婚は連邦法上も効力を有するのだろうか。伝統的には州が許可した結婚は連邦法上も有効であるが、DOMAは明確にこれを否定した。またある州で許可された同性婚の効力を、同性婚を認めない州も有効と認めねばならないのだろうか。憲法第四条一節のもとで、ある州で許可された結婚は他州でも有効であるとされているが、DOMAによれば各州は他州で許可された同性婚を認める義務がない。ロバーツ・コートが判断を求められたのは、こうした同性婚の憲法上の取り扱いであった。

ウィンザー事件判決

二〇一三年六月二六日、最高裁は合衆国対ウィンザー事件対決で五対四の票決により、連邦法上、異性間の結婚しか認めないとする連邦婚姻防衛法を、憲法修正第五条のデュープロセス条項に反するものとして違憲無効とした。連邦最高裁が同性婚を認めない法律を違憲としたのは、これが初めてである。

原告のエディス・ウィンザーは一九二九年に生まれ、一九六〇年代にテア・スパイアーとニューヨークで知り合い、それ以来同性のカップルとしてニューヨークで暮らす。二〇〇七年に二人は同性婚を認めるカナダのオンタリオ州トロントで結婚し、ニューヨーク州は二〇〇八年にカナダでの結婚を承認する。スパイアーは翌年死亡し、ウィンザーに全財産を残した。

ところが連邦税当局は、異性間の結婚しか認めない連邦婚姻防衛法第三条の規定上、スパイアーの遺産を相続するウィンザーは配偶者ではなく、相続税を免除されないとの判断を示す。この結果、ウィンザーは相続税総額三六万ドルを支払わされた。彼女はこの決定を不服としてニューヨークの連邦地裁に二〇一〇年一一月、訴訟を提起し、相続税の還付を求めた。連邦相続税法上、ウィンザーをスパイアーの配偶者として認めない婚姻防衛法第三条は違憲であり無効だというのが、その主張である。

二〇一一年二月、オバマ政権のホルダー司法長官は、連邦政府として婚姻防衛法第三条の合憲性をこの訴訟で主張しないと発表し、オバマ政権は原告ウィンザーの側に立つことを明確に宣言する。政府に代わって、超党派法律助言グループという団体がこの事件の当事者となり、第三条の合憲性を法廷で主張した。地裁と控訴裁で違憲判決が出たあと、この事件を連邦最高裁が取り上げ、ウィンザーの主張を全面的に認めた。

法廷意見を著したのは、ケネディー判事である。判事は、婚姻防衛法第三条はニューヨーク州が認めた同性の者同士の結婚の効力を否定することによって、異性間の結婚と同性間の結婚を差別するものである。これは法の平等な保護を否定し、またニューヨーク州法で認められた同性婚当事者の尊厳と自由を奪うゆえに、憲法修正第五条のデュープロセス条項が含意する権利に反する。したがって違憲無効であると説明した。

これに対して反対意見を著したスカリア判事は、最高裁は連邦議会が民主的に制定した婚姻防衛法を違憲無効にする権限を有さない、同性婚のような人々の価値観に関する問題について最高裁が決定を行うのは民主的プロセスに反すると、法廷意見を強く批判した。また同判決は、連邦政府が同性婚を否定することに限られているが、同性婚が憲法上の権利と認められた以上、同性婚を認めない州の法律が次のターゲットであることは間違いない、州による同性婚の否定を違憲と主張する訴訟が当然提起されるだろうと予測した（註8）。

オーバーゲフェル事件判決

スカリア判事の予言どおり、ウィンザー事件判決が下されてから二年後、連邦最高裁は同性婚を認めない州法をすべて違憲とする判決を五対四で下す。二〇一五年のオーバーゲフェル対ホッジズ事件判決である。

この事件は、最高裁がまとめて審理したいくつかの事件のうちの一つに過ぎない。同性婚を認める州あるいは外国で結婚した多くの同性カップルが、同性婚を認めない州で被った不利益の救済を求めて、それぞれ訴訟を提起する。原告は当該州法のすべてが違憲であると主張した。そのうち、オハイオ、ミシガン、ケンタッキー、テネシーの四州で提起された訴訟では、連邦地区裁判所がすべて違憲判決を下したものの、四州の連邦裁判所を統轄する第六巡回区連邦控訴裁判所がこれらの違憲判決をくつがえしたため、原告が一致して上告許可請願を行い、それを最高裁が許可したものである（註9）。

法廷意見を著したケネディー判事は、これらの州が同性婚を禁止すること、ならびにこれらの州が他州で成立し許可された同性婚を自州で正式な結婚として認めないことは、修正第一四条のデュープロセス条項と平等保護条項に違反し無効であるとの判断を示した。そもそも人が結婚する権利は、古代から続く人間社会の基本をなしており、憲法には明記されていないものの、先例で認められた基本的な自由権の一部である。結婚はもともと男女間のものに限られてきたが、配偶者同士の関係のあり方など結婚の具体的内容は時代とともに変化してきたのであって、決して固定したものではない。たとえばかつては夫が支配的な地位にあったが、現代では夫と妻はより平等な関係を築いている。

それと同様に、同性愛や同性愛者に対する世の中の見方も、同性愛カップルの権利も変化しており、もはや不道徳なものとはみなされていない。同性婚は次第に多くの州で認められつつある。自己の尊厳と自立のために同性間で結婚する権利は、憲法修正第一四条のデュープロセス条項で守られるべき基本的自由であり、同性婚を否定する州法はこれに違反する。またこうした権利が男女間では認められるのに同性間では認められないのは、同条の平等保護条項にも違反する。ケネディー判事は、おおむねこのように説明した。

これに対しては、ロバーツ、スカリア、トマス、アリートの四判事が、それぞれ強い反対意見を著している。その内容は判事によって少しずつ異なるが、同性婚の禁止は違憲だとするケネディー判事の法廷意見は主観的な道徳観にもとづくものであり、憲法上の根拠がない。同性婚を合法化するか禁止するかについて各州で人々が民主的手続きを踏まえて決定する権利を、この判決がアメリカ国民から奪った。それは司法の役割の逸脱である。四人の見解はこれらの点については一致していた。

ロバーツ首席判事は、結婚は男女間の結合に限られるという定義を変更した判例はこれまで一つもなく、同性婚は憲法修正第一四条のデュープロセス条項のもとで認められる実体的な権利ではない。したがって同性婚の禁止はデュープロセス条項の違反にはならない。また同性婚の禁止と伝統的な結婚の定義を守るという政府の利益とのあいだには合理的な関係があるゆえに、修正第一四条の平等保護条項の違反にもならない。もし同性婚が憲法上の権利であるとすれば、重婚を禁止する根拠もなくなるだろう。さらに同性婚を憲法上の権利として一律に認めることは、同性婚が宗教上の理由で許されないと信じる信教の自由を侵害する可能性がある。このように反論した。

スカリア判事は条文主義、原意主義の立場から、修正第一四条の制定者は同性婚の禁止が同条の違反になるとはまったく想定しておらず、したがって現在でも同性婚の禁止は違憲ではないと論じ、トマス判事は、個人の基本的自由は常に政府の行為からの自由を意味してきたのであって、結婚の許可のようなさまざまな便益を政府から得る権利や自由ではないと指摘した。さらにアリート判事は、修正第一四条のデュープロセス条項のもとで守られるべき実体的な権利と自由は、先例からして「アメリカの歴史と伝統に深く根ざした」ものに限られる。同性婚の権利はこの要件を満たさない。結婚を男性と女性の結合に限定し同性婚を認めない州法には、子孫を残すことを奨励し、子供の養育に最適の環境を提供するという十分合理的な目的があり、違憲とはいえないと強調した。

二〇〇三年のローレンス事件判決、二〇一三年のウィンザー事件判決、そして二〇一五年のオーバーゲフェル事件判決と、三つの事件すべてで法廷意見を著したのは、ケネディー判事である。

いずれも五対四の僅差であった。二〇〇〇年代に入ってから保守派判事と進歩派判事が対立する事件の判決は、多くの場合、最終的にケネディー判事が保守派に与するか、進歩派に与するかで決まってきた。同性愛に関する三つの重要な事件の判決は、その典型的な例である。

この傾向はレンクイスト・コートでも見られたが、当時は他にオコナー判事がいて、二人の票が判決の行方を左右した。オコナー判事も保守派と進歩派の立場の中間にあって、なんとか両者の妥協をはかろうとする傾向があった。オコナー判事が引退したあとのロバーツ・コートでは中道派はケネディー判事のみになったため、この人の一票はさらに重みを増した。ただオコナー判事と異なり、ケネディー判事は保守派の判事四人に同意する場合は自分自身が非常に保守的な意見を表明し、進歩派の判事四人に与するときはきわめて進歩的な意見を著すという傾向がある。たとえばシティズンズ・ユナイテッド事件では、同判事は保守的な立場から言論の自由を重視するかたちで厳格に解釈し、超党派選挙運動改革法の二〇三条を違憲とした。その逆が色濃く出るのが、妊娠中絶や同性愛といった、憲法には書かれていない基本的人権に関する事件判決である。

保守派が勢いを増すロバーツ・コートではあるが、少なくとも同性婚に関してオバマ大統領はケネディー判事という強い見方を得て、政権の進歩的な政策を推進することができた。最高裁は九人の強い個性と異なる憲法思想をもつ個人からなっている。全体として保守の傾向が強くても、進歩の傾向が強くても、その判断がどう出るかは一つひとつの事件によって異なる。それだからこそ次に就任する新しい判事がどのような人物かが、重要なのである。しかし二〇一四年の中間選挙で、民主党はついに上院でも共和党に多数を奪われた。議会との関係においてますます守勢を余儀なくされたオバマ大統領に、残り二年の任期中、新判事任命の機会が訪れるかどうかは、神のみぞ知ることであった。

スカリア判事急逝とガーランド判事指名

繰り返し述べたとおり、アメリカ大統領が最高裁判事を新たに任命できるのは現職の判事が引退するか任務継続不能になるときしかない。判事の側は自らの体調、予想される最高裁の勢力バランスの変化などを勘案してある程度引退時期を選べるが、在職中に急死する場合もある。後任の人選は前任者が死んだ時点の現職大統領に任せるしかない。医療の進歩によるものか現代の最高裁判事はみな元気で、在職中に死亡する人はずいぶん減った。一九五三年のヴィンソン首席判事死去以後は、二〇〇五年、ブッシュ（息子）大統領の在職中に現役のまま亡くなったレンクイスト首席判事以外、六〇年以上にわたり最高裁判事の在職中の死去はなかった。

しかし、二〇一六年二月一三日、思いがけないことが起こる。あと一カ月で八〇歳という年齢ながら、すこぶる元気であったアントニン・スカリア判事が、テキサス州へ趣味のうずら狩へ出かけ、宿泊先で夕食を楽しんだあと床についたのが二月一二日の夜。その後就寝中に息を引き取っていたのが翌朝発見されたのである。一時、無責任な他殺説が流されたが、判事には心臓の持病があり自然死であったらしい。判事の遺体は二月一九日に最高裁のグレート・ホールに安置され、多くの弔問者が訪れる。カトリック教会での葬儀は、判事の息子の一人であるポール・スカリア神父が執り行った。

時にきわめて攻撃的な反対意見を書くので知られていたスカリア判事は、ユーモアのセンスに富み、法廷でもジョークを飛ばす明るい性格の人物でもあった。判事が信奉した条文主義（テクスチュアリズム）、原意主義（オリジナリズム）という保守的な憲法解釈の方法は、今日では進歩派も一目置く説得力のある理論として評価されている。二〇一六年一〇月六日、ジョージ・メイソン大学ロースクールがアントニン・スカリア・ロースクールと改名したのを祝う式典で進歩派のケイガン判事は、スカリア判事は歴史上、「もっとも重要な最高裁判事の一人であり、もっとも偉大な一人でもある」と賛辞を送った。

スカリア判事の死去は多くの人に惜しまれたが、同時にそれはオバマ大統領にとって任期最終年に新しい最高裁判事を任命するチャンスが到来したことを意味した。オバマ大統領がスカリア判事の後任に進歩派の判事を任命すれば、これまで保守派四、中道派一、進歩派四の最高裁判事の構成が、保守派三、中道派一、進歩派五（すべて民主党大統領による任命）となり、進歩派が断然優勢になる。ただし二〇一四年の中間選挙で、議会上院では共和党が九議席増やして多数を奪回していた。新しい最高裁判事の任命には、上院の同意を必要とする。オバマ大統領が進歩的色彩の強い判事を指名しても、同意が得られるとは限らない。残りの任期は一年を切っており、うかうかしていると時間ぎれになる。

オバマ大統領は慎重に検討した結果、三月一六日、コロンビア特別区巡回区連邦控訴裁判所のメリック・ガーランド首席判事をスカリア判事の後任に指名すると発表した。ガーランド判事はハーバード大学の学部とロースクールの両方を最優秀と準最優等の成績で卒業し、ブレナン最高裁判事の助手をつとめた。連邦検事としてオクラホマシティー爆弾事件を手がけたきわめて優秀な法律家であり、最高裁判事の候補としては申し分のない能力の持ち主である。クリントン大統領によって一九九七年にコロンビア特別区の連邦控訴裁判所判事に任命されたのも、将来の最高裁判事任命を視野に入れたものだったと思われる。

ガーランド判事は進歩派ではあるものの穏健な司法観の持ち主で、党派を超えて尊敬を集めていた。オバマ大統領はスティーブンズ判事が引退したとき、後任をケイガン現判事にするかガーランド判事にするか、最後まで迷ったという。彼はすでに六三歳であり、近年の最高裁判事候補としてはもっとも年齢が高い。また彼はユダヤ系の白人男性であり、意外性はない。その点で女性やマイノリティ候補の指名から得られる政治的メリットはなかった。

オバマ大統領がなぜガーランド判事をスカリア判事の後任として指名したのか、その理由は明らかにされていない。政権内部でもさまざまな議論があったようだ。明らかに進歩的な候補では、共和党が支配する議会上院が認めないだろう。共和党にも支持者の多い穏健なガーランド判事であれば、合意獲得は可能かもしれない。ガーランド判事はスティーブンズ判事の有力な後任候補として徹底的に調査されており、大統領が面会した人物でもあるので、その意味では安心だ。思わぬスキャンダルが暴かれるような危険はない。仮にそんなガーランド判事でさえ共和党が政治的な思惑から同意しようとしない場合は、大統領選挙を控えて党派的利益ばかり考える共和党を非難攻撃する材料として使える。それに二〇一六年一一月の大統領選挙ではヒラリー・クリントン候補勝利の可能性が高く、今回だめでも次がある。そのような判断がなされたのではないかと推測される。

　ガーランド判事指名は一種の賭けであったが、共和党指導部の反応は予想以上に厳しかった。たとえガーランド判事が優秀で穏健な判事であっても、残存任期が一年を切った大統領は次の大統領に最高裁人事を任せるべきだ。そう主張してガーランド判事就任の是非を問う審議を一切行わない。自分たちの主張を正当化するために共和党指導者は、一九九二年に当時上院議員であったバイデン副大統領が、ブッシュ（父）大統領は任期最後の年の夏以後最高裁に空席が出ても大統領選挙の結果が明らかになるまで後任判事を指名すべきでない、という内容の演説を行っていると指摘した。また大統領選挙の年には、大統領の指名した連邦裁判所判事が超党派の支持を得る候補者でないかぎり、ある時点以降、上院は同意を与えるべきでないという、いわゆるサーモンド・ルールを引いた（註10）。

　これらの前例の拘束性はかなり疑わしい。しかし共和党の立場から見れば、ここでガーランド判事に同意を与えれば、最高裁で保守派判事が劣勢になる。秋の大統領選挙でもし民主党候補が勝利を収めれば、さらに進歩派の判事が任命される可能性がある。理屈はどうあれ、共和党の上院指導部としてはなりふりかまわずガーランド判事の審議を拒否せねばならない。それが本音だっただろう。

　これに対し、民主党の上院指導部は、任期最後の年であるにせよオバマ大統領の任期終了まではまだ一〇カ月以上あり、大統領が後任判事を指名して議会上院で審議を行い、同意の是非を決する時間は十分ある。大統領が最高裁判事を指名した場合、当該人事を審議し採決するのは憲法が上院に課した義務である。党派的利益のみを理由にこれを拒否するのは明白な憲法違反だと主張して、共和党指導部を攻撃した（註11）。

それでも共和党はガーランド判事の人事案件審議に頑として応じなかったため、九人目の最高裁判事の席は空いたままになってしまった。この状況下で、オバマ大統領が上院の休会中にガーランド判事を上院の同意を得ぬまま任命する可能性が取りざたされる。二〇一七年一月三日に第一一四議会が閉会し、一一五議会が開会するまでのわずか数秒間、議会は休会する。この期間にリセス・アポイントメント（休会任命）といって、憲法第二条二節三項が規定する上院の同意を必要としない休会中の任命手続きを行使してガーランドを任命しようというのである（註12）。

しかしオバマ大統領は、結局この休会任命の手段をとらなかった。理由は明らかにされていないが、最高裁が二〇一四年の全国労使関係委員会対ノエル・カニング事件判決で短期間の上院休会中の任命を原則として違憲と判断しており、数秒間の休会中の任命が有効と認められるかどうか不明であると政権のロイヤーが判断したためかもしれない。またそれにともなう政治的混乱は、リスクをとるにはあまりにも大きすぎた。

ところで最高裁のルール上、特定の案件について四対四の票決が出た場合には、最高裁は審理をしなかったとみなされ、法廷意見は発表されない。そして下級審の判決が有効になる。スカリア判事の死去にともなって生じた欠員が埋まらないまま最高裁は案件の審理を続けたが、スカリア判事の死後に審理され、二〇一六年六月の最高裁開廷期終了までに判決が下された事件のなかには、残る判事八人のあいだで四対四の票決となった、政治的に重要な事件がいくつかあった。

なかでも合衆国対テキサス事件が四対四の票決で終わったことは、保守派も進歩派も一様に残念がっている。

この事件は、不法移民の子供たちにアメリカ合衆国に滞在し続ける権利を与える、オバマ大統領の政策の合憲性を争うものである。議会下院で多数を握る共和党議員の主導で不法移民の強制退去をより強力に実施する法案の審議が進むなか、大統領は二〇一四年一一月、「アメリカ人の両親に対する執行延期プログラム（Deferred Action for Parents of Americans：ＤＡＰＡ）」を発表した。このプログラムのもとで、国土安全保障省のジョンソン長官が移民税関捜査局に、犯罪歴のない不法移民の国外退去の優先度を最下位におき、合衆国市民もしくは永住権保持者の両親である不法移民の国外退去を遅らせる措置をとるよう指示した。子供時代にアメリカへ入国した不法移民の国外退去を遅らせる別のプログラムと合わせ、一一〇〇万人いると言われる不法移民の約半数が、これらの指示によって強制退去の執行を延期されることになった。

これに対し、テキサス州の司法長官が他の二五州とともにＤＡＰＡに反対する訴訟を提起し、連邦地区裁判所が差止命令を発する。連邦控訴裁判所がこの差止命令を支持し、オバマ政権は最高裁に上告した。最高裁はスカリア判事の死去後に審理を開始し、当事者双方の代理人に憲法上の問題も検討するよう命じた。ＤＡＰＡが単に行政手続法上合法であるかどうかだけでなく、憲法第二条三節が定める大統領は「法律の忠実な執行に責任を有す」という “Take Care Clause” のもとでの合憲性の判断を、当事者に求めたのである。

この命令は、法律の制定による議会からの明確な授権がないまま大統領が実行する行政行為の合憲性について最高裁が判断を示す意図の表れだとして、関係者は大いに期待した。しかし四対四の票決であったため、二〇一六年六月二三日に法廷意見は出されず、下級審の差止命令を支持するとだけ発表された。この結果、DAPAにもとづく措置の実施は、下級審の決定どおり差し止められたままになる。もしスカリア判事が健在であれば、DAPAは違憲と判断された可能性がある。あるいはガーランド判事が早期に任命され、この事件の審理と判決に加わっていれば、DAPAが合憲とされた可能性も高い。スカリア判事の急逝は、こうした思いがけない結果をもたらした。

ガーランド判事の指名から二九三日後の二〇一七年一月三日、第一一四議会が閉会し、指名は効力を失った。スカリア判事の後任は、一月二〇日に就任する新しい大統領があらためて指名することになった。すなわちトランプ大統領である。

第30章　トランプ新政権と最高裁

トランプ大統領の就任

二〇一七年一月二〇日正午、ニューヨークの実業家ドナルド・トランプが第四五代アメリカ合衆国大統領に就任した。前年一一月の大統領選挙に勝利してのホワイトハウス入りである。

不動産取引で財を成したものの政治の世界での経験がまったくないトランプが、二〇一五年六月に共和党の予備選挙出馬を発表したとき、この人物が共和党の大統領候補に選ばれることを予測した人はほぼ皆無であった。ところが各地の選挙戦で人種差別、女性差別、他国の悪口など、暴言を繰り返すたびにかえって注目が集まり、政治の現状に大きな不満を抱く層の支持を集めて代議員を獲得し続け、とうとう共和党大統領候補に選出されてしまった。それでも大多数のアメリカ人は一一月の本選挙でトランプ氏が大統領に選ばれるとは思わず、善戦してもヒラリー・クリントン民主党候補にはかなわないだろうと考えていた。あらゆる世論調査が最後までクリントトン候補の勝利を予測していたし、一説によればトランプ自身が勝つとは思っておらず、自陣営のワシントン事務所を閉鎖する準備をしていたという。もしかすると選挙結果に一番驚いたのは、トランプ自身だったかもしれない。

トランプ大統領の登場は、アメリカ国内だけでなく世界中にショックを与えた。トランプはなぜ、あらゆる予想に反して大統領に当選したのか。トランプ政権はこれから何をするのか。メキシコとの国境に壁を築き、不法移民を強制送還し、防衛費負担増に応じない同盟国から米軍を引き揚げ、太平洋地域の自由貿易を推進するTPPや気候変動への国際的対応を定めるパリ協定から離脱する、といった過激な公約をそのまま実行するのか。論争は現在も続いており、一部はすでに実行された。就任後も、イラン、シリアなど一部イスラム教徒が多数を占める国家からの入国を一時的に禁止する行政命令と裁判所による差止め、オバマケア廃止法案の否決、毒ガス使用を疑われるシリアのアサド政権軍に対する突然の空爆、選挙中のトランプ陣営とロシアとの接触に関する疑惑、トランプ政権内での激しい権力争い、政権主要メンバーの相次ぐ辞任や解任などが続き、話題に事欠かない。

そもそもレーガンやブッシュ（息子）など、これまでの共和党保守派大統領と比較して、トランプ大統領が伝統的な保守的政治思想の持ち主であるかどうかさえ、はっきりしない。二度の離婚、二五歳年下の女性との三度目の結婚、派手な生活スタイルなどからして、いわゆるキリスト教福音派の道徳的な保守主義からはほど遠い。必ずしも小さな政府をめざす財政保守派でもない。保軍の増強には熱心だが、ネオコン的な強い反共・反全体主義思想をもっているわけではない。保護主義的な通商政策は、むしろ民主党の伝統的な政策に近い。減税や規制緩和に熱心なところは企業寄りであり、中西部ラストベルトの白人を中心とする衰退産業労働者の利益とは必ずしも一致しない。野心的なアメリカ再建計画と減税政策が両立するかどうかについても意見がわかれる。よく見ると矛盾だらけの政策を一度に推し進めるトランプ大統領に、さまざまな思惑から共和党を中心に異なる利益団体が相乗りしている。そんなふうに見受けられる。

トランプ、最高裁判事を選ぶ

そんなトランプ大統領が、就任後まっさきに取り組んだことの一つが、オバマ政権の終了とともに白紙へ戻ったスカリア最高裁判事の後任の任命である。新しい共和党政権にとって、保守派の最高裁判事任命は重要かつ、すぐに実現可能な政策であった。ただし古くはリンカーン、タフト、近くはビル・クリントンやオバマなどとは違い、ロースクールではなくビジネススクール出身のこの大統領は、憲法や最高裁についてそれほど関心があるとは思えないし、確固たる司法観を有するようにも見えない。トランプ氏は過去にガンコントロールや妊娠中絶など、保守派が違憲と主張する政策を支持していたこともある（註13）。

しかしそれでも最高裁の人事は、最初からトランプ候補の選挙公約の一つに挙げられていた。自分が大統領に選ばれたら、最高裁の新しい判事に近年の進歩的判決を正す保守的な判事を任命する。そう述べて早くも二〇一六年五月、最高裁判事候補一一人を発表した。さらに九月、一〇人の追加候補を発表する。二つのリストは、フェデラリスト・ソサエティー（註14）など保守法曹の専門家が推奨する人物を、トランプ氏が受け入れて発表したものと言われる。

ホワイトハウスの人事とは異なり、さすがのトランプ大統領も、最高裁判事だけは選挙戦を支えた友人や家族などの側近を任命するわけにいかない。保守派であろうと進歩派であろうと、ロースクールでの成績、法曹界での経歴、判事としての実績が、厳しく問われる。優秀でなければ、とても最高裁判事の仕事をこなせない。だからこそトランプも、専門家の意見を求めたのだろう。それに共和党候補指名を勝ちとったトランプは、彼の資質や思想に懐疑的であった共和党主流派を大統領選挙で味方につける必要があった。彼らが納得する最高裁判事候補のリストを公表するのは、支持を得るのに役立つと考えられたのだろう。

一方のヒラリー・クリントン候補は選挙運動中、最高裁判事候補リストを発表しなかった。しかし代わりに、オバマ政権の候補者リストをもとに専門家が作成した、彼女が選びそうな人物のリストがいくつか出回っていた。

二人のリストに共通しているのは、どちらも候補に挙げられている人物の大多数が裁判官であることとである。現役判事でないのはトランプのリストにある連邦議会上院議員一人と、クリントンのリストの二人の現役連邦上院議員だけである。ただしこの三人も、もともとロースクールで学んだロイヤー出身者である（註15）。

しかし共通点はこのくらいで、相違点のほうが多い。クリントンの候補に進歩派が多く、トランプのリストは保守派が多いのは言うまでもない。しかしそれ以外にもさまざまな相違があり、最高裁判事候補についてのトランプとクリントンの考え方がよくわかる。

第一に同じ裁判官といっても、連邦裁判所判事か州裁判所判事かの違いがあり、また地理的な相違がある。クリントンの最高裁判事候補として挙げられている人物は一一人中七人が連邦裁判所の判事で、州最高裁の判事は二人しかいない。これに対し、トランプの候補には連邦裁判所の判事が二一人中一一人、州の最高裁判事が九人いる。しかもクリントンのリストには将来の最高裁判事候補が任命されるので知られるコロンビア特別区巡回区連邦控訴裁の判事三人、カリフォルニア州最高裁の判事二人を含め、首都ワシントンとカリフォルニアの連邦裁と州最高裁の判事が一一人中八人と非常に多い。一方、トランプのリストにはコロンビア特別区の連邦控訴裁判事が一人もおらず、中西部や南部の連邦ならびに州の裁判所判事が多い（註16）。

第二に出身校の相違がある。クリントンの候補はイェール、ハーバード、スタンフォードなど、これまで何人も最高裁判事を輩出した東部と西部の名門ロースクール出身者でほぼ全員占められている。トランプのリストにもハーバードやイェール出身者がいないわけではないが、マーケット大学、チュレーン大学、ブリガムヤング大学など、おそらくはこれまで一度も最高裁判事を輩出したことのない地方のロースクール出身者が目立つ。

第三に人種・性別などに関する相違がある。たとえばクリントンのリストには、南インド生まれのヒンズー教徒、サイゴン陥落の際に家族と脱出したベトナム生まれの女性、メキシコ生まれ、台湾系、韓国系、そして何人かの黒人など、実に多様なアメリカ市民が含まれており、むしろ白人のほうが少ないほどである。また一一人中男性四人、女性七人と、女性が多い。これに対してトランプの候補者は二一人のうち、黒人、アジア系、ヒスパニック系がそれぞれ一人ずつ、あとはすべて白人で、しかも男性一七人に対して女性が四人であるから、圧倒的に男性優位である。

クリントンとトランプのリストは、二人の政治信条や支持基盤が判事候補の選定と密接な関係があることを示しているように見える。アメリカでは裁判官の人事は、しばしば政治的な性格を有している。今でも多くの州で、州裁判所の判事は選挙で選ばれる。連邦地区裁判所の判事は、裁判所所在州選出のほとんどの場合、大統領と同じ党に属する連邦上院議員が大統領に推薦し、大統領がこれをそのまま指名するのが一般的である。このため、例外はあるものの大統領が属する政党に属する、あるいはその司法観を共有することが指名の要件であるとさえ言えよう。連邦控訴裁判所と連邦最高裁の判事の場合そこまで単純ではないが、時の大統領の支持者が有利であるのは間違いない。大統領は、どこの州からどんな人物を選び、連邦最高裁を含む連邦裁判所判事に誰を指名するかを、単に候補者の人格や能力だけでなく判事選定そのものがもたらす政治的影響、特に国政選挙への影響を考えて決定する。

二〇一六年の大統領選挙では結局トランプ候補が勝利を収めたので、ヒラリー・クリントン大統領の指名を期待していた判事候補たちは落胆したに違いない。しかしクリントンの最高裁判事候補と目された人たちは、おしなべてまだ若い。四年後あるいは八年後に民主党の大統領が誕生すれば、このリストのなかから新しい最高裁判事が生まれる可能性が十分にある。

ゴーサッチ最高裁判事の誕生

トランプ大統領は就任からわずか一一日目の二〇一七年一月三一日、二一人の候補のなかからコロラド州デンバーに本拠を置く第一〇巡回区連邦控訴裁判所のニール・ゴーサッチ判事をスカリア最高裁判事の後任として指名すると発表した。就任後これほど早く最高裁判事を指名した大統領は、おそらく歴史上例がない。

トランプ大統領は就任前から、最高裁判事の指名についてスタッフと検討していたようだ。報道によれば二一人のリストから最終的にゴーサッチを含む四人に絞られた候補を、トランプ大統領が面接した。四人のうち三人が連邦控訴裁判所判事、一人が連邦地区裁判所判事。すべてブッシュ（息子）大統領が任命した保守派の判事である。トランプ大統領は中西部や南部の州の保守的な最高裁判事も何人か候補として検討したものの、結局これまでの大統領と同じようにハーバード・ロースクール出身の法曹界エリートであるゴーサッチ判事を指名した。

ゴーサッチ判事はコロラド州デンバーで生まれ、コロンビア大学からハーバード大学ロースクールへ進学し、優等の成績で卒業。ロースクールではオバマ大統領と同学年であった。ホワイト最高裁判事とケネディー最高裁判事の助手をつとめ、その後民間の法律事務所で働く。ブッシュ（息子）政権の司法省でテロリスト関係の憲法問題や法律問題を手がけ、二〇〇六年に連邦控訴裁判所の判事に任命された優秀な法律家である。控訴裁判事としても、文章が巧みで明快な判決文を書くので知られていた。トランプが挙げた二一人の候補のなかで、その能力から言えばトップクラスだろう。

ゴーサッチ判事の指名は、トランプ大統領が就任早々発表した新政権要職人事の多くが大きな議論を引きおこしたのと比べると、至極まっとうな人選であった。トランプ大統領は選挙中、スカリア判事と考え方がもっとも近い人物を後任にすると語っていたが、ゴーサッチ判事は考え方だけでなくその経歴もスカリアに近い。ホワイトハウスや各省長官の人事と違い、最高裁判事の人事は他の要件を満たせば、最終的に法律家としての能力と経験で決まるのかもしれない。

トランプ政権は二月一日、ゴーサッチ判事指名を上院司法委員会に通知した。上院司法委員会と上院本会議で同判事の最高裁判事就任に同意を与えるかどうかを審議するためである。通常であればゴーサッチ判事は、比較的容易に合意を獲得していただろうと思われる。二〇〇六年に控訴裁判事に任命されたとき、上院は満場一致でこれを認めている。今回の審議でも、判事としての能力は申し分なかったし、私生活もなんら問題がなかった。

しかし民主党の上院議員は、ゴーサッチ判事の任命に強く抵抗する構えを見せた。その背景には、前年オバマ大統領がスカリア判事の後任にメリック・ガーランド判事を指名したとき、上院の多数を占める共和党の指導部が審議を拒否した苦々しい記憶がある。議会スタッフによるゴーサッチ判事の判決や業績の綿密な審査を経て、三月二〇日に司法委員会の公聴会が始まるやいなや、民主党の議員たちはガーランド判事の指名が完全に無視されたことを遺憾とする演説を次々に行った。彼らは、上院の多数を占める共和党がガーランド判事の任命を阻止しゴーサッチ判事を任命するのは違法だと、強く感じていた。ゴーサッチ判事も複雑な心境であっただろう。彼は公聴会の途中で、ガーランド判事はすばらしい判事であり同判事の判決はいつも気をつけて読んでいると述べ、判事任命が決定したときにはガーランド判事に自ら電話をかけたという。

公聴会でのゴーサッチ判事の受け答えは、優秀なロイヤーらしくそつのないものであった。特定の憲法問題や事件に関しては、これまでの判事候補と同様はっきりした見解を述べない。そしてどんな事件であっても、最高裁判事としてあくまでも憲法と法律の条文に従って決めると約束した。最高裁判事として自分を任命したトランプ大統領に反する判決を下すことをためらうかと尋ねられ、判事は「まったくためらわない」と答える。またトランプ大統領から（大統領の私邸がある）トランプタワーで、妊娠中絶の権利を認めるロー事件判決をくつがえすように要求されたらどうするかと訊かれると、すぐさまその部屋を出ると答えた。司法委員会の公聴会は四日間続いた。同委員会はその後四月三日になって、一一対九の票決でゴーサッチ判事の就任同意を上院本会議に勧告する。委員会の共和党委員全員が賛成、民主党委員全員が反対の票を投じた。

委員会の勧告を受け、上院本会議で審議が始まった。上院議員のうち五二人が共和党選出、四八人が民主党選出であるため、各議員が党派別に投票すれば、ゴーサッチ判事の就任が確定する。しかし民主党指導部はあきらめず、フィリバスター戦術を採用すると発表した。

既述のとおり、フィリバスターとは、たとえばいつまでも演説を続けることによって審議を長引かせ、投票に持ちこまれるのを防ぐ戦術である。フィリバスターには長い歴史があるが、これをやめさせるには上院議員の五分の三、つまり六〇票の賛成を必要とするというのが一九七五年以来の基本的なルールであった。しかし二〇一三年、フィリバスターによって共和党の上院議員がオバマ政権の政府人事を妨害しつづけるのを嫌い、民主党の院内総務が単純多数決で政権の人事案件に対するフィリバスターをやめさせられる新しいルールを提案、これが五二対四八の票決で認められて六〇人の賛成を必要とするルールが廃止された。この動議は「ニュークレア・オプション」と呼ばれる。つまり核兵器の使用に近い究極の選択だというのである。ただしこのとき、最高裁判事の任命に合意を与えるかどうかの票決にかぎっては、このオプションを使ってルールを変えないことが両党間で合意されていた。

この合意のもと、ゴーサッチ判事の任命同意に関しては、共和党はフィリバスターをくつがえすのに六〇票を必要とするが、それだけの票を確保できない。民主党がそう見こんでフィリバスター戦術を採用したのに対し、共和党は対応を協議する。二〇一三年の合意を破棄して単純多数決で今回のフィリバスターをやめさせれば、民主党の反発は必死である。しかしそれではいつまでもゴーサッチ判事の任命が実現しない。トランプ大統領は議会共和党指導部に、ニュークレア・オプションを行使するよう強く求めた。そして結局、上院院内総務のマコネル上院議員が、最高裁判所判事の任命承認にあたっても単純多数決でフィリバスターをやめさせることができる新しいルールを採用する動議を提出し、投票にかける。結果は二〇一三年と同じ五二対四八という両党の議員数と完全に一致する（ただし民主党と共和党の立場が逆の）票決となり、フィリバスターの道は閉ざされる。そのうえでゴーサッチ判事任命に同意するかどうかの投票が行われ、三人の民主党議員が賛成に回り、二〇一七年四月七日に五五対四五の票でゴーサッチの最高裁判事就任に合意が与えられた。

これを受けてゴーサッチ判事は四月一〇日、最高裁の会議室でロバーツ首席判事の司式のもと、家族のみが同席するなかで宣誓を行い、第一一三代の最高裁判事に就任した。さらに同日、ホワイトハウスの庭でトランプ大統領主宰の就任式典に出席し、もう一度宣誓を行った。後者の式典で宣誓の司式を行ったのは、ゴーサッチ判事が助手をつとめたケネディー最高裁判事である。最高裁判事とそのかつての助手が最高裁で同僚判事として一緒に働くのは、歴史上初めてだと言われる。最年少の現職最高裁判事であり、就任時四九歳という年齢も、最近では一九九一年に就任したトマス判事（当時四三歳）に次いで若い。トランプ大統領にとってゴーサッチ最高裁判事の任命は、政権初期の重要な成果の一つであった。

トランプ大統領と最高裁の行方

こうして議会共和党と民主党の対立をさらに激化させつつ、ゴーサッチ判事は新しい連邦最高裁判事に就任した。判事は早速、二〇一七年六月まであと二カ月を残す最高裁開廷期で、まだ検討されていない事案の審理に加わり、八人の同僚判事とともに仕事を始めた。

スカリア判事の死去以来、一年以上にわたって保守派三、中道派一、進歩派四になっていた最高裁判事の構成は、ゴーサッチ判事の就任によって保守派四、中道派一、進歩派四というスカリア判事死去以前の状態に戻った。今回の人事だけでは、ゴーサッチ判事が最高裁で保守的な立場をとるとしても、最高裁が著しく保守化するとは必ずしも言えない。ケネディー判事が同性愛、同性婚、妊娠中絶、アファーマティブ・アクション、死刑などを扱う事件でこれまでどおりの立場をとれば、トランプ政権のもとでも最高裁は分野によって時に進歩的な判決を出しつづけるだろう。トランプ大統領としても、それはいかんともしがたい。

しかし、トランプ大統領が最高裁判事を任命する機会が、その任期中に再びあるいは三たび訪れる場合には、最高裁の方向性が大きく変わる可能性がある。二〇一七年九月現在の最高裁判事九人のなかで、もっとも年齢が高いのは八四歳のギンズバーグ判事であり、次がケネディー判事の八一歳、ブライヤー判事が七九歳で二人に続く。その他の判事は、六九歳のトマス判事を筆頭に、まだ六〇代、五〇代である。高齢の判事のほうが引退する可能性が高いとすれば、ギンズバーグ、ケネディー、ブライヤー判事のいずれかがトランプ大統領の任期中に身を引くことを余儀なくされる可能性がある。万が一この三人全員が引退してトランプ大統領が後継判事を任命すれば、保守派七、中道派〇、進歩派は二となり、最高裁は圧倒的に保守に偏った構成になる。

今のところ三人の判事はいたって元気で頭脳も明晰であり、少なくともあと四年は健康に注意して、むしろトランプ大統領の引退を見届けようと思っているだろう。もちろんトランプ大統領が二期八年つとめることになれば、三人の進歩派・中道派判事引退の可能性はさらに高まる。この政権が終わってみれば、トランプ大統領の最大の功績は保守派の最高裁判事を複数任命したということになるかもしれない。トランプ自身すでに七〇歳。果たして大統領の激務を八年間つとめられるか。大統領と最高裁判事の関係は、誰が健康で長生きするかにもかかっている。

ただし保守派判事の増加は、最高裁がトランプ大統領の意向をそのまま判決にするということではない。任命の過程はきわめて政治的であるが、いったん任命されてしまえば最高裁の判事は政府の誰にも増して独立性が高く、人の指図を受けない。ゴーサッチ判事が公聴会で述べたとおり、任命者の大統領の意向に真っ向から反する判断をしても、大統領も政権も何もできない（註17）。

今後トランプ大統領と政権が当事者として訴えられる数々の訴訟で、ゴーサッチ判事が加わった最高裁がどのような判断を示すか、目が離せない。

トランプ大統領と立憲主義

トランプ大統領は今後、合衆国憲法ならびに最高裁判所とどのようにつきあっていくのだろうか。ゴーサッチ最高裁判事の任命は、まだ序の口に過ぎない。トランプが当選したとき、進歩派のアメリカ人の多くは、憲法を完全に無視する大統領が就任することになったと、ショックを受けていた。選挙運動中からトランプ候補は人種差別的な発言を繰り返し、女性を蔑視し、LGBTを否定し、進歩的な判事を罵倒し、報道の自由の原則を無視し、その制限を公然と唱え、情報統制をためらわず、嘘をつく。その傾向は大統領になっても変わらない。これらの行動は、憲法典に違反するだけでなく、アメリカの歴史のなかで培われてきた憲法上の慣習や合意にも反する。アメリカの立憲主義は危機に面している。彼らはそう主張する。

こうした主張がどこまで正しいかはわからないが、少なくともトランプとその政権は今までのところ、憲法の定めた枠のなかで職責を果たそうとしているように見える。就任式でトランプは、新大統領として合衆国憲法を全力で「維持し、保護し、擁護」すると誓った。大統領として、この宣誓をまるで無視するとは思えない。就任以来、報道機関との関係は依然としてぎくしゃくしているが、トランプ大統領を批判するマスコミの勢いは衰えず、「ニューヨーク・タイムズ」はトランプのおかげでむしろ大幅にデジタル版の売上を伸ばした。トランプ大統領を種にしたいささか品のないコメディーやものまねも、全盛である。むきだしの報道の弾圧などはない。何よりも、いくらトランプが自分の政策が正しい、最良だと言っても、議会が同意しないかぎり実行に必要な法律は通らない。また一時的に中東諸国からの入国が禁止されたときに見られたように、行政命令の実施を裁判所が差し止めることがあり、これには大統領といえども従わざるをえない。

このことは、特に国内政治に関してあてはまる。可能性は低いとはいえ、いざとなれば弾劾の道もある。何をやってもうまくいかなければ、大統領本人が任期途中で政権を投げ出して辞任し、ペンス副大統領があとを任されるかもしれない。ただし戦争など国家的な危機の場合は別で、アメリカが大規模なテロ攻撃を受けたりミサイルを打ちこまれたりしたら、すべては大統領の手に委ねられる。それが歴史を通じて確立された国家の仕組みである。大統領が軍をはじめとする大統領のアドバイザーから適切な助言を得て、賢明な対応をすることを信じるしかない。

憲法制定にあたって中心的役割を果たしたジェームズ・マディソンは、『ザ・フェデラリスト』の第五一篇で、「人間が人間のうえに立って政治を行う」以上、権力濫用の危険はなくならず、抑制せねばならないと述べた。権力の集中を防ぐ最大の保障は、「各部門を運営する者に、他部門よりの侵害に対して抵抗するのに必要な憲法上の手段と、個人的な動機をあたえること」にある。「野望には、野望をもって対抗させなければならない。人間の利害心を、その人の役職にともなう憲法上の権利と結合させなければならない」(註18)。アメリカ合衆国憲法が定めた三権分立、連邦制の枠組みは、こうした人間の性向に関する覚めた理解にもとづいている。マディソンがトランプのような大統領の出現を予期したとは思えないが、多少なりとも問題のある人物が大統領に就任したときにも対処できるような仕組みを残した。もちろんしっかりした仕組みがあっても、それを賢く使えるかどうかは生身の人間にかかっている。大統領、議会、そして最高裁判所の責任はまことに重い。

フランクリンの呼びかけ

一七八七年九月一七日、フィラデルフィアで開催されていた憲法制定会議の最終日に、ペンシルヴェニア邦の代表であるベンジャミン・フランクリンが演説をした。北米の一三の英領植民地代表としてロンドンやパリで交渉にあたり、独立実現に大きく寄与したフランクリンはすでに八〇歳を越えていたが、夏の暑い盛り、制定会議に欠かさず出席していた。憲法の最終草案にはまだ自分が同意できない条項があると前置きしてから、彼は次のように述べた。

「しかし将来も絶対承服できないかどうか、それはわかりません。これだけ長生きしますと、最初は自分が絶対正しいと思ったのに（中略）、重要なことがらについて後になって意見を変えたことが、何度もあります。歳を取れば取るほど自分の判断が絶対だとは考えず、他の人の判断を尊重するようになりました」

制定会議出席者のなかに、妥協を拒み憲法の最終草案に強く反対している人がいることをやんわり指摘しながら、フランクリンは続ける。

「ですから、私はこの憲法草案に賛成します。なぜならこれより完璧な草案は望めないと思うからであり、またこの草案が最良でないと言いきる自信がないからです。私が同意できない条項にも、全体の利益のために承認します。（中略）どんな政府でも、その政府を率いる指導者が判断力を有し、清廉であり、よき統治を行い、人々に幸福をもたらすと人々が信じないかぎり、力を発揮することはできません。われわれの世代のために、また子孫のために、この憲法草案を全員一致で、それぞれの邦の人々に推薦しようではありませんか。そしてわれわれの将来の思考と努力を、この憲法をうまく機能させることに向けようではありませんか」

フランクリンの呼びかけのあと憲法草案は採決され、数人の代表が反対票を投じて署名を拒否したものの、ほぼ全員の賛同を得て採択された。そして憲法が定める九邦の批准を翌年までに得て発効する。それから二三〇年間、この憲法にはたしかに欠陥があったし、その解釈をめぐって多くの争いがあった。一度は国が分裂し、内戦になった。憲法を運用する人々が常に正しい判断を示したわけでもなかった。

それでもなお、アメリカ合衆国という国家は存続してきたし、その憲法もかたちを変え解釈を変えながら、根本原則として機能してきた。アメリカの歴史、アメリカ憲法の歴史は、これからも続く。

あとがき

本書はNTT出版のウェブマガジンWebnttpub.に、二〇一一年八月から二〇一四年三月まで、三〇回にわたって連載した「憲法で読むアメリカ現代史」を大幅に書き直し、加筆したものである。

連載を本にする計画は最初からあり、筆者としてもなるべく早く実現したいと思っていた。しかし実際には、連載終了から本書完成まで三年八ヵ月かかってしまった。遅れた理由はいろいろあるが、本書のテーマである憲法の視点に立ってアメリカ現代史を簡潔にまとめるのは思った以上に難しく、なかなか書けなかったということにつきる。

「まえがき」で述べたことの繰り返しになるが、本書は拙著『憲法で読むアメリカ史』の続編である。同書はアメリカ合衆国憲法が起草された一七八七年から現代までを扱っているが、実際には一九八一年、レーガン大統領就任の前でほぼ終わっている。その後の時期についてはごく短い言及しかない。本書では、『憲法で読むアメリカ史』で取りあつかわなかった部分、具体的には過去約三五年のアメリカ現代史を、憲法の視点から、また最高裁が取りあつかった具体的な事件を通して記述した。

本書の起点をレーガン政権発足に置いたのは、それがアメリカ政治の大きな転換点であったためである。大恐慌のさなかの一九三三年にフランクリン・ローズヴェルト大統領が就任してから約五〇年間、大きな政府を通じて福祉国家の実現をめざす革新の政治が、主として民主党政権によって続けられた。レーガン大統領は、その流れを止め、連邦政府の役割を安全保障など必須のものに限定する小さな政府の考え方に立ち返り、個人の自立をめざす保守的な政治に大きく舵を切った。

レーガン政権は行政府と立法府における政治の保守化と同時に、最高裁に代表される司法の保守化を、主として最高裁判事の任命権を行使し実現しようと試みた。いったん任命したら辞めさせるわけにいかない新判事の任命は、大統領が司法の方向性に影響を及ぼす唯一の機会である。ただし任命には議会上院の同意が必要であるため、判事任命の過程は高度に政治的な色彩を帯びる。

人事を通じて最高裁に影響を及ぼす試みは、レーガン大統領以降も続く。民主党の大統領は司法保守化の動きを妨げるために、進歩的な判事の任命をめざした。最高裁に欠員が出るたびに、その時点の現職大統領によって新しい判事が任命され、最高裁判事の顔ぶれは少しずつ変わっていく。しかし大統領の任期が長くても二期八年であるのに対し、九人の判事がほぼ終身その地位に留まる最高裁の変化は、政治的な動きとは連動しないゆっくりしたものである。大統領が代わっても、最高裁はすぐには変わらない。したがって判事交代の影響は、しばしば任命した大統領が去ったずっとあとになって初めて明らかになる。レーガン政権誕生から三五年のあいだに、最高裁の何が変わって、何が変わらなかったかは、本書で具体的に記したとおりである。

本書をレーガン政権発足から始めたのには、筆者の個人的な思いもある。レーガン大統領が就任した一九八一年の夏、私は当時勤務していたソニー株式会社からの留学生として、ワシントンにあるジョージタウン大学ロースクールで法律の勉強を始めた。憲法は第一学年の必修科目であったが、いくら判例を読んでもまったく理解できず苦労した。世の中の動きに注意を払う時間はなく、オコナー最高裁判事の任命をめぐる国中の騒ぎをほとんど覚えていない。それでも教員や学生が最高裁判事の名前をあげて最新の判決について議論し評論するのが珍しく、アメリカ人が憲法と最高裁に対して抱く関心の深さに初めて触れた。

その後、レンクイスト判事が首席判事に就任した翌年の一九八七年から一九九一年まで、ワシントンの法律事務所でロイヤーとして働いた。この事務所には、最高裁判事の助手をつとめたロイヤーが何人かいて、彼らと親しくなるにつれ最高裁の役割の大きさに気づいた。日本の雑誌の依頼で最高裁にオコナー判事とスカリア判事を訪ねインタビューしたのも、この時期である。

一九九一年に東京へ戻り、法律の仕事を続ける。アメリカの憲法や法律について文章を書くようになったが、理解不足を感じ、一九九五年から九六年まで訪問研究員としてヴァージニア大学ロースクールに籍を置いて、この国の憲法史を改めて最初から勉強した。快く聴講を許してくれた何人かの憲法学者とは、今でも友人として交流が続いている。またこの滞在をきっかけに、同ロースクールで日本国憲法制定へのアメリカ憲法の影響について、数年間秋学期のはじめに短期講座を担当した。

帰国後、一九九七年からは同志社大学で、九八年からは慶應義塾大学で、非常勤講師としてアメリカ憲法史を教えはじめる。九九年には慶應の専任教員となった。学生諸君に憲法史上の主要な判例を読ませ、それについて問答形式で進める授業の内容は、前著ならびに本書のベースとなっている。

その後、二〇〇二年から〇五年まで、思いがけなくワシントンにある日本大使館で広報文化担当公使として働くことになる。九・一一事件の一年あと、イラク戦争の始まる時期であり、ブッシュ（息子）政権の対テロ政策を支持する日本の立場を、また日米関係の重要性を、全国の大学、研究所、団体などで説明して回るのが任務であった。当時、大統領の戦争権限について活発に議論が行われており、この時期にワシントンへ身を置き憲法の立場から論戦を追うのは、個人的にも貴重な体験であった。

また、大使館の行事を通じてオコナー判事やスカリア判事、ロースクール在学中に知り合ったガーランド判事（オバマ大統領が最高裁判事に指名した連邦控訴裁判事）に再会し、ケネディー判事とも直接話をする機会があった。オコナー判事から最高裁へ招かれ、口頭弁論を見学させてもらったこともある。廷吏が伝統に従って開廷の宣言を行い一同起立するなか、九人の判事がカーテンを開いて自席についたそのときに、オコナー判事は私に向かってウィンクした。

ふり返ってみると、本書で取り扱った約三五年のあいだに、私は四回、合計一一年間ワシントンとワシントンの近くに住み、ロースクールの学生、企業法務部の一員、ロイヤー、大学の教員、外交官としてアメリカの憲法と法律に触れ、ロイヤー、判事、憲法学者に会っていた。その間、アメリカでは政治、経済、安全保障、宗教や文化など、さまざまな分野で国論を分ける問題が起こり、最高裁がしばしば重要な判決を下した。本書の行間には、そうしたさまざまな出会いやできごとに関する筆者の個人的な記憶が詰まっている。歳月は流れ、二〇一七年一月にトランプ大統領が就任した。ゴーサッチ最高裁判事の任命、新大統領に対する憲法訴訟の提起などを通じてアメリカ憲法史は新たな展開を見せようとしている。

ブッシュ（息子）大統領は第一期の就任演説で、「われわれ（アメリカ国民）は全員が長い物語の一部を担っている。物語の著者ではないのでその結末を知ることはない」と述べたが、本書の物語もまた、この国のかたちとその仕組みを維持しながら、これからもずっと続くだろう。トランプの時代はそのひとこまに過ぎない。

本を一冊完成するには、多大なエネルギーを必要とする。とても一人の力ではできない。特に有能な編集者の力は欠かせない。今回もなかなか書かない私の尻をたたいて毎月連載の原稿を書かせ、本にする道筋を開いてくれた元NTT出版の永田透さん、そして最終的な本のかたちにする面倒な作業を引き受け、静かにしかし厳しく締切を守らせたNTT出版の宮崎志乃さんのみごとな連携によって、ようやくこの本が世に出る。心から御礼を申し上げる。

また、ヴァージニア大学ロースクールで知り合い、それ以来アメリカ憲法について私が書くものについてのよき理解者であり厳しい読み手でもある、金融法制の専門家、プロモントリー・フィナンシャル・ジャパンの信森毅博さん。慶應義塾大学の私のゼミで一緒にアメリカ憲法史を学び、その後同大学院法学研究科で憲法を本格的に研究して、今は北九州市立大学法学部法律学科専任講師として憲法を教える新進の憲法学者、石塚壮太郎さん。私の若き友人であるこの二人は、本書の原稿を繰り返し読んで（私に読まされて）、貴重なコメントを寄せてくれた。改めて御礼申し上げる。

最後に、この夏は自宅にこもって本書の執筆にかかりきりになったため、一度も遊びに出かけることがなく、一日三度私を食べさせるのにほとほと疲れたと言っている妻にも、感謝したい。ただし、すでに次の本が待っているので状況はおそらく変わらないとも伝えて、本書のあとがきを終わりたい。

二〇一七年一〇月　同志社大学の研究室から京都北山の上に広がる秋の空を望みつつ

阿川尚之

註

まえがき

（註1）『ザ・フェデラリスト』は、アメリカ合衆国憲法の特徴と必要性について論じた八五篇からなる論文集である。一七八七年、フィラデルフィアの憲法制定会議で起草・承認された合衆国憲法草案の批准をニューヨーク邦（独立から合衆国加盟までのステート）の人々に促すため、アレクサンダー・ハミルトンと、ハミルトンの呼びかけに応じたジョン・ジェイ、ジェームズ・マディソンの三人が、ローマ時代の共和主義者パブリウスにちなみ、この人の名前を筆名にして一七八七年一〇月末から八八年の八月までのあいだに代わるがわる執筆した。ニューヨークの新聞にほぼ毎週掲載された第一篇から第七七篇までに、ハミルトンの手になる第七八篇から第八五篇までの八編を加えて、一七八八年に二巻にわけて出版された。アメリカ憲法に関するもっとも重要な解説書として今でも多くの人に読まれ、憲法解釈の手引きとして用いられている。なお『ザ・フェデラリスト』は二〇世紀に入ってから、『フェデラリスト・ペーパーズ』という名でも呼ばれるようになった。

第I部　司法保守化のはじまり――レーガン時代

（註1）アメリカの大統領選挙は州単位で投票が行われる。形式的には、憲法の規定に従い各州での投票によって選挙人を選出し、選挙人が大統領を投票によって選ぶという、間接選挙の仕組みである。しかし現在では、各

州に割り当てられたすべての選挙人が、五〇州のうち四八州で得票数の多い候補に投票するので、実質的には直接選挙になっている。ただし各州の選挙人数は、各州選出の連邦上院議員の数（二人）と連邦下院議員の数（州人口に比例）を足した数であるため、一九八〇年の大統領選挙のように、得票総数では相手候補にそれほど大きな差をつけられなかった候補が、多くの州、特に人口の多い州で敗北を重ねた結果、選挙人獲得総数で大差をつけられることがある。

（註2）一九八〇年一一月には大統領選挙だけでなく連邦議会選挙も行われ、共和党はアイゼンハワーが大統領に当選した一九五二年以来、二八年ぶりに上院で過半数の議席を獲得した。次の二回の選挙でも上院の多数を保持する。レーガン大統領の誕生をもたらした新しい保守主義のうねりは、決して大統領個人の人気のみに依存する一時的なものではなかった。共和党は下院の議席数も大幅に増やしたが、民主党の手から過半数を奪い返すのは一九九四年の選挙まで待たねばならない。フランクリン・ローズヴェルトが大統領選挙で初めて当選した一九三二年以後、民主党は連邦議会で圧倒的に優勢であり、共和党が多数を占めたのは、上院では一九三二年の選挙から一九七八年の選挙までの四六年間で二回、下院でも一九三二年の選挙から一九九二年の選挙までの六〇年間で二回しかない。

（註3）村田晃嗣『レーガン』（中公新書、二〇一一）は、新大統領がこの四年間どのような事件に巻きこまれ、どのような政策を実行したかを、わかりやすく記述している。

（註4）ウィリアム・ブレナン判事は、シャーマン・ミントン判事の後任として一九五六年に共和党のアイゼンハワー大統領に任命された。当時五〇歳、レーガン大統領就任時にはすでに七五歳であった。

ブレナン判事は一九〇六年、アイルランドからの移民であった両親のもとに生まれる。ハーバード・ロースクールで法律を学びニュージャージー州で弁護士として働いたあと、州知事によってニュージャージー州地区裁判所の判事に任命され、一九五一年には州最高裁判所判事に任命された。

共和党のアイゼンハワー大統領が全国的にはまったく無名であった民主党員のブレナンを連邦最高裁判事に任名したのは、一九五六年一一月に迫った大統領選挙で再選をめざすアイゼンハワー陣営が、カトリック教徒の任命によって民主党支持者が多い北東部に住むカトリック教徒の票獲得を狙ったのだという。誤算であったのは、最高裁判事に就任したブレナンが、その後一貫して進歩的な判決を出しつづけたことである。しかもブレナン判事は、他の判事に対し強い影響力を行使した。多くの法廷意見を著しただけでなく、自分の主張が色濃く反映された法廷意見を他の判事に書かせることに巧みだった。

ブレナン判事は、彼より三年前に就任したアール・ウォレン首席判事から強い信頼を受ける。首席判事はしばしばブレナン判事に法廷意見の執筆を求めた。ウォレンが首席判事をつとめた時期、最高裁は数多くの進歩的判決を下し、この時期の最高裁は今でも「ウォレン・コート」と特別の敬意（あるいは敵意）をもって呼ばれる。その一方で首席判事への影響があまりに大きかったため、ブレナン判事就任以降はウォレン・コートではなくブレナン・コートだったという学者もいる。彼は最高裁史上七番目に長い三四年間在職したあと、一九九〇年に引退。一九九七年に九一歳で亡くなっている。

（註5）ポッター・スチュワート判事は一九五八年、ハロルド・バートン判事の後任としてアイゼンハワー大統領に任命された。一九五三年から一九六一年まで二期八年の任期中、アイゼンハワー大統領は五人の最高裁判事を任命したが、この五人のなかでレーガン大統領就任時まで在職したのは、ブレナンとスチュワートの二人だけである。

スチュワート判事は一九一五年生まれ。イェール大学の学部とロースクールを出て、郷里オハイオ州シンシナティの法律事務所で働いたあと、三九歳で第六巡回区連邦控訴裁判所判事に就任、四三歳のときに連邦最高裁判事となった。穏健な共和党員として知られ、ウォレン・コートでは進歩派と保守派の中間的立場をとるが、政教分離や刑事事件被疑者の権利などに関する進歩的な法廷意見に対しては、憲法制定者の意図を超えているとしてしばしば反対意見を著した。ただし任期末期には、進歩派に近い判決を下すようになる。一九八一年に引退し、一九八五年に亡くなる。

（註6）一九五七年、アイゼンハワー大統領は引退するバートン最高裁判事に対し、「ウォレン判事とブレナン判事を最高裁判事に任命したのは間違いだった」と述べたと伝えられる。自分が任期中に犯した二つの間違いは「両方とも、最高裁判事の席に座っているよ」と語ったという説もあるが、真偽については諸説あるようだ。

（註7）バイロン・ホワイト判事はチャールズ・ホィティカー判事の後任として、一九六二年に民主党のケネディ

ー大統領に任命された。一九一七年にコロラドで生まれ、コロラド大学卒業後、名誉あるローズ・スカラー（イギリスの政治家・実業家であるセシル・ローズが創設した奨学金の受給者）に選ばれてオックスフォード大学に留学。大学時代はアメリカン・フットボールの選手としても知られ、一時はプロ選手として活躍した。

戦後はイェール・ロースクールで学び、ヴィンソン最高裁首席判事の助手をつとめたあと、故郷コロラドで弁護士として働く。一九六〇年の大統領選挙でコロラド州におけるジョン・F・ケネディー候補の選挙運動をとりまとめ、翌年発足した同政権へ司法次官として加わる。そのわずか一年後にケネディー大統領によって最高裁判事に任命された。四四歳であった。ケネディー大統領の熱心な支持者であり、黒人差別にかかわる事件では一貫して進歩的立場を取りつづけた。

しかし、最高裁判事になってからのホワイトは、ウォレン首席判事やブレナン判事とは異なり、保守的な司法観にもとづく判決を下すようになる。特に刑事事件被疑者の権利を尊重する一連の画期的判決に対して反対意見を書きつづけ、女性が憲法上妊娠中絶の権利を有すると判じた一九七三年のロー対ウェード事件でも、反対意見を著した二人のうちの一人であった。政治的な保守派というよりむしろ憲法の拡大解釈を嫌い、あくまでも抑制的で厳格な解釈をめざす判事と言ったほうが適切だろう。一九九三年に引退し、二〇〇二年に八四歳で亡くなる。

（註8）サーグッド・マーシャル判事は一九六七年、トム・クラーク判事の後任として民主党のジョンソン大統領によって任命された。アメリカ史上初の黒人最高裁判事として歴史に名を残した人物である。マーシャル判事は一九〇八年にメリーランド州ボルティモアで生まれ、曾祖父はコンゴから連れてこられた奴隷、祖父も奴隷の境涯にあったという。首都ワシントンにある黒人のための国立ハワード大学ロースクールに進学し、一番の成績で卒業した。

一九三六年、ボルティモアで弁護士として開業、同時に人種差別と闘う全国有色人種地位向上協会（NAACP）の訴訟をいくつも手がけて活躍する。連邦最高裁では計三二回口頭弁論で原告側の主張を行い、そのうち二九回勝利を収めた。なかでも、公立学校における人種別学は本質的に不平等であり、法の平等保護を定める憲法修正第一四条に反し違憲であると訴えた一九五四年のブラウン対トピカ教育委員会事件では、前世紀以来変わることのなかった南部の黒人分離政策を一部くつがえす最高裁判決を引き出し、一躍有名になる。

一九六一年、このマーシャル弁護士を、ケネディー大統領が南部出身上院議員の反対を押しきって第二巡回区連邦控訴裁判所の判事に任命する。一九六五年にはジョンソン大統領が司法省の訟務長官（Solicitor General）へ任命し、さらに二年後、最高裁判事に指名、黒人最高裁判事が初めて誕生した。

こうした背景をもつマーシャル判事は、最高裁判事九人のなかで政治的にもっとも進歩的な立場を取りつづけた。特に黒人の権利に関する事件においては、憲法理論に忠実かどうかよりも、黒人にとって正しい結果であるかを重視する。晩年保守派の判事が増え、黒人一般の社会的地位が期待したほど向上しないことにいらだちを隠さず、最高裁判事になってからも自分は唯一の黒人判事として差別を受けたなどと、辛口の発言でしばしば物議をかもした。

一九九一年、ブッシュ（父）大統領の任期中に引退。共和党大統領のもとで辞めなくてはならないことを大変悔しがったと言われる。一九九三年に八四歳で亡くなる。


（註9）ウォレン・バーガー首席判事は、ウォレン首席判事の後任として一九六九年、共和党のニクソン大統領に任命された。この首席判事のもとでの最高裁を、一般に「バーガー・コート」と呼ぶ。

最高裁の首席判事（Chief Justice of the United States）は最高裁の判事九人の一人であると同時に、連邦司法府の長であり、その代表としての役目を果たす。また合衆国裁判所首席判事会議（Judicial Conference of the United States）の長として連邦裁判所事務局長を任命する。首席判事は最高裁における口頭弁論を監督し、判事会議を主宰し、法廷意見や反対意見の執筆者を指名する。さらに連邦議会上院が大統領の弾劾裁判を行う際には裁判長の役目を果たし、通常大統領の就任宣誓を執り行う。首席判事は三権の一つの長として、大きな責任と権限を有している。

一九六八年六月、前任のウォレン首席判事が引退の意思を表明したとき、ジョンソン大統領は最初、友人のエイブ・フォータス最高裁判事を後任の首席判事に指名した。ところが、現職最高裁判事の首席判事昇任にも必要な連邦議会上院の同意が得られず、大統領はついに同年一一月、指名を正式に取り下げる。この背景には、共和党議員だけでなく保守的な南部民主党の議員がフォータスを含むウォレン・コートの下す数々の進歩的判決を嫌っていたこと、フォータスが最高裁判事でありながらジョンソン大統領の求めに応じ数々の政治的助言を与えており多くの議員がそれを好ましくないと感じていたこと、さらにフォータスがある大企業から多額の金銭を受け取っていたことなどの事情が関係していた。ジョンソン大統領は次の候補を指名できないまま政権を去り、その結果、バーガーが首席判事の地位を得た。

バーガー判事は、一九〇七年、ミネソタ州セントポールの生まれ。ミネソタ大学と現在のセントポール・ロースクールを卒業後、地元の法律事務所で働く。一九五二年の大統領選挙でアイゼンハワー将軍の共和党候補指名に貢献し、同政権の司法次官補に就任。さらに一九五六年にはコロンビア特別区巡回区連邦控訴裁判所判事に任命され、その地位に一三年間とどまる。刑事事件被疑者に寛容なウォレン・コートの判決に批判的で、厳格な憲法解釈と秩序維持を訴えるこの連邦控訴裁判事に、ニクソン大統領が目をつけた。

バーガー首席判事の任命は、最高裁の保守化をめざすニクソン大統領の政策実現の第一歩であったが、本文で述べたとおり、その後の最高裁の進歩的傾向にそれほど劇的な変化が見られたわけではない。そもそも首席判事が交代してもブレナンをはじめとする進歩的な判事が多数残り、影響力を行使した。また、ニクソン大統領と後任のフォード大統領がその後任命した判事の多くが、期待されたほど保守的でなかった。それにバーガー判事は一貫した憲法解釈よりも法廷意見を構成する判事多数の票を確保することに熱心であり、そのためには判決の内容について妥協を図る傾向があった。他判事との関係にも問題があり、首席判事として十分な指導力を発揮しないまま一九八六年に引退し、九年後の一九九五年に八七歳で亡くなる。

（註10）ハリー・ブラックマン判事は一九七〇年、ニクソン大統領に任命された。首席判事に指名されながら上院の同意を得られなかったフォータス判事の後任である。

フォータス判事はニクソン政権発足後も最高裁に留まったが、大統領への口利きの見返りに、ある実業家から報酬を受け取ったのではないかとの新たな疑惑が発生する。判事は嫌疑を否定し抵抗するものの、一九六九年五月に辞任。もし彼が自発的に辞めなかったなら、一九世紀初頭のチェース判事以来、史上二番目の最高裁判事弾劾裁判に至ったかもしれない。この結果、ニクソン大統領はもう一人保守派判事を任命する機会を得た。大統領はフォータス判事の後任として南部出身の連邦控訴裁判所判事を二人続けて指名したものの、彼らが黒人差別・分離政策に加担したとの疑いが晴れず、上院の同意を得られない。ようやく同意を得て任命した三番目の候補が、ブラックマンである。

ブラックマンは一九〇八年、イリノイ州に生まれ、ミネソタ州セントポールで育った。ハーバード大学の学部とロースクールを卒業し、法律事務所の弁護士として、またロースクールの教員や最先端の医療を提供することで有名なメイヨー・クリニックの法律顧問として活動する。ミネソタ州での経験しかない共和党員ブラックマンをニクソンに推薦したのは、同じミネソタ州セントポールの出身で、彼の親しい友人であったバーガー新首席判事である。自分が任命したいと考える保守派の判事がなかなか承認されないニクソン大統領は、バーガーの推薦を受け、確実に上院の同意を得られるこの穏健な保守派判事を選んだ。

こうした経緯で任命されたブラックマン判事は、就任当初バーガー判事とともに保守的な判断を示した。ところが次第に進歩的傾向を強め、首席判事よりもブレナン判事に同意することが多くなる。ロー事件判決で法廷意見を著したのがこの人物である。ニクソン大統領が保守的判決を下すことを期待して任命したのに、この判事はいつしか最高裁でもっとも進歩的な判事の一人になっていた。一九九四年に引退、一九九九年に九〇歳で亡くなる。

(註11) ルイス・パウエル判事は、ニクソン大統領に任命された三人目の最高裁判事である。一九七二年一月七日、レンクイスト判事とともに宣誓を行い、最高裁判事に就任した。

パウエル判事は、体調を崩して急遽引退したヒューゴ・ブラック判事の後任として指名された。ブラックはアラバマ州選出の元連邦上院議員で、一九三七年にフランクリン・ローズヴェルト大統領に任命され、一九七一年まで三四年間にわたり最高裁判事をつとめた。いわゆる「ニューディール・コート」(一九三七年から四五年頃まで、ローズヴェルト大統領に任命された判事たちが画期的な判決を次々に下した進歩的な最高裁のこと)の中心人物の一人である。

パウエルは一九〇七年にヴァージニア州で生まれ、南北戦争中に南部連合の首都が置かれた州都リッチモンドで育った南部人である。同州の山間にあるワシントン・アンド・リー大学のロースクールへ進んだのち、リッチモンドの名門法律事務所ハントン・アンド・ウィリアムズに就職し、主として鉄道会社など南部の企業を顧客とする弁護士として活躍する。彼は常に礼儀正しく、穏やかで几帳面な南部紳士の典型であった。その高潔な人柄、完璧な仕事ぶり、温和な思想は、やがて全国的に尊敬を集めるようになる。

パウエルの任命にあたり有利に働いたのは、ニクソン大統領がフォータス判事の後任を選ぶ際に指名した南部出身の判事が二人立てつづけに否決されたという事実である。北部出身の上院議員らは、自分たちは地域的敵対心にもとづいて投票するのではなく、真にすぐれた南部出身の判事候補なら認めると語っていた。こうした背景もあって、ニクソン大統領は北部人も尊敬するパウエル判事に声をかける。企業法務一筋で裁判官の経験がなく、フォータス判事の後任候補としての指名を一度固辞しており、当時すでに六四歳であったパウエルは逡巡したものの、結局指名を受け入れる。上院は八九対一で同意を与えた。パウエル判事は一九八七年に七九歳で引退し、一九九八年に亡くなっている。


(註12) ウィリアム・レンクイスト判事については第6章の記述を参照のこと。


(註13) ジョン・ポール・スティーブンズ判事は一九七五年、ウィリアム・ダグラス判事の後任としてフォード大統領によって任命された。第一期の任期中、最高裁へ四人の判事を送りこんだニクソン大統領は、第二期に入ってウォーターゲート事件でつまずき、一九七四年に辞任を余儀なくされる。これを受けてフォード副大統領が大統領に昇格するが、一九七六年の大統領選挙ではカーターに敗れ、前大統領の残存任期を約二年つとめただけでホワイトハウスを去る。その短い任期中に、スティーブンズ判事を任命する機会を得た。

前任のダグラス判事も、パウエル判事の前任者であるブラック判事と同様、ローズヴェルト大統領が一九三九年に任命したニューディール・コートの一員である。一九七五年の引退まで、史上最長の三六年二〇九日間、最高裁判事をつとめた。

スティーブンズ判事は一九二〇年シカゴ生まれ。第二次世界大戦中は日本軍の暗号解読に従事し、山本五十六元帥の乗った一式陸上攻撃機の撃墜につながる暗号解読チームの一員として、勲章を授与されている。戦後はノースウェスタン大学のロースクールに進み、同校史上最高平均点を獲得して卒業。一九四七年から一年間、ワイリー・ラトレッジ最高裁判事の助手をつとめた。その後、シカゴで独禁法の専門家として名を上げ、シカゴ大学で教鞭をとる。一九七〇年、ニクソン大統領が第七巡回区連邦控訴裁判所の判事に任命し、一九七五年にはフォード大統領が最高裁判事に指名した。連邦議会上院は、ダグラス判事とは対照的な謹厳で実直なスティーブンズ判事を全会一致の九八対〇で承認した。就任時のスティーブンズ判事は五五歳。二〇一〇年に引退するまで約三五年間つとめあげたが、これは史上三番目に長い任期であり、九七歳になった本書刊行時点で健在である。

（註14）アメリカ初の女性判事は一八七〇年、最初の連邦裁判所女性判事は一九二八年に誕生している。また、女性の連邦控訴裁判所判事は一九三二年に初めて任命された。

（註15）合衆国憲法第五条の規定にもとづき一七八九年の最初の連邦議会で提案・可決され、各州の批准を受けて一七九一年に発効した最初の一〇の憲法修正条項を、まとめて「権利章典（Bill of Rights）」と呼ぶ。信教の自由、言論・出版の自由などを保障する修正第一条など、大多数の条項が個人の権利を保障する内容である。

（註16）最高裁は一〇月最初の月曜日に開廷し、上告を許可した事件の審理を開始する。順番に判決を下し、翌年六月末か七月初旬に最後の判決を下して閉廷し、夏休みに入る。このためたとえば、二〇一六年の一〇月初旬から二〇一七年六月末までを、「二〇一六年から二〇一七年の開廷期（2016-2017 Term）」と呼ぶ。

（註17）選挙戦ではレーガン大統領の年齢が争点の一つになる。この時点でレーガン大統領は七三歳。二回目の両候補討論会で、司会者が「年齢はハンディキャップになるか」と質問すると、大統領は「私は政治的目的のために、ライバルの若さや経験不足を利用するつもりはありません」と答え、聴衆を爆笑させたという。

（註18）ゴルバチョフと直接会うことをレーガンに勧めたのは、イギリスのサッチャー首相だと言われる。ゴルバチョフは今までのソ連指導者とは違い、話ができる人物だと彼女はレーガンに伝えたが、最初の二つの会合ではレーガンはゴルバチョフに対してまだ懐疑的であり、核軍縮についての米ソの合意は実現しなかった。一九八七年六月にベルリンを訪れたときには、「ゴルバチョフ書記長よ、もしあなたが平和を望むなら、ソ連と東欧の繁栄をめざすなら、貿易の自由化を求めるのなら、このブランデンブルク門に来たまえ、そしてこの門を開けて、壁を取り除きたまえ」と呼びかけた。

（註19）これを機にギブソン・ダンのロイヤーが何人かレーガン政権入りし、司法省で働くことになった。彼らの多くは、のちにギブソン・ダンのワシントン事務所に集結し、ブッシュ父子の共和党政権でも司法省など枢要

な法律関係のポジションについて活躍した。

（註20）Woodward, Bob and Scott Armstrong. *The Brethren: Inside the Supreme Court*. New York: Simon & Schuster, 1979.

（註21）Bickel, Alexander M. *The Least Dangerous Branch: The Supreme Court at the Bar of Politics*, 2nd Edition. New Haven: Yale University Press, 1986.

（註22）Bork, Robert. *The Tempting of America: The Political Seduction of the Law*. New York: Free Press, 1990.

（註23）ボークは自著のなかで、憲法修正第九条は、制定当時に各邦（ステート）の憲法や慣習法で認められていた市民の権利が、第九条によって否定されるわけではないことを確認したものであり、判事が主観的な憲法の拡大解釈によって新しい権利を作り出すことを許すものではないという学説を紹介しながら、それが正しい解釈だと述べている。

同書のなかで、有名な連邦控訴裁判事であるラーニド・ハンドが、歴史的な判決を多数残した二〇世紀初頭の最高裁判事であるオリバー・ウェンデル・ホームズ・ジュニアと交わした短いやりとりに言及し、裁判官の役割はあくまで限定的であるべきだと説いている。ある日、昼食を終えたホームズ判事が馬車で立ち去ろうとしていると、興奮したハンド判事が追いかけてきて、「判事、正義を実現してください、正義を！」と叫んだ。これを聞いたホームズは馬車を停め、ハンドに向かって「それは私の仕事ではない。私の仕事は法を適用することだから」と述べたという。

（註24）シャー（王）が打倒されたイラン革命の際にテヘランのアメリカ大使館が占拠され、多数のアメリカ人が人質になって以来、イランとアメリカは敵対関係にあった。その間にイラン・イラク戦争が勃発し、アメリカは当初サダム・フセインの率いるイラクを支持したものの、イランとの関係改善も模索していた。そこへイスラエル政府筋が同国を通じたイランへの武器供与を、マクファーレン大統領補佐官にもちかける。イスラエルは自国にとって直接の脅威であるイラクの勢いをそぐため、イランが欲しがっていたアメリカ製武器の売却を望んだ。イランの影響下にあるシーア派テロ組織ヒズボラが当時レバノンで捕らえていた、アメリカ人七人の解放にもつながると説得した。この提案に従ってイラクへの武器売却が行われ、ポインデクスターとノースが、

当時レーガン政権が秘密裏に支持していたニカラグアの反政府組織コントラに武器売却の利益を送った。

この作戦は極秘のうちに行われた。政権内部でもその全貌を知る者は、三人だけであったらしい。詳細については今でも不明な点が多い。一九八六年一〇月、武器を積んだCIAの輸送機がニカラグアのジャングルに墜落し、一一月にレバノンのシリア系雑誌がイランへの武器売却とコントラへの売却利益供与を報じて、政権をめぐる一大スキャンダルが明るみに出る。

第Ⅱ部　戦争と司法――ブッシュ（父）時代

（註1）ベルリンの壁崩壊直後の一九八九年一二月、地中海マルタ島沖に碇泊したソ連客船マキシム・ゴーリキーの船上で行われた米ソ首脳会談で、ブッシュ大統領とゴルバチョフ書記長は早くも公式に冷戦の終結を宣言した。

（註2）連邦最高裁判所は、下級審から上がってくるすべての事件を審理するわけではない。連邦控訴裁、州最高裁で敗訴した当事者がもちこむ上告案件は、年間八〇〇〇件前後に達する。そのすべてを取り上げていれば最高裁はたちまちパンクしてしまう。個々の事件を丁寧に分析し、詳しい判決文を書くことはとてもできない。

したがって下級審からの上告を取り上げるかどうかは、原則として最高裁が裁量で決定する仕組みになっている。この仕組みを裁量上告と呼ぶ。上告を希望する当事者は、一般に、上告許可請願（Petition for a Writ of Certiorari）を一定の手続きに従い期日までに最高裁へ提出せねばならない。Certiorariは、「知らせる」という意味をもつラテン語の言葉に由来する。また、Writは「書きもの」転じて「令状」という意味で、中世以来イギリスの法廷が発してきた命令書のことである。したがって、Writ of Certiorariとは、審理を行った下級の裁判所に対して、当該事件について上級の裁判所に知らせなさい、より具体的には当該事件にかかわる一件書類を最高裁に移送しなさい、という命令書である。日本語では「移送令状」あるいは「裁量上告令状」と訳される。

上告を望む当事者はこの移送令状を求める請願書を最高裁に届けて上告の意思を示し、最高裁は請願にもとづいて移送令状を発するかどうか、つまり上告を許可するか否かを決める。より具体的には九人の判事のうち四人が賛成すれば、請願が許可（Grant）され上告が認められる。判決を下す際の多数構成に通常必要な五人より一人少ない。

最高裁はどのような基準で上告を認めるのか。特段ルールはないようだ。ただしおおまかに言えば、複数の下級審で同じ法律あるいは憲法問題について異なる解釈が下されており統一した判断を示すことが必要であると考えられるとき、また下級審で扱われた憲法問題がきわめて重要であると最高裁が判断するときに、上告が許されることが多い。いずれにしても、この裁量上告制度の活用によって、連邦最高裁が審理する案件は年間およそ八〇件に抑えられている。

なお、特定の案件については、法律の規定によって当事者が権利として最高裁へ上告できる場合があるが（これを権利上告という）、最高裁の負担を軽減するために一九八八年に法律の改正が行われた結果、現在、権利上告はごく例外的な少数の案件に限られている。

（註3）先例拘束性（stare decisis）とは、ある判決で示された法の解釈や法理が、同一もしくは十分に類似した事実にかかわる法律問題について、のちの判決を拘束するという原則である。ラテン語でstareは「立つ」、decisisは「決定」、合わせて「決定はそのまま立たせておく」という意味になる。すなわち裁判所の法解釈の先例が、制定法とならんで法源の一つとして作用するという考え方であり、英米法の伝統と歴史を通じて発展してきた。ただし、下級裁判所の判事は上級裁判所の先例に拘束されるが、上級裁判所の判事は下級裁判所の先例をくつがえすことができる。したがって最高裁判所の先例はすべての下級裁判所の判決を拘束する。

（註4）阿川尚之「建国の父たちがつくった仕組を守れ、米最高裁保守派の旗手、スカリア判事に聞く」『月刊Asahi』（一九九〇年一〇月）一五七－一五九頁。

第Ⅲ部　民主党政権下の司法——クリントン時代

（註1）女性の登用に熱心だったクリントン大統領は、最初、妻のヒラリーを司法長官に指名しようとしたが、法

律で禁止されていることを知り断念する。最初に指名したベアド弁護士は、不法移民を子守や運転手に雇いながら雇用者の負担が義務づけられている社会保障税（Social Security Tax）を支払っていないことが発覚し、これも断念せざるをえなかった。このためフロリダ州検察官出身のジャネット・リノが一九九三年三月に任命されるまで、二カ月間混乱が続く。軍での同性愛を認めるという公約を就任早々実行に移そうとして、猛反発を受ける。さらにホワイトハウスの旅行オフィス職員を解雇して友人を後任に選んだと言われる、いわゆるトラベルゲート事件が五月に発覚する。こうした一連の事件に巻きこまれ忙殺されたホワイトハウスの次席法律顧問、ヴィンセント・フォスターは精神を病み、七月にワシントンの高速道路わきに車を停めて自殺した。クリントン夫妻の関与が取りざたされたアーカンソー知事時代の不動産投資疑惑、いわゆるホワイトウォーター事件にからむ他殺ではないかとの噂が絶えなかった。

（註2）クリントン政権は以後、世界各地で起きる紛争への直接介入に、きわめて消極的になった。一九九二年に始まったボスニア戦争では九五年夏に米空軍がＮＡＴＯ軍の一翼を担ってサラエボを包囲するセルビア人勢力への大規模な空爆を実施し、オハイオ州デートンでのセルビアとボスニア間の和平合意につなげたものの、国連ＰＫＯ要員以外の地上軍は派遣しなかった。

（註3）アメリカには公的な国民皆保険が存在しない。このため、高齢層と低所得者を除き、医療保険は民間の保険会社から各個人が購入する仕組みになっている（オバマケアもこの仕組みを維持しており、厳密な意味で公的な皆保険ではない）。しかし無保険者の増大、医療費の高騰（無保険者の緊急治療に要する費用が医療費全般を押し上げている）など、もはや看過できない状況となっており、この問題の改革は選挙運動中、クリントン候補の主要公約の一つであった。

（註4）第一期には日米関係もぎくしゃくした。クリントン政権はソ連が崩壊したあと、アメリカにとって最大の脅威は国家間の経済的な対立であり、その筆頭相手国が日本であるとの認識をなかば公然と表明し、日本との強硬な通商交渉に臨んだ。その姿勢は、日本を一種の新重商主義国家とみなし、アメリカ製品（たとえば自動車やその部品）を力ずくで一定量日本に輸入させようという強引なものであった。経済問題での対立は、当時の日米安全保障関係にも深刻な影響を与える。

（註5）クオモ知事は大統領が電話をかけると居留守を使い、はっきりした返事をしなかった。それでも何度かやりとりがあり、四月九日、ようやく息子のアンドリューがステファノポリス大統領補佐官（現在ＡＢＣニュースキャスター）に判事就任の意向を伝える。しかしそのわずか一時間後に、本人から「ニューヨーク州知事の仕事を続けたい」とファックスが届く。こうして指名手続きはすべて振り出しに戻った。

（註6）レーガン大統領から最高裁判事に指名されたボーク判事が上院の同意を得られなかった際に、二番手として指名されながら麻薬吸引問題で自発的に辞退したダグラス・ギンズバーグ判事とは、まったく別人である。

（註7）実は大統領がギンズバーグに会う前日の夜、情勢が再び変化する。クオモ知事の息子アンドリューからステファノポリス補佐官に電話があり、「大統領はすでに最高裁判事を決めたのか」と尋ね、指名を受ける意思が父にまだあると報せた。最高裁判事になるなら今しかない。そう考え直したらしい。

大統領はこの知らせを聞いて喜んだ。クオモにもう一度チャンスを与えよう。しかし大統領がギンズバーグ判事に会った日の夕方、最高裁判事を決定する最終会議のさなか、クオモ知事からステファノポリスに電話があり、指名を最終的に断る。またもや彼は考えを変え、クリントンの期待を裏切った。

（註8）南北戦争後に制定された三つの憲法修正は、一八六五年一二月に発効した修正第一三条、一八六八年七月に発効した修正第一四条、一八七〇年二月に発効した修正第一五条である。

修正第一三条は、南北戦争の原因の一つであった奴隷制度を禁止した。第一三条の草案は上院での可決後、一八六五年一月に下院でも三分の二の賛成を得て可決される。この経緯はスピルバーグ監督の映画「リンカーン」（二〇一二年）で詳細に描かれている。両院で可決された同修正案は批准のため各州へ送付されたが、修正実現に誰よりも尽力したリンカーン大統領はその発効を見届けることなく、戦争終了直後に暗殺されてしまった。

修正第一四条は多くの規定からなるが、「合衆国内で生まれた、または合衆国に帰化した（中略）者」はすべて「合衆国市民」であると定め、解放された奴隷に市民権を与えた。また州が「法のデュープロセスなしに人の生命、自由、または財産を奪」うこと、「法の平等な保護を否定」することを禁止した。修正第一五条は、「人種、肌の色」または以前奴隷であったことを理由として、「合衆国市民の投票権を奪い、または制限してはならない」と定めた。

三つの修正条項は奴隷を解放し、白人市民と法的に平等な地位を与え、その自立をめざす議会共和党の戦後の政策に沿ったものであったが、制定後南部諸州の強い抵抗に遭い目標はすぐには実現しなかった。しかしどの条項も立法によって修正条項の規定を実施する権限を連邦議会に与えており、州に対する連邦政府の立場をこれまでになく強めた。

（注9）本法のもとで、政府は企業に対し生産量や製品価格の統制を行い、さらに最長労働時間や最低労働賃金などの労働条件を規制した。また大統領には法執行において、ほとんど無制限の裁量権が与えられた。連邦政府が私人や私企業の生産活動に直接介入するのは、アメリカの伝統的な自由市場経済思想に反している。しかし大恐慌という国難に直面し、この国の経済政策は社会主義国家に見られる計画経済的色彩を持ちはじめた。

（注10）興味深いのは、進歩派のスティーブンズ判事が憲法制定の歴史をひもとき、制定者の意図を憲法制定会議の記録から読みとって自らの主張の裏づけとしたことである。スカリア判事らが唱えた条文主義、原意主義が、ここでは進歩派の判事によって効果的に用いられている。憲法解釈の方法としてのその正当性がそれだけ広く認められるようになったということであろう。

（注11）ちなみに連邦議会に対する一般国民の不信感がきっかけとなって、ソーントン事件の判決が下される前の一九九二年には、憲法修正第二七条の批准が完了し発効している。この修正条項はそもそも一七八九年の最初の連邦議会でマディソンが提案した一二の修正案の一つである。そのうち一〇条が各州で批准され、翌一七九一年にいわゆる権利章典として合衆国憲法の一部となる。しかし、残り二条は修正発効の条件である四分の三の州での批准が当時は得られず、憲法に組みこまれなかった。修正第二七条の原案はその一つである。その後一八七三年にオハイオ州が、一〇〇年後の一九七三年にワイオミング州がこれを批准したものの、二〇〇年近くほぼ忘れられていた。

ところが一九八二年になって、グレゴリー・ワトソンという二一歳のテキサス大学学部生が「連邦議会議員の給与額を変更する法律は、あらかじめ下院選挙が行われないかぎり発効しない」という内容の未発効修正案に注目し、これを残りの州で批准し発効させる可能性を論じるペーパーを提出した。議員が自らの給与を引き上げる法律を制定したくても、制定後に選挙が待っていることを知っていれば慎むだろうというのが狙いである。

ワトソンの担当教員は二〇〇年前の未発効修正案を生き返らせるなど現実的でないと一笑に付し、このペーパーにC評価を与えたが、ワトソンはあきらめず、本修正案を未だ批准していない各州議会の議員に手紙を書いて、批准を働きかける。新たな上院議員給与引き上げ法案の提出、自分の口座に預金が残っていない多くの議員が議会の銀行で小切手を発行しつづけたスキャンダルなどが追い風となり、ワトソンの呼びかけに賛同し批准する州が一挙に増え、運動開始から一〇年後の一九九二年五月七日、ミシガン州議会の批准完了により批准州の数が憲法改正に必要な五〇州の四分の三に達した。

二〇〇年近く放置されていた憲法の修正案を改めて批准できるのか、効力があるのかについては、当時憲法学者のあいだで議論があった。しかし一九九二年五月一八日、合衆国の文書保存官が正式に憲法修正第二七条として認定し、官報に掲載する。念のため同二〇日に連邦議会上院と下院がそれぞれ決議によってその有効性を確認して、修正第二七条は発効した。その後、この修正条項違反が国政の場、あるいは司法の場で問題にされたことはないが、一九八〇年代から九〇年代はじめの議会批判の波は、古い憲法修正案を生き返らせるという副産物までもたらした。

（註12）何度も交渉が行われたものの双方譲らず、暫定予算の延長法案にクリントン大統領が拒否権を発動したため、一一月一四日、連邦政府の一部が閉鎖された。この事態は共和党の頑なな態度によるものとして、国民のあいだでは不評であった。いったん延長された暫定予算が再度失効し、一二月一六日から翌一九九六年一月六日まで、連邦政府は再び閉鎖される。

（註13）一九九四年以降の議会共和党とクリントン政権の対立と協調については、待鳥聡史『〈代表〉と〈統治〉のアメリカ政治』（講談社選書メチエ、二〇〇九）に詳しい。

（註14）一九九四年六月に一旦失効していた独立検察官制度を復活する法律が制定されたため、スターは特別検察官ではなく、より強い権限を有する独立検察官に任命された。

（註15）クリントン大統領は二期八年の任期が終わる直前、ホワイトウォーター事件で有罪とされた何人かに恩赦

を与える。

（註16）二〇〇九年に連合王国最高裁判所が別途創設されるまで、貴族院に属する一二人の法官貴族（Law Lords）が最終審として機能していたのは、その名残である。

（註17）一七九七年に連邦議会下院は、スペインのアメリカ領土獲得をめざす英国と共謀した嫌疑によってテネシー州選出のウィリアム・ブラウント上院議員の弾劾を行ったが、上院は同議員の弾劾裁判を行う前に、憲法第一条五節二項の規定に従って、同議員を追放した。

（註18）レンクイスト首席判事はこの仕事にうってつけであった。毎年六月末から一〇月初旬までの最高裁休廷期間中、本を書くことをならいとしていた。歴史好きで、一般向けの最高裁の歴史など数冊の書を著しており、そのうちの一つが一九九二年に出版した『大審問』という、チェース最高裁判事とジョンソン大統領の弾劾についての著書である。地味な本であるが、本を書いて得た知識がクリントン大統領の弾劾裁判で役に立った。Rehnquist, William. *Grand Inquests: The Historic Impeachments of Justice Samuel Chase And President Andrew Johnson.* New York: William Morrow & Co., 1992.

第Ⅳ部　テロと憲法――ブッシュ（息子）時代

（註1）「アンダーヴォート」とは、パンチカード式投票用紙の穴が十分に開かず、膨らんでいたりぶら下がって残っていてカウントされなかった票のことを指す。手作業による再集計がはかどらず問題が複雑化したのは、パンチカードの穴を機械で読む仕組みが郡によって異なり、しばしばうまく機能しなかったためである。手作業でも判定にとまどう票が多数あった。

（註2）オルソンとともに初めて連邦最高裁で口頭弁論を行ったフロリダ州のロイヤーは、緊張のあまりスティーブンズ判事を「ブレナン判事」、スーター判事を「ブライヤー判事」と間違えて呼んでしまう。ジョーク好きのスカリア判事は、すかさず「代理人、私はスカリアですよ」と口をはさんで傍聴人をわかせた。

（註3）このうち一八七六年、一八八八年、二〇〇〇年、二〇一六年の選挙では選挙人獲得総数で勝った候補が大

統領に選ばれたが、一八二四年の選挙では、いずれの候補も選挙人の過半数を獲得できなかったので、大統領選出は憲法修正第一二条の規定により下院での投票に委ねられた。この結果、得票総数だけでなく選挙人獲得総数でもアンドリュー・ジャクソン候補に劣ったジョン・クインシー・アダムズ候補が、当時下院議長であったヘンリー・クレイ候補から下院での投票の際に支持を得て大統領に選ばれた。クレイはアダムズ政権の国務長官に就任する。

（註4）同日、ワシントン大聖堂で、特定の宗派によらない礼拝が執り行われる。大統領はスピーチのなかで、「神は時にわれわれが理解しにくいことをなさるが、同時に神はいつもわれらと共にあり、われらの祈りを聴き、理解される」と述べた。キリスト教、ユダヤ教の聖職者と一緒に、イスラム教の聖職者が並んで座り、大統領の言葉に耳を傾けた。アメリカ国民はテロリストに対し心の底から怒っていたが、九・一一事件は同時に何よりも人間の命のはかなさについて考えさせる、きわめて精神的なできごとでもあった。

（註5）A・ハミルトン、J・ジェイ、J・マディソン（斎藤眞・中野勝郎訳）『ザ・フェデラリスト』（一九九九、岩波文庫）一〇五ページ。

（註6）A・ハミルトン、J・ジェイ、J・マディソン（齋藤眞・武則忠見訳）『ザ・フェデラリスト』（一九九一、福村出版）三四ページ（筆者が一部修正）。

（註7）開戦初期の大統領による人身保護令状停止の合憲性については、一八六一年のメリーマン事件判決でトーニー最高裁首席判事が違憲との判断を示したものの、リンカーン大統領はこれを無視した。南部港湾封鎖の合憲性についても最高裁で争われ、一八六二年のプライズ事件で合憲の判決が下されている。

（註8）南北戦争中、戦闘が起きていない北部の一部の州で、南軍幇助、叛乱煽動などの疑いで民間人が逮捕拘禁され、軍事法廷で有罪とされた。最高裁は、戦争継続中には軍事法廷で民間人を裁くことの合憲性の判断を避けたものの、戦争終結後の一八六六年に下したミリガン事件判決でこれを違憲とした。また最高裁は一九四四年のコレマツ対合衆国事件判決で第二次世界大戦中の日系米国市民強制収容を合憲と判断したものの、一九八〇年代になって連邦地区裁判所はこれを誤りだったとして、コレマツの有罪判決を取り消した。

（註9）一九七三年の戦争権限法は、大統領が武力行使のために米軍の派遣に踏み切るよう可能なかぎりあらかじ

め議会に知らせて協議すること、正式の宣戦布告が行われないまま大統領が武力行使のために米軍を派遣した場合には四八時間以内に議会へ報告すること、六〇日以内に武力行使を終了させること、などを義務づけた。ただし六〇日以内に、（1）議会が宣戦布告を行う、あるいは正式に武力行使を許可する、（2）議会が期限延長を許可する、（3）敵の攻撃のため武力行使の終了が困難、といった場合は、このかぎりではない。なお期限の延長は三〇日までとし、海外へ派遣された米軍部隊を大統領が撤退させるよう、議会は上下両院の合同決議によっていつでも要求できる。

（註10）アメリカ本土がテロリストなどから攻撃されるのを、座して待つわけにはいかない。特に大量破壊兵器などによるさし迫った脅威を発見すれば、それを先制的に武力でたたき、攻撃を未然に防ぐ必要がある。イラクへの攻撃はこの考え方にもとづいている。ブッシュ政権の対イラク政策に批判的であった現在のオバマ政権も、アルカーイダなどの脅威に対しては基本的にこの政策を踏襲し、続行した。

（註11）治安当局や情報当局の権限を大幅に拡大するこうした施策には、当初から疑問や反対の声があった。たとえば九・一一事件を引き起こしたテロリストたちが、攻撃に必要な情報をアメリカ国内の公立図書館で自由に手に入れていたことがわかったため、「愛国者法」（Uniting and Strengthening America by Providing Appropriate Tools Required to Intercept and Obstruct Terrorism Act of 2001. 頭文字を取ってUSA PATRIOT Actと呼ばれる）には公立図書館での閲覧記録の捜索権限が盛りこまれる。この措置は、アメリカ国民のプライバシーを侵害しかねないとして、大きく取り上げられた。

（註12）なお、上告人のうち二人の英国市民は判決が下る前に英国政府の要求に応じてグアンタナモから釈放されている。ラスールはこの一人であり最高裁の審理の対象にはならなかったが、事件の当事者名として記録に残った。

（註13）ラムズフェルド対パディィヤ事件の当事者であるパディィヤもアメリカ市民である。二〇〇〇年五月、彼はパキスタンからシカゴへ戻ったところを空港でＦＢＩに逮捕され、テロを企てる敵性戦闘員と認定されたあと軍に身柄が移され、チャールストンにある海軍の刑務所に収監される。パディィヤはこの収監が憲法違反だとして人身保護令状の発出を求め、ニューヨークの連邦地裁に訴えを起こしたが、最高裁は訴訟手続上の理由でこれ

を退けた。

（註14）同じ大学でロースクールと学部のアファーマティブ・アクション・プログラムが最高裁から異なる評価を受けた背景には、応募者数が両者のあいだで大きく違い、学部ではロースクールのように応募者ごとの丁寧な審査ができないという事情がある。

（註15）前回の選挙で、得票数で負け訴訟で勝ったとさんざん悪口を言われたブッシュ大統領は、今回は意地でも勝ちたいと思っただろう。ただし、二〇〇〇年の選挙に続き、今回も僅差での勝利であった。得票総数でブッシュ大統領は五〇・七パーセント、民主党候補のジム・ケリー上院議員は四八・三パーセントを獲得。その差は三〇〇万票で、得票総数の二・五パーセントに過ぎない。選挙人の数ではブッシュが二八六、ケリーが二五〇であった。それでも勝利は勝利である。ブッシュ大統領は引きつづき政権を担い、テロとの戦いを継続する。

（註16）ブッシュ大統領は戦争とその後始末にあたっていただけではない。教育の質の向上に存外熱心であり、二〇〇二年には「落ちこぼれのない教育法（No Children Left Behind Act）」を、党派を超えた支持を得て制定し、所得格差が教育格差につながらないようにするための一連の政策を実施した。また年金や健康保険の改革をめざし、合法的に働く機会を不法移民に与える政策を模索するなど、ゴリゴリの保守主義者ではない。差別解消にも熱心で、パウエル国務長官とライス安全保障担当補佐官は、いずれも史上初の黒人の起用であった。一方で地球温暖化に関する京都議定書に反対し、宗教団体による信仰にもとづく団体やコミュニティなどの慈善活動（faith based initiatives）への補助を強め、同性婚に反対するなど、保守派らしい政策も推進した。

（註17）ちなみに日本の最高裁判事は、憲法と法律が定年として定める七〇歳になると引退せねばならない。しかも一九六四年以降、すべての判事が就任時すでに六〇歳以上であり、日本国憲法第七九条が一〇年に一度と定める就任後二度目の国民審査まで留まった人は、一人もいない（それ以前も六人しかいない）。アメリカの最高裁判事とは対照的である。皮肉なことに、最高裁判事が過度の影響力を行使しないよう定年制を設けたのは、GHQ民政局の日本国憲法の起草者たちだった。一九三〇年代半ばに、七〇歳を超えるアメリカの最高裁判事らがニューディール関連法をつぎつぎに違憲としローズヴェルト政権の政策遂行を妨げたことを、彼らはよく覚えていた。

第V部　Yes, we can!――オバマ時代

（註1）一方、二〇〇六年の選挙で共和党と民主党の議席数が四九対四九と拮抗する結果となっていた連邦議会上院（無所属議員二人が一緒に活動した民主党が実質的な多数党となる）は、大統領選挙と同時に行われた二〇〇八年の選挙で民主党が大きく議席を増やし、五八対四〇（無所属が二人）と多数を獲得。下院でも二五七対一七八と、前回の選挙で共和党から多数を奪った民主党がさらに議席数を伸ばした。この結果、大統領選挙と合わせて久々に完全な民主党の天下となった。

（註2）学生が編集するといっても、各ロースクールが出版するローリビューには著名な学者や判事がしばしば寄稿し、憲法をはじめ各分野の法律の解釈や適用に少なからぬ影響を与える。そのなかでも特に影響力の大きいハーバード・ロースクールのローリビュー編集長に選ばれたことは、オバマの成績がすぐれていたこと、人望があったこと、そして政治思想や司法観の異なる教員や学生の主張をまとめ統率する能力があったことを意味している。

（註3）アメリカで最初の選挙資金規正法は、自分自身が大企業から多額の献金を受けて当選したと非難されたセオドア・ローズヴェルト大統領の呼びかけで一九〇七年に制定されたティルマン法だという。この法律は企業による政治献金をすべて禁止したが、実効性は乏しかった。

（註4）シティズンズ・ユナイテッドの意図は必ずしも明らかでないが、同社幹部は共和党と深いつながりがあり、彼らが一九九〇年代からクリントン夫妻を毛嫌いしていたことは確かなようである。二〇〇四年の大統領選挙中、ジョージ・W・ブッシュ大統領のイラク戦争を激しく批判して話題になったマイケル・ムーア監督のドキュメンタリー映画「華氏911」の成功に構想を得たとも言われる。

（註5）その後、保守派の最高裁判事は各地で大統領の演説を批判した。スカリア判事は大統領の発言を大人げないと論評し、トマス判事は「一般教書演説には招かれても行かない、党派的すぎて不快な思いをするだけだ」と述べた。ロバーツ首席判事は、ロースクールで学生から大統領の批判について感想を求められ、「(内容につ

いては）気にしない」と答えながら、議員たちが「反論のできない最高裁判事を取り囲み、立ち上がり歓声を上げて判決を非難するのは困ったことだと思う」と述べている。

（註6）この状況には、二つ問題がある。一つは保険未加入者が、いざというときに満足な医療を受けられないこと。病気になっても医療費が支払えないため医療機関に行けず、病状を悪化させてしまう人が少なくない。医療費を支払えずに破産する例も多いという。また既往症のある人は保険を購入できない場合が多く、国民全体の健康維持を妨げる。

もう一つは医療費の高騰である。民間の健康保険に加入しない理由には、保険購入に必要なお金がない場合以外に、当面医療保険が必要ないと考えているケースが多い。法律上、保険未加入者が急病で病院を訪れたときに、保険に入っていないことを理由に病院が治療を拒否することは許されない。それを知っていて加入しない人も多い。保険未加入者の緊急治療費は結局、病院が負担せねばならない。その費用をカバーするために病院は医療費を高めに設定し、それを患者が保険会社に請求する。保険会社はその分、保険料を高く設定する。こうしてもともと高いアメリカの医療費全体がさらに高騰し、保険料を押し上げ、それを負担できない未加入者がますます増えるという悪循環が起きている。二〇一二年には、全米で約四八〇〇万人が医療保険に未加入だったと言われる。

（註7）アメリカを含む国連安全保障理事会五カ国ならびにドイツが二〇一五年七月にイランと結んだ核合意も、行政協定の一つである。これに先立ち、議会が成立した核合意の内容を審査し不承認決議を可決した場合、大統領はイランに対する国連制裁を解除できないと定める法律が同年五月に制定されていた。ただし合意成立後、議会はこの法律にもとづく不承認決議を可決できなかったため、イランとの核合意は承認された形となり、国連の制裁が解除された。

（註8）ウィンザー事件判決が下されたのと同じ二〇一三年六月二六日、最高裁は、州憲法の改正による同性婚の禁止を提案し可決されたカリフォルニア州の州民投票第八号の合憲性を問うホリングワース対ペリー事件の上告を、技術的な理由で退けた。オバマ政権が婚姻防衛法第三条の合憲性をウィンザー事件で争わないと宣言したのと同様、カリフォルニア州知事もこの事件で州民投票第八号による州憲法修正の合憲性を争わないと宣言

したのを受け、代わって上告した州民投票提案者の当事者適格を否定したのである。最高裁は州民投票の効力について判断したわけではなかったが、この結果、同性婚禁止を定める住民投票を無効とする州最高裁の判断が確定した。

（註9）事実関係はそれぞれ異なるが、たとえばオーバーゲフェルは、同性婚を認めないオハイオ州で二〇年以上一緒に住んでいたパートナーが不治の病にかかったために、オハイオから同性婚を認めるメリーランド州へ飛び、飛行場に駐機した小型飛行機上で結婚式を挙げ、州の結婚許可書を手に入れる。二人がオハイオへ戻って三カ月後、パートナーは死去。オーバーゲフェルが故人の配偶者として埋葬許可を求めたものの、オハイオ州はオーバーゲフェルを配偶者として許可証に記載することを拒否した。オーバーゲフェルは、メリーランド州で認められた自分たちの結婚を認めず、自分を配偶者として遇しないのは憲法違反だと主張した。

また、ミシガン州に居住する同性婚の女性二人が養子を迎えた際、同性婚を認めないミシガン州が同性婚のカップルには養子を許可せず女性二人を子供たちの両親として認めなかったため、この措置は憲法に違反すると主張して子供たちとともに訴訟を提起した。

（註10）一九六八年にウォレン首席判事が引退を表明した際、任期最終年を迎えていたジョンソン大統領が親友のエイブ・フォータス最高裁判事を後任に指名したにもかかわらず、同判事の金銭的疑惑もあって共和党の上院議員が激しくフィリバスターなどで抵抗したため、大統領は結局指名を取り下げた。そのときにストロム・サーモンド上院議員が、このルールの内容を述べたといわれる。

（註11）多くの憲法学者や歴史家は民主党の立場を支持し、合衆国の歴史上、大統領が任期最終年に全部で二四人を連邦判事に指名し、そのうち二一人が上院の同意を受けた事実を指摘した。しかし大統領の指名した最高裁判事候補の承認を審議する義務が上院にあるとまで、憲法は明確に規定していないと指摘する学者もいる。実際、共和・民主両党とも、最高裁判事を含む連邦裁判所の判事だけでなく、大統領の指名する政府高官任命の審査をフィリバスターなどあらゆる方法を使ってしばしば妨害し遅延させてきた。

（註12）休会任命の手続きに従って、上院休会中、アイゼンハワー大統領はウォレン首席判事、ブレナン判事、スチュワート判事の三人を、上院の同意を得ないまま最高裁判事に任命している。当時は議会の上院も下院も、

しばしば休会に入ったようだ。まして合衆国が誕生した一八世紀末には、議会は一年に数ヵ月開かれるだけだったので、こうした手続きが必要だったのであろう。

こうして任命された判事の任期は、再開された上院で追認されないかぎり、次の会期の終わりで切れると憲法は規定している。アイゼンハワー大統領が任命した三判事は休会明けに上院が追認したため、それぞれ長く最高裁判事をつとめることになった。ちなみに合衆国議会が二年ごとに開く「議会（Congress）」の前半と後半の各一年間を、それぞれ「会期（Session）」と呼ぶ。したがって、たとえば二〇一七年一月三日から二〇一八年一月三日までは第一一五議会第一会期にあたる。

（註13）選挙中、共和党議員との懇談で、トランプ候補は「憲法第一二条を大切に思っている」と述べた。ところが合衆国憲法には第七条までしかない。修正第一二条と言いたかったのだろうと共和党のある議員が弁護したが、修正第一二条は大統領と副大統領を別々に選ぶことを決めたものであり、大統領が特に指針とするような内容ではない。

（註14）フェデラリスト・ソサエティーは、イェール大学のロースクールで保守派の学生によって一九八〇年に結成された会員制の団体である。その年の大統領選挙でレーガン候補が当選し、司法の保守化が政治的なスローガンとなった頃にあたる。大統領選のあと、イェール・ロースクールのある教授が、「レーガンに投票する人がいるなんて、信じられない。諸君のなかにはいないと思うが」と授業で述べたところ、授業終了後に数人の学生が教授のもとに歩み寄り、「実は、われわれはレーガンに投票しました」と告げた。このやりとりがフェデラリスト・ソサエティー創立のきっかけになったと言われる。シカゴ大学とハーバード大学のロースクールでも発足し、一九八二年には全国的な非営利法人となった。正式名称は「法律と公共政策研究のためのフェデラリスト協会（The Federalist Society for Law and Public Policy Studies）」である。

フェデラリスト・ソサエティーは条文主義と原意主義にもとづいて合衆国憲法を正しく解釈し、進歩的なロースクールの教育や連邦裁判所判事の判決といったアメリカ司法のあり方の改革を目的としている。名称の「フェデラリスト」は、憲法制定の際に活躍した連邦主義者たち、特に『ザ・フェデラリスト』を執筆したハミルトンとマディソンの憲法思想を反映しており、協会のロゴはマディソンのシルエットが用いられている。

三つのロースクールで当初結成されたこの協会は、現在では二〇〇以上のロースクールに支部を有し、学生部門、教員部門に加えて一般の法律家部門も設け、全国で六万人を超える会員を要するアメリカでもっとも影響力のある法律家団体の一つとなった。本部はワシントンに置かれている。憲法修正第二条、選挙資金規正法、連邦と州の関係、通商条項などの憲法問題に関して世論を保守の方向に動かす原動力になった。会員にはロバーツ、トマス、アリート、ゴーサッチという四人の現職最高裁判事、故人となったスカリア最高裁判事とボーク連邦控訴裁判所判事、レーガン政権のミース司法長官、ブッシュ（息子）政権のアッシュクロフト司法長官、大統領選に立候補したクルーズ上院議員など、有力な保守派の判事、法律家、学者が多数含まれている。

（註15）かつては政治家から最高裁判事になる例が少なくなかった。古くは大統領の任期を終えたあとに最高裁首席判事になったタフト、フランクリン・ローズヴェルト大統領が上院議員から最高裁判事に任命したブラック、アイゼンハワー大統領がカリフォルニア知事から首席判事に任命したウォレンの例がある。二〇一六年の大統領選でもクリントンが大統領になった場合、オバマ大統領を最高裁判事に任命するのではないかという噂があったが、すぐに消えた。政治家だけではなく、かつては司法長官など行政府の法律職や民間ロイヤーからの任命もあったが、近年はもっぱら連邦下級裁判所判事からの任命が多い。最高裁判事は訴訟法への精通など高度の専門性を要求されること、さらには下級審判事の起用と比較して政治家の最高裁判事任命は議会上院の同意を得にくいと考えられることが、関係しているようだ。

（註16）州裁判所の判事は一九八一年のオコナー判事（元アリゾナ州控訴裁判所判事）を最後に、一人も連邦最高裁判事に任命されていない。

（註17）現にウォーターゲート事件の際、最高裁がニクソン大統領にホワイトハウスでの録音テープの提出を命じ、彼の辞任を決定的なものとした一九七四年の合衆国対ニクソン事件の判決では、ニクソンが任命した四人の判事のうち三人が全員一致の決定に加わっていた（残りの一人は、ニクソン政権の司法省にいたため審理に参加しなかったレンクイスト判事である）。

（註18）A・ハミルトン、J・ジェイ、J・マディソン（斎藤眞・中野勝郎編訳）『ザ・フェデラリスト』（一九九九、岩波文庫）二三八ページ。

参考文献

Amar, Akhil Reed. *America's Constitution: A Biography*. New York: Random House, 2005.

Bickel, Alexander M. *The Least Dangerous Branch: The Supreme Court at the Bar of Politics*. 2nd Edition, New Haven: Yale University Press, 1986.

Bork, Robert. *The Tempting of America: The Political Seduction of the Law*. New York: Free Press, 1990.

Klarman, Michael J. *From the Closet to the Altar: Courts, Backlash, and the Struggle for Same-Sex Marriage*. New York: Oxford University Press, 2013.

McCloskey, Robert G. and Sanford Levinson. *The American Supreme Court*. 6th Edition, Chicago: University of Chicago Press, 2016.

McManus, Edgar J. and Tara Helfman. *Liberty and Union: A Constitutional History of the United States*. Volume 2, New York: Routledge, 2013.

Paulsen, Michael and Steven Calabresi, Michael McConnell, Samuel Bray, William Baude. *The Constitution of the United States*. 3rd Edition (University Casebook Series), St. Paul: Foundation Press, 2016.

Rehnquist, William. *Grand Inquests: The Historic Impeachments of Justice Samuel Chase and President Andrew Johnson*. New York: William Morrow & Co., 1992.

Scalia, Antonin. *A Matter of Interpretation: Federal Courts and the Law*. Princeton: Princeton University Press, 1997.

Toobin, Jeffrey. *The Nine: Inside the Secret World of the Supreme Court*. New York: Doubleday, 2007.

Toobin, Jeffery. *The Oath: The Obama White House and the Supreme Court*. New York: Doubleday, 2012.
Urofsky, Melvin I. and Paul Finkelman. *Documents of American Constitutional & Legal History, Volume II: From 1896 to the Present*. 3rd Edition, New York : Oxford University Press, 2008.
Woodward, Bob and Scott Armstrong. *The Brethren: Inside the Supreme Court*. New York: Simon & Schuster, 1979.
阿川尚之『憲法で読むアメリカ史（全）』（ちくま学芸文庫、二〇一三年）
阿川尚之『憲法改正とは何か――アメリカ改憲史から考える』（新潮選書、二〇一六年）
梅川健『大統領が変えるアメリカの三権分立制――署名時声明をめぐる議会との攻防』（東京大学出版会、二〇一五年）
西川賢『ビル・クリントン――停滞するアメリカをいかに建て直したか』（中公新書、二〇一六年）
樋口範雄『アメリカ憲法』［アメリカ法ベーシックス10］（弘文堂、二〇一一年）
待鳥聡史『〈代表〉と〈統治〉のアメリカ政治』（講談社選書メチエ、二〇〇九年）
待鳥聡史『アメリカ大統領制の現在――権限の弱さをどう乗り越えるか』（NHKブックス、二〇一六年）
松井茂記『アメリカ憲法入門』［第7版］（外国法入門双書）（有斐閣、二〇一二年）
村田晃嗣『レーガン――いかにして「アメリカの偶像」となったか』（中公新書、二〇一一年）
A・ハミルトン、J・ジェイ、J・マディソン（斎藤眞・中野勝郎訳）『ザ・フェデラリスト』（岩波文庫、一九九九年）
A・ハミルトン、J・ジェイ、J・マディソン（齋藤眞・武則忠見訳）『ザ・フェデラリスト』（福村出版、一九九八年）

主要判決リスト

以下は本書で取り上げた合衆国最高裁その他の判決を年代順に掲げたものである。また一九七〇年代以降、特に保守派と進歩派のあいだで争われたいくつかの代表的判例を掲げた。（　）内に票決結果と本文該当ページを示す。

一九世紀

マーベリー対マディソン事件（五対〇）（二六ページ、七五ページ）
Marbury v. Madison, 5 U.S. 137 (1803)

ギボンズ対オグデン事件（六対〇）（一七一〜一七二ページ）
Gibbons v. Ogden, 22 U.S. (1824)

メリーマン事件（第Ⅳ部註7）
Ex parte Merryman, 17 F. Cas. 144 (C.C.D. Md. 1861)

プライズ事件（一一四ページ、第Ⅳ部註7）
Prize Cases, 67 U.S. 635 (1862)

ミリガン事件（九対〇）（第Ⅳ部註8）
Ex parte Milligan, 71 U.S. 2 (1866)

プレッシー対ファーガソン事件（七対一）（六三ページ）
Plessy v. Ferguson, 163 U.S. 537 (1896)

二〇世紀前半

シェクター対合衆国事件（九対〇）（一七四ページ）
L. A. Schechter Poultry Corp. v. United States, 295 U.S. 495 (1935)

ウェストコーストホテル対パリッシュ事件（五対四）（一七五〜一七六ページ）
West Coast Hotel Co. v. Parrish, 300 U.S. 379 (1937)

全国労使関係委員会対ジョーンズ・ラクラン製鉄会社事件（五対四）（一七六ページ）
National Labor Relations Board v. Jones & Laughlin Steel Corp., 301 U.S. 1 (1937)

コレマツ対合衆国事件（六対三）（第Ⅳ部註8）
Korematsu v. United States, 323 U.S. 214 (1944)

山下事件（七対二）（二五七ページ）
In re Yamashita, 327 U.S. 1 (1946)

エヴァーソン対教育委員会事件（五対四）（一八四ページ）
Everson v. Board of Education, 330 U.S. 1 (1947)

一九五〇年代

ヤングスタウン鉄工所対ソイヤー事件（六対三）（二四七〜二四八ページ）
Youngstown Sheet & Tube Co. v. Sawyer, 343 U.S. 579 (1952)

ブラウン対トピカ教育委員会事件（九対〇）（二七ページ、六三ページ、第Ⅰ部註8）
Brown v. Board of Education of Topeka, 347 U.S. 483 (1954)

一九六〇年代

エンジェル対ヴィターレ事件（六対一）（一八五ページ）
Engel v. Vitale, 370 U.S. 421 (1962)

グリズウォルド対コネティカット事件（七対二）（三七ページ）
Griswold v. Connecticut, 381 U.S. 479 (1965)

ミランダ対アリゾナ事件（五対四）（一二六ページ）
Miranda v. Arizona, 384 U.S. 436 (1966)

一九七〇年代

ファーマン対ジョージア事件（五対四）
（残酷で異常な刑罰を禁止する修正第八条に違反する死刑執行の差止め）
Furman v. Georgia 408 U.S. 238 (1972)

ロー対ウェード事件（七対二）（三三～四一ページ、七六～七七ページ）
Roe v. Wade, 410 U.S. 113 (1973)

ドー対ボルトン事件（七対二）（三四ページ）
Doe v. Bolton, 410 U.S. 179 (1973)

合衆国対ニクソン事件（八対〇）（第V部註17）
United States v. Nixon, 418 U.S. 683 (1974)

バックリー対ヴァレオ事件（八対〇、ただし五人が一部賛成、一部反対意見）（三二〇ページ）
Buckley v. Valeo, 424 U.S. 1 (1976)

グレッグ対ジョージア事件（七対二）
（適正な手続きを踏んだ上の死刑執行は合憲）
Greg v. Georgia, 428 U.S. 153 (1976)

カリフォルニア大学理事会対バッキー事件（五対四）（二七一～二七二ページ）
Regents of the University of California v. Bakke , 438 U.S. 265 (1978)

一九八〇年代

ダジョン対連合王国事件（二六七ページ）

Dudgeon v. United Kingdom, 45 Eur. Ct. H.R. (1981)
アクロン市対アクロン妊婦健康センター事件（六対三）（五七ページ）
City of Akron v. Akron Center for Reproductive Health, 462 U.S. 416 (1983)
家族計画協会アッシュクロフト事件（五対四）（五七～五八ページ）
Planned Parenthood v. Ashcroft, 462 U.S. 476 (1983)
バワーズ対ハードウィック事件（五対四）（二六五～二六六ページ、三三四ページ）
Bowers v. Hardwick, 478 U.S. 186 (1986)
ソーンバーグ対アメリカ産婦人科学会事件（五対四）（五八ページ）
Thornburgh v. American College of Obstetricians, 476 U.S. 747 (1986)
エドワーズ対アギラード事件（七対二）（九八～一〇〇ページ）
Edwards v. Aguillard, 482 U.S. 578 (1987)
モリソン対オルソン事件（七対一）（九五～九七ページ）
Morrison v. Olson, 487 U.S. 654 (1988)
テキサス対ジョンソン事件（五対四）（一四九ページ、三二〇ページ）
Texas v. Johnson, 491 U.S. 397 (1989)
スタンフォード対ケンタッキー事件（五対四）（二六八ページ）
Stanford v. Kentucky, 492 U.S. 361 (1989)
ウェブスター対生殖保健サービス（五対四）（一三六～一三七ページ）
Webster v. Reproductive Health Services, 492 U.S. 490 (1989)

一九九〇年代

合衆国対アイクマン事件（五対四）（一四九ページ）
United States v. Eichman, 496 U.S. 310 (1990)
クルーザン対ミズーリ州厚生局長事件（五対四）（一五〇ページ）

Cruzan v. Director, Missouri Department of Health, 497 U.S. 261 (1990)
デラムス対ブッシュ事件（一一一〜一一五ページ）
Dellums v. Bush, 752 F. Supp. 1141 (D.D.C. 1990)
リー対ワイズマン事件（五対四）（一八五ページ）
Lee v. Wiseman, 505 U.S. 577 (1992)
南東ペンシルヴェニア家族計画協会対ケーシー事件（五対四）（一三三〜一三五ページ、一三七〜一四三ページ）
Planned Parenthood of Southeastern Pennsylvania v. Casey, 505 U.S. 833 (1992)
ベアー対ルイン事件（三三五ページ）
Baehr v. Lewin, 74 Haw. 645, 852 P.2d 44 (Haw. 1993)
合衆国対ロペズ事件（五対四）（一六九〜一七〇ページ、一七六〜一八〇ページ）
United States v. Lopez, 514 U.S. 549 (1995)
合衆国任期制限協会対ソーントン事件（五対四）（一八六〜一九〇ページ）
U.S. Term Limits v. Thornton, 514 U.S. 779 (1995)
ローゼンバーガー対ヴァージニア大学評議員会事件（五対四）（一八一〜一八三ページ）
Rosenberger v. Rector and Visitors of the University of Virginia, 515 U.S. 819 (1995)
ローマー対エヴァンズ事件（六対三）（三三四ページ）
Romer v. Evans, 517 U.S. 620 (1996)
合衆国対ヴァージニア事件（七対一）（一九〇〜一九三ページ）
United States v. Virginia, 518 U.S. 515 (1996)
クリントン対ジョーンズ事件（九対〇）（一九八〜二〇二ページ）
Clinton v. Jones, 520 U.S. 681 (1997)
プリンツ対合衆国事件（五対四）

（州警察による執行を義務づける連邦銃器規制法［ブレーディー法］は、州の主権を侵害するため違憲）
Printz v. United States, 521 U.S. 898 (1997)

ワシントン対グラックスバーグ事件（九対〇）
（医師による末期患者の自殺幇助を禁止する州法は、憲法上の死ぬ権利侵害にはあたらず合憲）
Washington v. Glucksberg, 521 U.S. 702 (1997)

二〇〇〇年から二〇〇四年まで

ディッカーソン対合衆国事件（七対二）（二二六ページ）
Dickerson v. United States, 530 U.S. 428 (2000)

全米ボーイスカウト連盟対デール事件（五対四）（三三四〜三三五ページ）
Boy Scouts of America v. Dale, 530 U.S. 640 (2000)

スタンバーグ対カーハート事件（五対四）（二六二〜二六四ページ、二九六〜二九七ページ）
Stenberg v. Carhart, 530 U.S. 914 (2000)

ブッシュ対ゴア事件（五対四）（二三一〜二三八ページ）
Bush v. Gore, 531 U.S. 98 (2000)

アトキンス対ヴァージニア事件（六対三）
（知的障害者の死刑は違憲）
Atkins v. Virginia, 536 U.S. 304 (2002)

グラッツ対ボリンジャー事件（六対三）（二七二〜二七三ページ）
Gratz v. Bollinger, 539 U.S. 244 (2003)

グラッター対ボリンジャー事件（五対四）（二七二〜二七三ページ）
Grutter v. Bollinger, 539 U.S. 306 (2003)

ローレンス対テキサス事件（五対四）（二六四〜二六七ページ、三三五ページ、三四一ページ）
Lawrence v. Texas, 539 U.S. 558 (2003)

グッドリッジ対公衆衛生局事件（三三六ページ）
Goodridge v. Dept. of Public Health, 440 Mass. 309, 793 N.E.2d 941 (Mass. 2003)

ラムズフェルド対パディヤ事件（二五六ページ、第Ⅳ部註13）
Rumsfeld v. Padilla, 542 U.S. 426 (2004)

ラスール対ブッシュ事件（六対三）（二五三〜二五五ページ）
Rasul v. Bush, 542 U.S. 466 (2004)

ハムディ対ラムズフェルド事件（八対一）（二五五〜二五六ページ）
Hamdi v. Rumsfeld, 542 U.S. 507 (2004)

二〇〇五年から二〇〇九年まで

ローパー対シモンズ事件（五対四）（二六七〜二六九ページ）
Roper v. Simmons, 543 U.S. 551 (2005)

ヴァン・オーデン対ペリー事件（五対四）（二七三〜二七五ページ）
Van Orden v. Perry, 545 U.S. 677 (2005)

マクリーリー郡対アメリカ自由人権協会ケンタッキー支部（五対四）（二七三〜二七五ページ）
McCreary County v. American Civil Liberties Union of Ky., 545 U.S. 844 (2005)

ラムズフェルド対学問・高等教育機関の権利を守るフォーラム事件（八対〇）（二九四〜二九五ページ）
Rumsfeld v. Forum for Academic and Institutional Rights, Inc., 547 U.S. 47 (2006)

ハムダン対ラムズフェルド事件（五対三）（二五八〜二五九ページ、二九四ページ）
Hamdan v. Rumsfeld, 548 U.S. 557 (2006)

ゴンザレス対カーハート事件（五対四）（二九六〜二九七ページ）
Gonzales v. Carhart, 550 U.S. 124 (2007)

ブーメディエン対ブッシュ事件（五対四）（二五九〜二六〇ページ）
Boumediene v. Bush, 553 U.S. 723 (2008)

ケネディー対ルイジアナ事件（五対四）
（殺人に至らない児童強姦事件の被告を死刑に処する州法は、残酷で異常な刑罰を禁ずる憲法修正第八条に反し違憲）
Kennedy v. Louisiana, 554 U.S. 407 (2008)

コロンビア特別区対ヘラー事件（五対四）（二九七〜三〇〇ページ）
District of Columbia v. Heller, 554 U.S. 570 (2008)

リッチ対デステファノ事件（五対四）
（少数民族出身者の応募がなかったニューヘイヴン市消防署昇進試験の結果を無効とするのは、人種差別を禁止する公民権法違反）
Ricci v. DeStafano, 557 U.S. 557 (2009)

二〇一〇年から二〇一四年まで

シティズンズ・ユナイテッド対連邦選挙委員会（五対四）（三一七〜三二五ページ、三四二ページ）
Citizens United v. Federal Election Commission, 558 U.S. 310 (2010)

マクドナルド対シカゴ事件（五対四）（二九七〜二九八ページ）
McDonald v. Chicago, 561 U.S. 742 (2010)

独立企業全国連合対サベリウス事件（五対四）（三二七〜三三一ページ）
National Federation of Independent Business v. Sebelius, 567 U.S. ___ (2012)

合衆国対ウィンザー事件（五対四）（三三七〜三三九ページ、三四一〜三四二ページ）
United States v. Windsor, 570 U.S. ___ (2013)

ホリングワース対ペリー事件（五対四）（第V部註8）
Hollingsworth v. Perry, 570 U.S. ___ (2013)

マカレン対コークリー事件（九対〇）（一四四ページ）
McCullen v. Coakley, 573 U.S. ___ (2014)

全国労使関係委員会対ノエル・カニング事件（九対〇）（三四七ページ）

Nat'l Labor Relations Bd. v. Canning, 573 U.S. ___ (2014)

二〇一五年から現在まで

オーバーゲフェル対ホッジズ事件（五対四）（三三九〜三四二ページ）

Obergefell v. Hodges, 576 U.S. ___ (2015)

合衆国対テキサス事件（四対四）（三四八〜三四九ページ）

United States v. Texas, 579 U.S. ___ (2016)

コロンビア・トリニティー・ルーテル協会対コーマー事件（七対二）

（教会付属保育園のみに遊び場整備のための補助金支払を禁止する州憲法は、修正第一条の信教の自由原則と修正第一四条の平等保護条項に反し違憲）

Trinity Lutheran Church of Columbia, Inc. v. Comer, 582 U.S. ___ (2017)

トランプ対国際難民支援事業事件（八対〇）

（イスラム系中東六カ国からの入国を一時的に禁止するトランプ大統領の行政命令の差止めを、一部を除き解除）

Trump v. International Refugee Assistance Project, 582 U.S. ___ (2017)

トランプ対ハワイ事件（八対〇）

（イスラム系中東六カ国からの入国を一時的に禁止するトランプ大統領の行政命令の差止めを、一部を除き解除）

Trump v. Hawaii, 582 U.S. ___ (2017)

アメリカ合衆国最高裁判所判事一覧（1981-2017）

	大統領	議会多数 上院	議会多数 下院	最高裁判所 首席判事	陪席判事	陪席判事	陪席判事	陪席判事	陪席判事	陪席判事	陪席判事	陪席判事
1953	ドワイト・D・アイゼンハワー (共和党) 1953-1961	共和党 1953-1955 民主党 1955-1961	共和党 1953-1955 民主党 1955-1961				ウィリアム・J・ブレナン 1956-1990					ポッター・スチュワート 1958-1981
1961	ジョン・F・ケネディー (民主党) 1961-1963	民主党	民主党							バイロン・R・ホワイト 1962-1993		
1963	リンドン・B・ジョンソン (民主党) 1963-1969	民主党	民主党						サーグッド・マーシャル 1967-1991			
1969	リチャード・M・ニクソン (共和党) 1969-1974	民主党	民主党	ウォレン・E・バーガー 1969-1986	ルイス・F・パウエル 1972-1987	ハリー・A・ブラックマン 1970-1994					ウィリアム・H・レンクイスト 1972-1986	

1974	ジェラルド•R•フォード (共和党) 1974-1977	民主党	民主党					ジョン•ポール•スティーブンズ 1975-2010				
1977	ジミー•E•カーター (民主党) 1977-1981	民主党	民主党									
1981	ロナルド•W•レーガン (共和党) 1981-1989	共和党	民主党									サンドラ•デイ•オコナー 1981-2006
1983		共和党	民主党									
1985		共和党	民主党	ウィリアム•H•レンクイスト 1986-2005							アントニン•G•スカリア 1986-2016	
1987		民主党	民主党		アンソニー•M•ケネディー 1988-							

	大統領	議会多数		最高裁判所								
		上院	下院	首席判事	陪席判事	陪席判事	陪席判事	陪席判事	陪席判事	陪席判事	陪席判事	陪席判事
1989	ジョージ・H・W・ブッシュ 共和党 1989-1993	民主党	民主党				デーヴィッド・H・スーター 1990-2009					
1991		民主党	民主党						クラレンス・トマス 1991-			
1993	ビル・J・クリントン 民主党 1993-2001	民主党	民主党			スティーブン・G・ブライヤー 1994-				ルース・ベイダー・ギンズバーグ 1993-		
1995		共和党	共和党									
1997		共和党	共和党									
1999		共和党	共和党									
2001	ジョージ・W・ブッシュ 共和党 2001-2009	同数※1	共和党									

2003		共和党	共和党									
2005		共和党	共和党	ジョン・G・ロバーツ 2005-								サミュエル・A・アリート 2006-
2007		同数※2	民主党									
2009	バラク・H・オバマ (民主党) 2009-2017	民主党	民主党				ソニア・M・ソトマヨール 2009-	エレナ・ケイガン 2010-				
2011		民主党	共和党									
2013		民主党	共和党									
2015		共和党	共和党									
2017	ドナルド・J・トランプ (共和党) 2017-	共和党	共和党								ニール・M・ゴーサッチ 2017-	

※1　2001年5月に共和党を離党し無所属となったジェフォーズ議員は民主党と一緒に活動した。したがってそれ以降は実質的に民主党が多数党であった。
※2　無所属議員2人は民主党と一緒に活動した。したがって実質的に民主党が多数党であった。

[著者]
阿川尚之（あがわ・なおゆき）
1951年、東京都生まれ。同志社大学法学部特別客員教授。慶應義塾大学名誉教授。慶應義塾大学法学部中退、ジョージタウン大学スクール・オブ・フォーリン・サーヴィスおよびロースクール卒業。ソニー、米国法律事務所勤務等を経て、慶應義塾大学総合政策学部教授。在米日本国大使館公使を務める。2016年より現職。主な著書に『アメリカン・ロイヤーの誕生』、『海の友情』、『アメリカが嫌いですか』、『憲法で読むアメリカ史』（読売・吉野作造賞）、『憲法改正とは何か』などがある。

憲法で読むアメリカ現代史

2017年11月30日　初版第1刷発行

著　者　阿川尚之

発行者　長谷部敏治

発行所　NTT出版株式会社
〒141-8654 東京都品川区上大崎3-1-1 JR東急目黒ビル
営業担当　TEL 03(5434)1010　FAX 03(5434)1008
編集担当　TEL 03(5434)1001
http://www.nttpub.co.jp/

装　幀　Boogie Design

印刷・製本　中央精版印刷株式会社

ISBN 978-4-7571-4351-7　C0031